HIOBS BOTSCHAFT

Vom Geheimnis des Leidens

W0390916

Richard Rohr

HIOBS BOTSCHAFT

Vom Geheimnis des Leidens

Aus dem Amerikanischen übersetzt
von Tilmann Haberer

Claudius

Titel der amerikanischen Originalausgabe:
Job and the Mystery of Suffering
Spiritual Reflections
The Crossroad Publishing Company, New York
© 1996 by Richard Rohr

Die Deutsche Bibliothek – CIP-Einheitsaufnahme

Rohr, Richard:
Hiobs Botschaft : vom Geheimnis des Leidens / Richard Rohr.
Aus dem Amerikan. übers. von Tilmann Haberer. –
München : Claudius, 2000
Einheitssacht.: Job and the mystery of suffering <dt.>
ISBN 3-532-62250-5

© Claudius Verlag München 2000
Birkerstr. 22, 80636 München
Alle Rechte, auch die des auszugsweisen Nachdrucks,
der photomechanischen und elektronischen
Wiedergabe und der Übersetzung, vorbehalten.
Umschlaggestaltung: Werner Richter unter Verwendung der Skulptur
„Homo pauper“ von Thomas Lehnerer 1993
Fotosatz: Utesch GmbH, Hamburg
Druck: Freiburger Graphische Betriebe, Freiburg i. Br.

ISBN 3-532-62250-5

INHALT

VORWORT

In ihrem postmodernen Roman „Die Wellen“ spricht Virginia Woolf durch den Mund der Romanfigur Bernard, der mit Worten und Ideen nach der Wahrheit sucht. Er erlaubt sich selbst niemals, die Wahrheit wirklich zu finden; er bleibt ein professioneller Skeptiker und Ungläubiger, ein Abbild des modernen Individuums. Bernard ersetzt jegliche Hingabe an etwas, das größer ist als er selbst, durch die Geschichten, die er erzählt. Und doch hegt er im Stillen eine ungewisse Hoffnung, dass es irgendwo die eine „wahre Geschichte“ gibt, die die gesamte Wirklichkeit zusammenhält.

Ich glaube, die Geschichte von Hiob ist diese „wahre Geschichte“, nach der Bernard im Verein mit der gesamten heutigen Gesellschaft sucht. Sie ist die ewige „ungöttliche“ Geschichte, die immer dann erzählt werden muss, wenn das Reden von Gott keinen Sinn macht und wir versucht sind, andere Geschichten als die Geschichte des Glaubens zu erzählen. Gibt es keine Geschichte, die die wesentlich tragische (und doch triumphale) Natur des menschlichen Lebens im voraus enthüllt, dann sollten wir uns darauf gefasst machen, in der Geschichte der Menschheit nichts als Zynismus, Hass und Gewalt vorzufinden. Vielleicht sind wir bereits an diesem Punkt angelangt. Die Worte Bernards können als eine Prophezeiung über unsere heutige westliche Gesellschaft betrachtet werden:

„Ich habe mir Tausende von Geschichten ausgedacht; ich habe unzählige Kladden mit Sätzen gefüllt, die ich verwenden wollte, wenn ich die wahre Geschichte gefunden hätte, die eine Geschichte, auf die sich all diese Sätze beziehen. Aber ich habe diese Geschichte bisher noch nie gefunden ... Ich, der ich mich ständig ablenken lasse, ... ich erfinde sofort eine Geschichte und verwische so die Winkel des Kruzifixes."[1]

Doch wir haben diese Geschichte hier vor uns. Das Buch Hiob ist nicht eine „erfundene" Geschichte zerstreuter Menschen, sondern eine Geschichte, die von allen Glaubenden unter Schmerzen neu entdeckt und nachgelebt wird. Nirgendwo ist sie kühner und brillanter erzählt als in dieser unwahrscheinlichen, bleibenden Erzählung des biblischen Glaubens.

Ich bin der Überzeugung, dass die biblische Offenbarung in diesem Buch der Hebräischen und christlichen Bibel ihren Höhepunkt erreicht und gleichzeitig in die Sackgasse gerät. Vielleicht wird es deshalb eher spärlich zitiert, vielleicht haben es deshalb christliche Künstler eher selten als Sujet gewählt (abgesehen von den großartigen Zeichnungen von William Blake), und vielleicht ist es der großen Masse der Gläubigen aus diesem Grund eher unbekannt. Das Buch Hiob ist für fast alle Menschen einfach zu viel. Es führt uns über die Worte und die angemessenen Theologien hinaus in ein leuchtendes Dunkel, das sich dagegen sperrt, „die Winkel des Kruzifixes zu verwischen".

Hiob spricht von der „Stimme aus dem Wirbelsturm", Jesus vom „Zeichen des Jona", bei Augustin heißt es „das österliche Mysterium" und bei anderen Christen einfach „das Kreuz". Es scheint sich um die religiöse Grund- und Hauptgeschichte zu handeln. Auf den folgenden Seiten werden wir den Versuch unternehmen, in dieses leuchtende Dunkel einzudringen.

Das ist die wahre Geschichte. Es ist dieselbe Geschichte wie die von Jeremia und von Juliane von Norwich, und das-

---

1 Virginia Woolf, Die Wellen. Roman, Frankfurt/Main 1997 (Bibliothek Suhrkamp 1237), S. 163

selbe Muster lässt sich bei Simone Weil, Anne Frank, Mahatma Gandhi und bei Nelson Mandela finden. Es ist die Antwort jenseits aller Antworten und vor allen Antworten, die Nicht-Lösung, die alles löst. Vor dem Sterben und Auferstehen Jesu lebte und starb Hiob, und er lebte denselben frei machenden Weg zu Gott.

Wir müssten all unsere Heldinnen und Helden verleugnen, wir müssten die „Stimme aus dem Wirbelsturm" ablehnen, wir müssten in Opposition gehen zu all dem, was wir bisher erfahren haben, wenn wir bezweifeln wollten, dass dieser dunkle Weg des Abstiegs auch der alles überragende Weg aller großen Religionen ist. Ganz sicher war das der Weg Jesu.

1. Kapitel

EINE BEKEHRUNGSGESCHICHTE

Die Geschichte von Hiob wird meistens als eine Erörterung über das Mysterium des Bösen betrachtet – und das ist sie auch. Mehr als das sehe ich in ihr jedoch die Anatomie einer Bekehrung. Ältere Semester mögen sie als Oberseminar in Ethik beschreiben, alle Altersstufen finden in ihr eine anschauliche Darstellung eines Menschen, der „in die Hand des lebendigen Gottes fällt" (Hebräerbrief 10,31).

Wenn wir die Hiob-Geschichte als Weg betrachten, als eine sich immer mehr vertiefende Begegnung mit Gott, können wir sie nicht mehr einfach abstrakt und distanziert erörtern. Über die Frage nach dem Leiden lassen sich keine distanzierten Debatten führen. Solange wir es nicht selbst gefühlt haben, solange wir nicht selbst einmal mit dem Rücken zur Wand stehen und da angekommen sind, wo alles Reden von Gott keinen Sinn mehr zu machen scheint, bleibt die Beschäftigung mit dem Buch Hiob bloß eine akademische Studie.

Ein großes Hindernis auf dem Weg zu authentischem Christsein ist die Tatsache, dass so viel Wissen aus zweiter Hand verbreitet wird. Das Wort Gottes wird uns allzu oft so vermittelt: „Die Kirche lehrt über Gott... der Pfarrer sagt über Gott... die Bibel sagt über Gott...". Solche Aussagen haben nicht viel Überzeugungskraft. Es bringt nicht viel, etwas nur vom Hörensagen zu wissen. Das muss auch Hiob am Ende erkennen (Hiob 42,5).

Dieses „Second-Hand-Christentum" kann interessant sein. Es versetzt uns möglicherweise in die Lage, die Fragen von Menschen, die Leiden ertragen müssen, etwas schneller zu beantworten. Es werden allerdings eher oberflächliche

Antworten sein, die uns allzu schnell über die Zunge gehen. „Ich weiß, Sie haben Ihr Kind verloren, aber ich weiß auch, dass es nun im Himmel ist" – eine solche Antwort vermag allenfalls einen Menschen zu trösten, der selbst kein Kind verloren hat.

Wenn wir wirklich einen schmerzlichen Verlust erlitten haben, verlieren Aussagen wie: „Gott hat einen größeren Plan" ihren Sinn. Diese Aussage ist zwar richtig, aber gleichzeitig ist sie völlig verkehrt. Wenn sich ein Mensch, wie Hiob, in einer Lage befindet, in der er drauf und dran ist, Gott zu verfluchen, bringen solche voreiligen, unbedachten Platitüden überhaupt nichts.

Zu solchen Zeiten bedeutet all das Katechismuswissen, das wir uns im Lauf unserer religiösen Erziehung angeeignet haben, nicht viel, und unsere Bibelkenntnis ebenso wenig. Solange uns nicht die Gnade zuteil wird, dass wir uns in die Lage des Leidenden hineinversetzen können, oder solange uns die Umstände nicht selbst einmal in eine vergleichbare Lage gebracht haben, bleiben unsere Antworten hohle akademische Phrasen.

Ich bitte meine Leser, für mich zu beten, denn nachdem ich noch nicht viel leiden musste, weiß ich nicht, ob ich überhaupt das Recht habe, über Hiob zu reden. Ich hatte bisher ein ziemlich leichtes Leben. Im Gegensatz zu meiner Behauptung, dass lebendige Erfahrung unentbehrlich sei, stammt der Großteil dessen, was ich zu sagen habe, aus der Beschäftigung mit der theologischen Tradition. (Zu dem Zeitpunkt, zu dem diese Beobachtungen in Buchform herausgegeben werden und ich das Alter von zweiundfünfzig Jahren erreicht habe, stimmen diese Einschränkungen nicht mehr in dem Maß wie zu der Zeit, da ich sie zum ersten Mal mündlich vorgetragen habe. Inzwischen kann ich sagen, dass mich das Leiden geformt und gelehrt hat.)

Ich habe allerdings auch noch von anderen großen Lehrmeistern gelernt, nämlich von leidenden Völkern und leidenden Gesellschaften. Ich spreche nicht nur von Einzelpersonen, die den Drang verspüren, Gott zu verfluchen, und dennoch am Glauben festhalten. Ich beziehe mich auch auf das kollektive Böse in unserer heutigen Welt, die sozialen Probleme, die scheinbar nicht zu bewältigen sind, aber nichtsdestoweniger Kreativität und unendliches Mitgefühl freisetzen. Die Völker, die keine Antwort haben und dennoch irgendwie überleben, scheinen die Hiobs aller Zeiten zu sein.

In Amerika habe ich vom Leiden und vom tapferen Lebenskampf Einzelner gelernt. In anderen Ländern habe ich von ganzen Völkern gelernt, die Leid und Auferstehung verkörpern. Menschen, die „obenauf" sind, tun sich mit dem Lernen schwer. Das ist einer der Gründe, warum es so schwierig ist, einer „etablierten" Kirche die Botschaft, um die es hier geht, zu vermitteln. Menschen, die „am Boden" liegen, haben einen Vorsprung, wenn es darum geht, die Wahrheit zu erfassen.

Es hilft, wenn man gelitten hat

Überhaupt ist es für uns schwierig, die Bibel zu verstehen, da wir nicht in einer Situation der Verfolgung leben. Und die allermeisten von uns sind nicht von Armut, Unterdrückung, Sklaverei oder Marginalisierung gezeichnet. Dies sind jedoch die besten Voraussetzungen, um zu verstehen. Man hört das Evangelium in einer ganz bestimmten Weise, wenn der Magen leer ist. Wenn ein Volk satt ist, hört sich das Evangelium ganz anders an.

Die ersten Hörerinnen und Hörer der Guten Nachricht waren auf die eine oder andere Weise hungrig und durstig, arm und unterdrückt. Sie wußten um ihre Bedürftigkeit und ihre Leere.

Es hat natürlich keinen Sinn zu beten: „Herr, stell mich

in eine Situation der Unterdrückung!" Aber wir können nach innen gehen und die ausgestoßenen und geängstigten Anteile in uns selbst finden und versuchen, diese Anteile zu leben, wenn uns das Leben nicht ohnehin schon darauf gestoßen hat. Dadurch finden wir zu einer tieferen Gemeinschaft mit den Unterdrückten in dieser Welt, die bei weitem die Mehrheit der Menschheit darstellen. Wir dagegen sind die Minderheit, die Ausnahme – die, die nur langsam lernen.

Wünschen wir, tiefer in dieses Mysterium des erlösenden Leidens einzudringen, was in gewisser Weise dasselbe ist wie tiefer ins Herz Gottes einzutauchen, müssen wir den Herrn bitten, dass er uns lehrt zu fühlen, nicht nur zu wissen. Ein Gefühl davon zu bekommen, was es heißt, leer, verstoßen und verlassen zu sein. Und das nicht nur für fünf Minuten und auch in nicht in Bezug auf Nebensächlichkeiten wie etwa, dass uns der Bus vor der Nase davongefahren ist. Es geht um einen Wechsel der ganzen Lebensperspektive, ein wirkliches Verstehen von innen heraus. Dieser Perspektivenwechsel ist gemeint, wenn wir von „Umkehr" sprechen. Das griechische Wort für Umkehr, *metanoia*, bedeutet: sich umdrehen, das Bewußtsein und damit das ganze Leben der Transformation aussetzen. Das ist etwas anderes als bloßes Kopfwissen.

Göttliche Gnade in einer Situation der Unterdrückung

Bei meiner Zusammenarbeit mit der Friedensbewegung in Deutschland vor über zehn Jahren habe ich die damalige DDR bereist. Hinter der Mauer begegnete ich einem gereinigten Christentum. Wer sich dort und damals wirklich als Christ zu erkennen gab, musste eine wirkliche Entscheidung treffen, denn dieses Bekenntnis kostete etwas. Wer sich als Gemeindeglied eintragen ließ oder regelmäßig am

Gottesdienst teilnahm, konnte sicher sein, dass ihm bestimmte Möglichkeiten vorenthalten wurden. Als Folge davon war die Kirche natürlich wesentlich kleiner als in Westdeutschland, aber es war eine authentische Kirche. Vielleicht ist das die Richtung, in die Gott uns führt: eine kleinere Kirche der bewussten Christen, eine Glaubensgemeinschaft, die den Weg Hiobs gegangen ist und nun nach neuen, anderen Grundsätzen lebt.

Wir begegnen Hiob also nicht nur in einzelnen Menschen. Es gibt auch so etwas wie einen kollektiven Hiob, ein ganzes Volk, das sich in einer aussichtslosen Lage befindet. Manchmal gibt es Gruppen, die dasselbe Ringen um den Glauben verkörpern, dem wir in diesem Buch auf die Spur kommen wollen.

Viele fragen: Warum ist in so vielem der Wurm drin? Warum geht ein vernünftiger Plan manchmal auf sinnlose Weise den Bach runter? Warum müssen Unschuldige leiden? Wieso gibt es Neugeborene mit genetischen Defekten? Warum sterben so viele Menschen, bevor sie überhaupt eine Chance hatten zu leben? Wenn Gott gut ist, wie kommt es dann, dass in dieser Welt so vieles überhaupt nicht gut ist? Das vorliegende Buch beschäftigt sich mit dem Mysterium, das sich in solchen Fragen verbirgt.

Jahrelang erhalten Menschen im Religionsunterricht Antworten auf Fragen, die keiner stellt. Die Menschen akzeptieren solche Fragen jedoch rasch und leicht. Und die Antworten gehen ungefähr einen Zentimeter in die Tiefe. Und allzu oft rasseln sie die Leute dann für den Rest ihres Lebens herunter: „Gott ist das Höchste Wesen, das alles erschaffen hat“, oder wie sie auch lauten mögen.

Diese Art von Wissen kann aber genauso schnell verloren gehen wie es angeeignet wurde, denn wir haben nie danach verlangt. Solange wir innerlich nicht Platz schaffen, kommen keine Antworten, sondern bloß Entschuldigungen heraus – eine Entschuldigung dafür, dass wir uns der Frage nicht stellen, eine Entschuldigung dafür, dass wir die Suche aufgeben und es vermeiden, uns auf den Weg zu machen.

In uns und um uns herum gibt es viel zu viel Kulturchristentum. Es ist zwar meistens relativ ungefährlich, aber oft ist es doch eher das Problem als die Lösung. Viele Menschen sind nicht mehr unterwegs. Sie haben einfache christliche Antworten parat, bevor sie sich überhaupt mit der Frage auseinandergesetzt haben. Diese Art Christentum hat sich der Torheit des Kreuzes nicht gestellt.

Wenn ein Mensch stirbt, der nicht sterben sollte, ist das jedesmal so etwas wie ein Lackmustest: Was ist, wenn das Leben nicht so läuft, wie wir meinen, dass es laufen sollte? Was ist, wenn es nicht genügt, die Hände beim Lobpreisgottesdienst zu erheben oder in der Messe niederzuknien? Wie sieht dann unser Glaube aus? Das ist die Frage, die das Buch Hiob stellt. Hiobs Fragen bereiten uns vor auf das unvergleichliche Mysterium des Kreuzes. Paulus erklärt, dass sich die Kreuzigung Christi nicht in philosophische Termini fassen lässt. Es geht nicht um Philosophie, sondern um Praxis.

Rosen tragen Dornen

Wenn wir mit Hiob nicht zurechtkommen, kommen wir höchstwahrscheinlich mit Jesus Christus auch nicht zurecht. Das Geheimnis, wieso Rosen Dornen tragen, wird unter der Hand zu der Frage, wer Gott ist. Natürlich können wir ohne viel nachzudenken herbeten, dass Gott gut ist, gnädig, freundlich und treu. Aber es gibt sehr viele Menschen auf dieser Erde, die sagen: „Dafür sehe ich keinerlei Anzeichen. Du kannst so etwas vielleicht sagen, ich nicht."

Und selbst in Amerika und Westeuropa gibt es bei all unserem Reichtum Unzählige, die in Leid und Armut leben müssen. Wenn wir ehrlich sind, werden viele unter uns womöglich zugeben, dass sie auch nicht so felsenfest von Gottes Güte überzeugt sind.

Für manche Menschen ist der Glaube so etwas wie das Pfeifen im Dunklen – eine Hoffnung gegen allen Augenschein, dass Gott tatsächlich gut sei. Aber in Momenten brutaler Ehrlichkeit sind sie nicht so sicher, ob sie das wirklich glauben oder fühlen. Sie wollen es wahrscheinlich. Das ist ein guter Anfang und eine Wirkung der Gnade, und man sollte es nicht gering achten. Für viele ist es wohl der Weg. Viele fangen mit dem Pfeifen im Dunklen an, aber Glaube ist das noch nicht.

Der Glaube ist eine einzigartige Schöpfung aus Gnade einerseits und Freiheit andererseits. Eine Entscheidung, die wir dank Gottes Liebe treffen können. „Ein geheimnisvolles Aufeinandertreffen zweier Freiheiten", sagt Gustavo Gutiérrez. Die eine Freiheit ist Gott, die andere sollen wir werden.

In der rabbinischen Tradition findet sich die Geschichte eines jungen Flüchtlings, der in eine Stadt kommt, deren Bewohner ihn bereitwillig aufnehmen und verstecken. Dann kommen Soldaten auf der Suche nach dem Flüchtigen, doch die Bewohner der Stadt behaupten, von nichts zu wissen. Die Soldaten schöpfen Verdacht und kündigen an, dass die ganze Stadt in Schutt und Asche gelegt wird, wenn der Flüchtling nicht bis zum nächsten Morgen ausgeliefert wird.

Voller Angst kommen die Menschen zu ihrem Rabbi, um ihn um Rat zu fragen. Tief besorgt beginnt der Seelsorger, in der heiligen Schrift nach einer Antwort zu suchen. Die ganze Nacht liest er, ohne etwas zu finden. Da, kurz vor Sonnenaufgang, fällt sein Blick auf den Satz: „Es ist besser, dass einer für das ganze Volk stirbt, als dass alle zugrunde gehen."

Er ist sich sicher, dass das die Antwort ist, und kommt mit dieser Auskunft zu den Stadtbewohnern. Sie sagen den Soldaten, dass der junge Mann tatsächlich bei ihnen versteckt ist, und er wird abgeführt. Sie schmeißen eine große Party, die ganze Stadt feiert bis tief in die Nacht, dass sie durch die Gnade Gottes gerettet wurden.

Aber der Seelsorger ist nicht beruhigt. Er setzt sich noch einmal über seine Bücher. Ein Engel erscheint ihm und fragt ihn, was er für ein Problem hat. „Ich bin mir einfach noch nicht sicher, ob es richtig war, den jungen Mann auszuliefern", sagt der Rabbi. Der Engel gibt zur Antwort: „Wusstest du nicht, dass das der Messias war?"

Ungläubig schaut ihn der Rabbi an: „Wie konnte ich das wissen?" fragt er. „Hättest du dir Zeit genommen, den jungen Mann aufzusuchen und ihm in die Augen zu schauen, anstatt in den Schriften zu suchen", entgegnet der Engel, „hättest du gesehen, dass er der Messias ist."

Wenn wir die heilige Schrift von der Geschichte loslösen, kommen wir in Schwierigkeiten. Wenn wir die heilige Schrift vom wirklichen Leben loslösen, verzerren wir sie. Wenn wir die heilige Schrift von den Menschen loslösen, unter denen sie entstanden ist, verstehen wir sie falsch.

Gott ist in die Geschichte eingegangen. Und seitdem finden wir Gott in der Geschichte, im Fleisch, und nicht dadurch, dass wir vor dem Leben und der Geschichte davonlaufen und uns hinter Prinzipien, Theorien und den allzu raschen Antworten verschanzen, die uns zu der Illusion verleiten, wir hätten alles unter Kontrolle.

Der richtige Umgang mit der Bibel

Nirgends im Neuen Testament wird behauptet, dass die oberste Autorität bei den heiligen Schriften liege. Die Autorität der Schrift liegt darin, dass sie über sich selbst hinaus verweist auf die Geschichte; auf das, was ist; auf Gott. Machen wir das Buch zum Götzen, machen wir die Worte zur letzten Wahrheit, kommen wir in Schwierigkeiten, so wie der Rabbi in der Geschichte.

Bei der Bibel kommt es zuerst und zuletzt darauf an, dass wir dasselbe tun, was ihre Schreiber taten, was Mose und Abraham taten, nämlich dass wir uns auf den Weg machen und unterwegs auf den Herrn treffen. Und dann allmählich wieder zurückkommen zum Wort Gottes und darin Bestärkung und – hoffentlich – Trost finden.

Jesus sagt den religiösen Führergestalten seiner Zeit: „Das Aussehen des Himmels könnt ihr beurteilen, die Zeichen der Zeit aber nicht." Wenn wir keine hörenden Menschen sind, keine offenen, unterscheidungsfähigen, demütigen Menschen, dann werden wir nicht viel von der Wahrheit erfahren. Wir haben dann nur unsere Bibelstellen. Die Bibel wird dann nicht ein Weg zu Gott, ein Fenster sein, sondern ein Hindernis. Oder gar eine Sackgasse.

Denselben Satz, der in der Geschichte des Flüchtlings die entscheidende Rolle spielt, benutzt der Hohepriester Kaiphas, um den Tod des wahren Messias zu rechtfertigen: „Es ist besser, dass ein einziger Mensch für das Volk stirbt." (Johannes 18,14)

Wir sind immer versucht, einen Sündenbock zu suchen, anstatt uns der dunklen Seite der Wirklichkeit zu stellen. Indem wir die anderen dämonisieren, können wir uns überlegen und „gerettet" fühlen. Wir biegen das Evangelium zurecht, damit es die Solidarität in der Gruppe stärkt oder ein gutes Management ermöglicht. Einer Gruppe anzugehören ist allemal einfacher, als Gott anzugehören. Einer Gruppe anzugehören, setzt normalerweise die Überzeugung voraus, dass die Gruppe „Recht hat"; zu Gott zu gehören beinhaltet immer die Erkenntnis, dass ich genauso im Unrecht bin wie alle anderen. Das sind zwei ganz verschiedene Wege.

Es ist spannend zu beobachten, wie auf der ganzen Welt die Kirche langsam zu der Einsicht kommt, dass wir das

Evangelium nicht länger zurechtbiegen dürfen. Wir dürfen es nicht mehr dazu hernehmen, um eine bestimmte Kultur aufrecht zu erhalten oder um die Mythen und Vorurteile eines einzelnen Landes oder einer einzelnen Konfession zu stützen. Jesus ist schon zu oft geopfert worden, um die Ängste und Vorurteile der Menschen zu legitimieren. „Um Christi willen einen Kommunisten umlegen" ist ein Widerspruch in sich selbst.

Der Glaube Hiobs, wie wir ihn kennenlernen werden, wird uns davon abhalten, so zu denken und zu handeln. Von Anfang an müssen wir uns unseren Ängsten und Zweifeln stellen. Wir können uns mit jeder Menge Religion davor schützen, unsere Ängste und Zweifel anzuschauen. Wahre Religion aber besteht nicht in Verdrängung, sondern in Wandlung.

Gott geht mit uns mit, mitten hinein in unsere Ängste. Er spürt sie, er macht sie sich zu eigen, er gebraucht sie, um uns zu lehren. Wir können sagen: „Ich habe Angst, Herr, wie gehe ich mit dieser Angst um?" Wir können Gott sagen, dass wir leiden und dass alles um uns her zusammenbricht. Wir haben unsere Arbeitsstelle oder einen lieben Menschen verloren, und wir wissen nicht mehr, wie wir glauben, hoffen oder lieben können.

Der Glaube kann nicht ruhen. Während wir durchs Leben gehen, werden Definitionen und Glaubenswahrheiten alt und unbrauchbar. Immer wieder müssen wir fragen: „Gott, was heißt Glauben denn jetzt?" Das ist nicht einfach. Doch offenbar ist Gott geduldig, und er weiß, dass die meisten unter uns sich nur langsam entwickeln. Im Gegensatz zu der Redewendung „eine Geduld wie Hiob" werden wir an seiner Geschichte beobachten, dass er in Wirklichkeit sehr *un*geduldig ist. In Wirklichkeit handelt es sich um eine Geschichte von *Gottes* Geduld und Liebe zu Hiob.

So kann es also sein, dass Gott uns für einige Zeit Ruhe gönnte, zwischen dreißig und vierzig etwa – „jetzt kannst du einfach einmal hier sitzen mit deiner zufriedenstellenden Definition des Glaubens". Dann versetzt uns Gott einen knallharten Schlag, oder auch zwei, um uns dazu zu bringen, aufzustehen und weiterzugehen. Täte er das nicht, würden wir uns nie aus unserer gemütlichen Sicherheitszone heraus bewegen. Wenn wir nicht getreten oder gezerrt oder gestoßen werden, wählen wir alle den Weg des geringsten Widerstands – verständlicherweise. Das Leben ist schwer genug; warum sollten wir es uns selbst noch schwerer machen?

Normalerweise bewegen wir uns keinen Zentimeter, solange bis die alten Antworten nicht mehr funktionieren. Der Schmerz kann uns in Bewegung setzen und uns zwingen, zu unterscheiden zwischen dem, was zählt und was nicht.

Biologen haben herausgefunden, dass wir alle sieben Jahre unsere Haut und unsere Zellen komplett erneuern und uns so beständig regenerieren. Es sieht so aus, als ob nicht nur unsere Zellen erneuert würden. Denn etwa alle sieben Jahre verlieren die alten Antworten ihren Sinn. Manche sagen: Nein, alle zwei Jahre. Oder jedes Jahr. Aber auf ein paar Jahre hin oder her kommt es nicht an: Früher oder später kommt der Zeitpunkt, wo nichts mehr stimmt. Wenn du dich mit zweiundvierzig immer noch mit den Antworten zufrieden gibst, die du mit vierzehn hattest, würde ich sagen: Du hast dein Wachstum eingestellt. Und ich habe den Eindruck, dass genau das bei einem Großteil der westlichen Christen der Fall ist: Sie benehmen sich kindisch, statt zu werden wie die Kinder.

Im damaligen Westberlin habe ich davon viel mehr gefunden als im ehemaligen Ostberlin. Jenseits der Mauer gab es für diese Art des Christseins keinen Platz. Aber Westberlin war voll davon: Kirchen voller fröhlich singender Leute – und so gut wie kein wirkliches Engagement.

Ich wuchs mit der Vorstellung auf, dass der Kommunismus gleichbedeutend sei mit atheistischem Materialismus. Diese Definition hat etwas für sich, aber im Westen habe ich viel mehr Materialismus angetroffen als in Ostberlin. Der real existierende Sozialismus, dem ich dort begegnete, war nicht annähernd so materialistisch wie mein eigenes Land.

Ich hatte auch gelernt, dass die DDR-Bewohner Atheisten seien, wir hingegen nicht. Es herrschte tatsächlich ein fürchterlicher Atheismus – offiziell. Aber die Christen, die ich traf, waren wirkliche Christen. Und was ich in meiner eigenen Welt antreffe, ist allzu oft praktischer Atheismus, der sich hinter einer christlichen Fassade verbirgt.

Was ist schlimmer? Beides muss in Frage gestellt werden. Das ist die Kraft des Wortes Gottes: Es stellt alle Systeme in Frage. Und es ordnet sich keinem System unter. Das hat sogar der Papst jahrelang auf seinen Reisen gesagt.

Viele von uns haben sich entschieden, sich innerhalb eines kleinen Systems häuslich einzurichten – dem westlichen System oder dem römisch-katholischen System oder dem christlichen System oder dem Mittelschicht-System – und da sitzen wir dann rechtschaffen und selbstsicher. Wir meinen, auf alles eine Antwort zu haben, aber in Wahrheit stimmt das nicht. Das Wort Gottes fordert uns auf, mehr Weisheit zu erlangen.

Der einzige Weg, auf dem Gott das zuwege bringen kann, ist der, dass er unser System zusammenbrechen lässt. Das heißt: Leiden. Auf diese Weise zeigt uns Gott, dass das Leben immer größer ist, als wir es uns gerade vorstellen. Der Glaube ermöglicht uns, bewusst in einer unsicheren Position zu leben, so dass wir uns aufeinander stützen *müssen.* So kommt uns Gott mit jedem Atemzug näher.

Das ist der Grund, warum das Evangelium in unserem

Land so dringend gepredigt werden muss. Mehr als jeder andere Kulturkreis sind wir in der Lage, uns vom Glauben freizukaufen. Viele unter uns können ihn umgehen, bis ins hohe Alter. Erst dann, wenn ihr Körper sie im Stich lässt, machen viele Menschen bei uns die Erfahrung, dass sie nicht das letzte Wort haben. Bis es so weit ist, können wir (länger als irgend jemand sonst!) die Illusion aufrechterhalten, in einer grenzenlosen Welt mit unbeschränkten Möglichkeiten zu leben.

Ein junger Mann in Ostberlin, ein tief gläubiger Christ, sagte vor der Wende zu mir: „Ihr in Amerika habt jede Menge Möglichkeiten, aus denen ihr auswählen könnt. Für euch scheint Freiheit gleichbedeutend zu sein mit einer Welt voller Vorlieben, Entscheidungen und Möglichkeiten. Aber wir hier sind nicht so sicher, ob ihr überhaupt schon die wahre Freiheit entdeckt habt. Es kommt uns vor, als ob ihr keine einzige eurer tausend Möglichkeiten wirklich nutzt. Wir hier haben vielleicht fünf Möglichkeiten, und das heißt, dass wir ein paar Dinge gut tun müssen. Das bringt uns dazu, die innere Welt zu entdecken und Zugang zu den spirituellen Quellen in uns selbst zu finden. Ich bin mir nicht sicher, ob unsere innere Freiheit nicht größer ist als eure."

Und ich muss zugeben, dass ich mir da auch nicht so sicher bin. Viele Menschen bei uns *müssen* tun, was sie *wollen* (darin zeigt sich die süchtige Gesellschaft). Viele Menschen, die mit engen Beschränkungen leben müssen, haben dagegen gelernt, zu *wollen*, was sie tun *müssen* (das ist die wahre Freiheit).

Religion reicht nicht

Erst wenn wir in der Lage eines Hiob sind, beginnen wir, Glauben und Freiheit zu schaffen, zu bewahren und zu reinigen. Andernfalls wird der Glaube eine Angelegenheit der

Religion. Ich interessiere mich nicht mehr für Religion. Die Religion hat in unserer Welt bestimmt genauso viel Schaden angerichtet, wie sie Gutes bewirkt hat. In praktisch jedem Krieg, der auf dieser Erde geführt wurde, wurde Religion als Rechtfertigung benutzt. Mit Religion wurde beispielsweise auch die Rassentrennung in Südafrika begründet. Das gesamte Apartheidsystem wurde mit theologischen und biblischen Aussagen untermauert.

Die südafrikanische Religion hat es geschafft, ein beiläufiges Bild aus der Bibel für ihre eigenen unmoralischen Zwecke herzunehmen. Diese Religion argumentierte im Ernst folgendermaßen: Der Regenbogen ist ein Zeichen des Bundes, den Gott mit den Menschen geschlossen hat (Genesis 9, 13–16). Ohne getrennte Farben gäbe es keinen Regenbogen. Gott möchte also getrennte Farben, und wir als seine Diener müssen dafür sorgen, dass die Farben auch getrennt bleiben. Das kommt heraus, wenn jemand die Bibel gebraucht, ohne sich wirklich auf ihre Aussagen im Ganzen einzulassen.

Jedes mörderische System, jedes System der Unterdrükkung auf der Welt wird eine Theologie entwickeln können, die es stützt. Es war für mich sehr interessant, in Deutschland die Koppelschlösser zu sehen, die in zwei Weltkriegen getragen wurden: „Gott mit uns" stand auf ihnen. Hitler zitierte die Bibel häufig. Man muss Gott in sein System einbauen, sonst gibt es keine Möglichkeit, die erforderliche Gewalt als geheiligt hinzustellen. Die Kommunisten waren wenigstens ehrlich genug, nicht so zu tun, als passe Gott in ihr System. Fast alle anderen tun das.

Ist Jesus dein „persönlicher Herr und Heiland"? Diese Frage ist sehr populär, auch wenn sie durchaus neueren Datums und noch dazu sehr auf das Individuum bezogen ist. Jede Woche erhalte ich Briefe von Leuten, die mir sagen, dass sie Jesus als Herrn und Heiland angenommen haben. Ich freue mich, dass sie das tun, aber die meisten von uns werden ihr ganzes Leben brauchen, um herauszufinden, was das eigentlich heißt.

„Wenn Er dein Herr und Heiland ist, warum suchst du dann dein Heil im Geld?“ frage ich einige meiner Freunde. Wenn Jesus unser Heiland, unser Retter ist, warum geht es in unserem Leben dann in allererster Linie um die berufliche Karriere, um das Eigenheim, das Ferienhaus und am Ende um den Altersruhesitz? Wenn Jesus unser Heiland ist, warum sind wir dann so militaristisch, so darauf fixiert, immer noch mehr Bomben zu bauen? Jesus ist nicht unser Heiland. Auf den Punkt gebracht: Wir setzen unser Vertrauen auf Kanonen.

Jesus als Herrn und Heiland zu haben, das kann nur in einem geschichtlichen Zusammenhang geschehen, das muss einen ganz konkreten Sinn haben. Es ist nicht nur ein Konzept im Kopf. Wir dürfen nicht länger wagen, Jesus als persönliches Totem oder Maskottchen für unsere persönliche Religion zu missbrauchen.

Jesus als Herrn und Heiland zu haben, das muss vom Kopf ins Herz und in den Bauch hinabsinken. Ich weiß selbst nicht, ob ich in dieser ganz realistischen Art und Weise auf Jesus vertrauen kann. Ich ringe damit genauso wie andere auch. Ich stecke mitten drin. Wir alle stecken mitten drin. Die westliche Christenheit versucht verzweifelt, von der Theorie zur Praxis zu kommen, und die Welt glaubt unserer Theorie nicht, weil sie so selten in die Praxis umgesetzt wird.

Ein neuer Zusammenhang

Wir werden alle so ein Problem wie Hiob haben, solange wir uns Gott als den vorstellen, „der nicht leidet“. Hiob wusste natürlich nichts von Jesus, daher ist es leichter, seinen Fehler zu entschuldigen. Aber es ist doch immerhin erstaunlich, dass auch wir Christen, die wir von der Menschwerdung Gottes wissen, so leicht demselben Missverständnis aufsitzen.

Die Menschwerdung Jesu und sein Leiden sagen uns, dass Gott sich nicht aus dem Leiden der Menschen heraushält. Gott steht nicht abseits. Gott ist kein bloßer Zuschauer. Gott steht an unserer Seite.

Gott nimmt das Leiden der Menschen nicht einfach hin. Er heilt es nicht einfach. Gott steht an unserer Seite *mitten im*Leiden. Ein Mensch, der daran glaubt, findet Sinn und schöpft Hoffnung. Paulus beschreibt es, wie es nur ein Mystiker kann: „Jetzt freue ich mich in den Leiden, die ich für euch ertrage. Für den Leib Christi, die Kirche, ergänze ich in meinem irdischen Leben das, was an den Leiden Christi noch fehlt“ (Kolosser 1,24).

Das ist schon mal ein guter Grundgedanke für eine Predigt: dass Gott ins Leiden hineingeht und nicht bloß zuschaut. Aber wir gehen noch weiter: Wir glauben anscheinend, dass das Leiden Leben und Erlösung gibt. Das ist ziemlich erstaunlich.

Wir leben in einer begrenzten Welt, in der alles irgendwann schwach wird und stirbt. Das ist schwer zu ertragen, und unser ganzes Leben lang suchen wir nach Ausnahmen von diesem ehernen Gesetz. Wir suchen nach etwas, das sicher, stark, unsterblich und endgültig ist. Die Religion sagt uns, dass Gott dieses „Etwas“ ist. „Wunderbar“, sagen wir, „halten wir uns also an diesen starken Gott.“ Und dann kommt Gott daher und sagt: „Selbst ich leide. Selbst ich habe Anteil an der Endlichkeit der Welt.“

Diese Vorstellung scheint im Buch Hiob immer wieder durch, und wir müssen uns wohl mit ihr abfinden. Normalerweise beschreiben wir Gott als allmächtig, unendlich, eben in jeder Hinsicht vollkommen. Wenn wir jedoch davon ausgehen, dass das Leiden und Sterben Jesu das Abbild und die Offenbarung des unsichtbaren Gottes darstellt (Kolosser 1,15), steht das völlig im Widerspruch zu all den philosophischen und theologischen Definitionen Gottes als höchstes Wesen.

Jesus passt einfach nicht hinein. Noch nach zweitausend Jahren ist es schwierig zu begreifen, was für ein revolutionäres Symbol Jesus darstellt, wie umstürzend die Offenbarung ist, die er bringt, und wie ganz anders die Wirklichkeit, die er repräsentiert. Er hat die Theologie schlichtweg auf den Kopf gestellt. Im Endeffekt hat er gesagt: Gott ist nicht der, für den ihr ihn haltet. Man kann zu dieser Erkenntnis nicht auf dem Weg des distanzierten Nachdenkens, der Theologie oder der Religion kommen, sondern nur durch die schmerzhafte Begegnung mit dem lebendigen Gott, bei der wir fühlen, wie uns das Fleisch von den Knochen gerissen wird und wir doch nicht sterben. Das ist die Erfahrung eines anderen Lebens, einer anderen Freiheit.

Die Christen nennen dies das Leben des Auferstandenen.

Das ist das Mysterium Jesu. Nach einer solchen Erfahrung ist es legitim zu sagen: „Ich bin Jesus begegnet. Er ist mein persönlicher Herr und Heiland."

Das mag erklären, wieso die Menschen, die Jesus begegnet sind, demütige Menschen sind: Sie sind von einem demütigen Gott überwältigt worden. Von einem Gott, der nicht überwältigend und triumphal ist, der nicht alle Antworten hat und in allem vollkommen ist, sondern der in allem an unserer Seite steht. Ein unendlicher Gott, der die Endlichkeit angenommen hat. Der alles in der Hand hält und sich doch entschieden hat, nicht die Kontrolle zu behalten.

Ich weiß nicht, wie ich diese gegensätzlichen Bilder für Gott logisch stimmig zusammenfügen kann. Wenn ich aber den gekreuzigten und auferstandenen Leib von Jesus betrachte, nehme ich wahr, wie die Gegensätze ineinander fallen und das Paradox versöhnen. So komme ich auf einen neuen Namen für Gott. Jesus ist das Ineinanderfallen der Gegensätze, der andere Name Gottes.

Hiob, der Ärmste, hatte das Bild Jesu noch nicht vor Augen, um es zu betrachten. So saß er auf seinem Misthaufen und litt und fand keine Antwort außer der, die in seinem eigenen sterblichen Leib in Erscheinung trat. In Hiob ist die wunderbare Offenbarung der Hebräischen Bibel an ihr Ende, in eine Sackgasse geraten. Ein neues Bild wird nötig, eine Antwort, die wir „hören und sehen und berühren" können (1. Johannes 1,1). Vorerst ist Hiob selbst zu dem geworden, was wir später in Jesus erkennen und verehren.

Jeremia, der Wegbereiter

Es gab noch weitere Vorbereitungen im Alten Testament. Wenn der Autor des Buches Hiob (wir wissen nicht, um wen es sich dabei handelte) irgendwelche anderen Teile des Alten Testaments kannte, war er höchstwahrscheinlich mit dem Buch Jeremia vertraut. Die Geschichte von Hiob wurde vermutlich zwischen 500 und 400 v. Chr. aufgeschrieben, also nach dem Exil von 587. Wir wissen, dass Jeremia vor dem Exil lebte, nach dem Fall Jerusalems aber in Palästina blieb.

Es ist interessant, dass sich Israel erst nach der Erfahrung des Exils mit Themen wie Scheitern und Leiden beschäftigt. Die meisten Menschen beschäftigen sich mit diesen Themen erst in der zweiten Lebenshälfte. So geht es in den früheren Schriften immer um Erfolge und Eroberungen Israels. Sie behandeln das Recht und die Ordnung, Struktur und Identität, die üblichen Themen der ersten Lebenshälfte.

Doch das Judentum reinigt sich erst während des Exils und in der Zeit danach, als alles verloren gegangen und alles, was sie aufgebaut hatten, über Nacht dem Erdboden gleich gemacht war. Nun stellt sich eindeutig die Frage: Wie sollen wir jetzt noch glauben? Zu diesem Zeitpunkt entwickelt sich die größte Weisheit des Alten Testaments. Vielleicht haben wir heute eine ganz ähnliche Hoffnung.

Im Buch Jeremia finden wir eine exakte Parallele zu Hiob. Jeremia ist der widerspenstige Prophet. Er will sich nicht hineinziehen lassen. Er fühlt sich benutzt. Oder, wie er an mehreren Stellen sagt, er fühlt sich von Gott „verführt“ und „missbraucht“: Gott, du hast mich benutzt; du hast mir ein Leben gegeben, das ich so nicht gewollt habe. Jetzt bin ich so hineinverwickelt, dass ich nicht mehr anders kann, aber ich lehne es nach wie vor ab, was du mit mir machst (vgl. Jeremia 20, 7–18).

Der erste Abschnitt der sogenannten „Konfessionen“ des Jeremia verwendet das Bild des Opfers im Tempel aus Jesaja 53,7: „Ich war wie ein Schaf, das sich ohne Widerstand zum Schlachten wegführen lässt, und ahnte nicht, dass sie etwas gegen mich planten. ... Aber du, der Herr der ganzen Welt, kennst die geheimstem Gedanken und Wünsche der Menschen, und du bist ein gerechter Richter. Dir habe ich meinen Fall übergeben und bin voll Zuversicht: Ich werde noch erleben, wie du an ihnen Vergeltung übst“ (Jeremia 11, 19 und 20).

Man kann Jeremias Wut sehen, seinen Durst nach Vergeltung. Er möchte seinen Feinden gegenüber Recht bekommen. Jesus wird sich an dieser Stelle anders verhalten.

In den ersten Versen des 12. Kapitels des Jeremiabuches stehen Sätze, wie sie später bei Hiob auch vorkommen: „Herr, du bist gerecht; wie könnte ich gegen dich eine Anklage erheben“. Du hast alles in der Hand, heißt das, oder mit anderen Worten: Du hast alle Antworten. „Aber ich muss dich fragen, wie ich deine Gerechtigkeit erkennen soll.“ Und das klingt nun schon fast wie Hiob: „Warum haben Menschen, die dein Gesetz missachten, immer Erfolg?“

Warum fahren die Ungläubigen Mercedes? Warum leben die Schurken in Frieden? „Du hast sie gepflanzt, und sie haben Wurzeln geschlagen, sie wachsen und gedeihen und tragen Frucht." Kurz, sie haben ein angenehmes Leben. Ihre Kinder machen ihnen keine Probleme, nur meine Tochter nimmt Drogen!

„Ihr Mund redet dauernd von dir", beschwert sich Jeremia, „aber ihr Herz ist weit von dir entfernt". Doch andererseits: „Herr, du siehst mich, du kennst mich, du weißt, dass ich immer mit ungeteiltem Herzen auf deiner Seite gestanden habe". Am Ende begibt sich Jeremia also, wenn auch ein bisschen widerwillig, zurück in die Hände Gottes.

Dann aber flammt der Zorn noch einmal auf: „Hole sie doch weg wie Schafe und stelle sie für den Schlachttag bereit!" Jeremia hat nur die Anfänge der Freiheit ergriffen. Er hat sie noch nicht vollkommen erlangt. Er ist immer schwankend. Einen Moment lang ergibt er sich Gott, dann gewinnt seine Wut wieder die Oberhand.

In den Versen 10–21 des 15. Kapitels findet sich die wohl bekannteste seiner „Konfessionen", das heißt seiner persönlichen Klage, seiner eigenen Beschreibung seines Verhältnisses zu Gott. „Ich Unglücklicher, warum hat meine Mutter mich geboren! Wohin ich auch komme – man feindet mich an und streitet mit mir. Ich habe von niemand Geld geborgt und bei keinem etwas geliehen, und trotzdem verwünschen mich alle. Ihre Flüche sollen wahr werden, Herr, und deine Strafe soll mich treffen, wenn ich dir nicht gedient habe, so gut ich konnte, wenn ich dich nicht sogar für meinen Feind gebeten habe, als er in Angst und Not war." Eine persönliche Klage, so alt wie die Welt und gleichzeitig brandaktuell: Ich habe alles richtig gemacht, und das habe ich nun davon!

In Vers 19 antwortet Jahwe dem Jeremia: „Wenn du zu mir umkehrst, nehme ich dich wieder an, und du sollst wieder mein Diener sein. Wenn du nicht mehr solchen Unsinn redest, sondern deine Worte abwägst, dann darfst du mein Mund sein. Höre nicht auf die anderen, sondern sieh zu, dass sie auf dich hören. Du wirst diesem Volk wie eine Mauer gegenüberstehen. Sie werden gegen dich anrennen, aber sie können dich nicht bezwingen. Denn *ich bin bei dir,* um dich zu schützen und zu retten."

Dieser wunderbare Satz wurde zu allen großen Gestalten des Alten Testaments gesprochen. Der Herr gibt ihnen keine Strategie, keinen Plan, sondern lediglich eine Verheißung: „Ich bin bei dir."

Der allmähliche Zusammenbruch unserer Logik

In Jeremia 18 finden wir einen Hinweis darauf, warum Gottes Wort sogar für einen Propheten manchmal hart zu schlucken ist: „Gib du acht auf mich, Herr! Höre doch, was meine Gegner reden! Soll denn Gutes mit Bösem vergolten werden? Sie wollen mich in ihre Gewalt bekommen. Dabei bin ich für sie eingetreten bei dir, um deinen Zorn von ihnen abzuwenden; du weißt es, Herr!"

So fühlen wir uns, wenn wir das Richtige getan haben, vielleicht sogar über unsere Pflicht hinaus. Egal, wie sehr wir auch an uns schon gearbeitet haben mögen, wir alle sind wie mit unsichtbaren Fäden an das Gute gefesselt, das wir getan haben. Wir erwarten eine Belohnung.

Diese Einstellung ist nie deutlicher gewesen als in unseren Tagen. Sie ist in manchen amerikanischen Kirchen geradezu zum Evangelium geworden: das „Wohlstandsevangelium". Wir erwarten Segen und Erfolg als Lohn dafür, dass wir Jesus nachfolgen. Wer aber glaubt, dass das Evangelium Wohlstand und Erfolg in dieser Welt verspricht, hat wahrscheinlich weder Jeremia noch Hiob je gelesen und hat ganz gewiss das Kreuz nicht verstanden.

Das ist eine spezifisch amerikanische Ketzerei, ein absoluter Widerspruch zur biblischen Lehre. Und doch wird es in den sogenannten „modernen" christlichen Kirchen landauf, landab gepredigt. Wenn du Jesus liebst, bekommst du einen besseren Job und ein besseres Gehalt. Das ist nicht das Wort Gottes. Das ist sogar das absolute Gegenteil dessen, was Gott verheißt.

Etwas von dieser Erwartung liegt jedoch in der Natur des Menschen, wie wir sogar hier bei Jeremia sehen können. Wie du mir, so ich dir. Ich bin nett zu dir, Gott, und dafür bist du nett zu mir. Das steckt in uns allen, doch die Bibel bleibt dabei: Nein, so läuft es nicht. Diese Theologie der Vergeltung ist eines der Hauptprobleme Hiobs, wie wir noch sehen werden.

Jeremia 20,7 ist wohl die am häufigsten zitierte Stelle aus den „Konfessionen" des Jeremia: „Du hast mich verführt, Herr, und ich habe mich verführen lassen." Jeremia regt sich auf. „Du hast mich gepackt und mir Gewalt angetan", so heißt es in der modernen Übersetzung, doch wörtlich heißt es: „Du hast mich vergewaltigt". Was für eine Vorstellung – von Gott vergewaltigt! Jeremia beschreibt sich selbst gegenüber Gott im Bild einer hilflosen Frau: „Nun spottet man immerzu über mich, alle lachen mich aus. Denn sooft ich in deinem Auftrag rede, muss ich Unrecht anprangern." Und weiter: „‚Verbrechen' muss ich rufen und ‚Unterdrückung!' Und das bringt mir nichts als Spott und Hohn ein, Tag für Tag." Nicht gerade ein Evangelium des Wohlstands und der Seelenruhe.

Jeremia 20,9 ist sehr bezeichnend: „Ich sage zu mir: ‚Ich will nicht mehr an Gott denken und nicht mehr in seinem Auftrag reden'." Wer hat sich nicht schon so gefühlt? „Ich werde nie mehr in seinem Namen reden!" Dann, so denkt Jeremia, geht er vielleicht und lässt mich in Ruhe, und ich kann ein normales Leben führen.

Doch dann folgt das Eingeständnis: „Aber dann brannte es in meinem Innern wie ein Feuer. Ich nehme meine ganze Kraft zusammen, um es zurückzuhalten – ich kann es nicht! Viele höre ich tuscheln, sie nennen mich schon ‚Schrecken überall'. Die einen fordern: ‚Verklagt ihn!' ‚Ja, wir wollen ihn anzeigen!‘ sagen die anderen. Sogar meine besten Freunde warten darauf, dass ich mir eine Blöße gebe.“

In all dem führte Jeremia dieselbe Auseinandersetzung wie Hiob, und auch wie Jesus. Das ist das Mysterium, mit dem wir hier zu kämpfen haben: Wie können wir glauben, wie können wir auf die Liebe Gottes vertrauen, wenn wir in dieser Welt keine Liebe spüren? Wie können wir auf die Gegenwart Gottes vertrauen, wenn wir in dieser Welt kein Glück und keine Freude finden?

Es wäre schön, dieses Kapitel mit einer Entspannung, mit einer Lösung abzuschließen. Aber vielleicht möchte Gott, dass wir erst eine Zeit lang mit der Botschaft des Jeremia leben, um sie zu schmecken, sie uns anzueignen. Vielleicht müssen wir erst tief in uns selbst graben und den Ort in unserem Leben finden, der sich überhaupt nicht wie Leben anfühlt. Dann werden wir bereit sein, uns mit Hiob auf den Weg zu machen.

2. Kapitel

WIE GEHEN WIR MIT DEM BÖSEN UM?

Die Geduld Hiobs ist zwar sprichwörtlich geworden (als Folge von Jakobus 5,10–11), doch könnte das Buch Hiob genauso gut die Überschrift „Hiobs Ungeduld“ tragen. Ungeduld, ja Grobheit angesichts der Weigerung Gottes, Gerechtigkeit zu schaffen, ist der Schwerpunkt unserer Betrachtung.

Das hervorragende Buch von Harold Kushner, *„When Bad Things Happen to Good People“* („Wenn guten Menschen Böses widerfährt“) beschäftigt sich mit demselben Problem. Es ist ein universales Dilemma, in das wir uns immer wieder gestellt sehen. Wir bemühen uns, einen guten Gott mit einer offenkundig bösen Welt zu versöhnen. Aber es gelingt uns nie, die passenden Antworten zu finden. Manche östlichen Religionen, bestimmte Formen des Hinduismus und Buddhismus etwa, versuchen eine Lösung durch eine spezifische Form von Verleugnung; sie unterdrücken das Verlangen, schauen einfach in die andere Richtung und bezeichnen das Böse als gegenstandslos. Diese Art des Umgangs ist ziemlich erfolgreich. In einem großen Teil der Welt hat die Gnade Gottes sicherlich durch diese großartigen Religionen gewirkt und Schmerz und Enttäuschung gelindert, die zu allen Zeiten die Menschheit heimgesucht haben.

Gutes und Böses

Wir können nicht sagen, Gott sei böse. Damit kommen wir nicht weiter. Die allererste Grundaussage aller Religionen ist, dass Gott gut ist. Dann aber nehmen wir die Wirklichkeit, die uns vor Augen liegt, in den Blick und begegnen der zermürbenden Frage: Warum muss der gerechte Mensch leiden?

In der Einleitung des Buches wird Hiob als guter und gerechter Mann beschrieben. Es ist wohl fair zu betonen, dass Hiobs Glaube nicht erst durch die erzählten Ereignisse begründet wird, sein Glaube wird eher durch die Ereignisse kenntlich gemacht und benannt. Hiob wird nicht durch die Schwierigkeiten, die er durchstehen muss, zum Heiligen gemacht. Sie bestärken das bereits vorhandene Gutsein (Gutsein oder Heiligkeit bedeutet Heilsein, d. h. verbunden sein mit dem Ganzen, mit allem, was *ist*).

Hiob behält im Wesentlichen seinen Standpunkt bei. Er hadert mit Gott, ja er verflucht ihn, aber in ihm ist von Anfang an eine gewisse Freiheit, die Gott von Anfang an erkennt und anerkennt. Er hat den Sinn seines Lebens in sich selbst entdeckt, in seiner Verbundenheit mit Gott, er bezieht ihn nicht von irgendwo außerhalb. Seine ontologische Verankerung, wie Gabriel Marcel es nennen würde, besteht in seiner Verbindung mit Gott und nicht in seinem privaten, autonomen Selbstbild.

Im Rahmen der spirituellen Begleitung ist dies eine entscheidende Trennlinie, die jeder Mensch früher oder später überschreiten muss. Manche schaffen es allerdings nie. Manche Menschen bleiben dabei, dass sie ihre Autorität von außen beziehen, sich ihren Namen und ihre Identität von anderen geben lassen. Auch Glück und Traurigkeit wird nur von außen erzeugt. René Girard nennt dies das „mimetische Bewusstsein“ (Rivalität, Sehnsucht und Nachahmung in horizontaler Perspektive), das immer in der Katastrophe endet.

Wenn ein Mensch sich von innen, „durch Gott“, identifiziert und sich durch die äußeren Umstände nicht groß beeinflussen lässt, dann hat die Gnade in ihm triumphiert. Wie werde ich definiert? Definieren wir uns in jedem Augenblick durch die Reaktionen der Anderen auf uns? Wenn ja, dann haben wir auf sehr subjektiven, sandigen Grund gebaut. Wir werden ständig hin- und hergerissen zwischen Glück und Verzweiflung. Wenn wir uns dadurch definieren, wie gut wir uns fühlen oder wie viel Erfolg wir haben, so ist das eine sehr zerbrechliche Definition von „Erfolg". Auch in diesem Fall werden wir immer zwischen Hochgefühl und Depression schwanken. Hier zeigt sich die Hohlheit der säkularen Konsumgesellschaft im Unterschied zu einer authentischen religiösen Kultur.

Wenn unsere Stimmung jeden Morgen beim Aufwachen davon abhängt, ob die anderen nett zu uns sind oder nicht, wenn wir ohne Anerkennung von außen nicht glücklich sein können, dann sind wir nicht wirklich glücklich, nicht wirklich frei. Glücklichsein ist letztlich eine innere Angelegenheit. Wir sind allzu oft wie ein „Rohr, das im Wind schwankt" (Matthäus 11, 7), in jeder Sekunde abhängig von der Reaktion, der Anerkennung der Anderen. Das ist das moderne Selbst: Substanzlos, launisch, total *abhängig* – und doch nennt es sich selbst „frei".

Ich habe mit Menschen gearbeitet, bei denen ich die Veränderung sehen konnte. Ursprünglich waren sie rein nach außen orientiert, reagierten nur auf das Leben außerhalb ihrer selbst. Doch durch den Kontakt mit dem, was ich als „echte Transzendenz" bezeichne, beziehen sie nun ihr Leben von innen. Sie lassen nicht mehr zu, dass andere Menschen ihre Identität bestimmen. Gott hat ihnen ihren Namen gegeben, und diesen Namen haben sie als den tiefsten Kern ihres wahren Selbst erkannt. In dieser Welt lässt sich die Frage, wer ich bin und welchen Sinn mein Leben hat, nicht wirklich beantworten. Deswegen spricht die Religion davon, dass unser Heil im Jenseits, in Gott begründet ist.

Ohne ontologischen Grund unter den Füßen können wir von der Wiege bis zum Grab nur *reagieren*. Das Leben wird ein unendliches Spiegelkabinett. Wir haben keinen wirklich festen Stand, wenn wir unser Leben lang nur reagieren, denn unsere Identität hängt von äußeren Umständen ab – oder davon, wie geschickt wir unsere Selbstgespräche führen. Wenn wir dagegen „von Gott gerettet" sind, ist mein Selbst ein Geschenk von dem, der in einem tieferen Sinn ich selbst ist als ich es von mir aus bin. Darüber kann man lange nachdenken – womöglich bis ans Ende des Lebens.

Es geht nicht um Sünde

Von Anfang an wird im Buch Hiob festgestellt, dass kein Zusammenhang besteht zwischen der Sünde und dem Leiden einerseits und zwischen Anständigkeit und Belohnung auf der anderen Seite. Wir tun uns schwer, diesen scheinbar logischen Zusammenhang aufzubrechen. Dieses Buch versucht es, so dass sich ein neuer *logos* namens *Gnade* ereignen kann.

Die Freunde Hiobs kommen, um ihn zu beraten. Sie sind anständige, gläubig-religiöse Menschen. Und sie versuchen es mit all den typischen Lösungen. Jede Phrase aus dem Repertoire der Pfarrer, alle Stereotypen, die wir jemals gehört oder in frommen Büchern gelesen haben, bringen sie an. Sie sind auch ziemlich intelligent, doch das Ergebnis, zu dem das Buch Hiob kommt, ist dies: Keines von diesen vermeintlichen Heilmitteln ist angemessen oder auch nur zutreffend.

Sie gehen alle von der einen Annahme aus: Wir leiden, also müssen wir gesündigt haben. Den drei, später vier Freunden Hiobs geht es darum, ihre Vorstellung von Gott und ihre Vorstellung von Gerechtigkeit um jeden Preis aufrecht zu erhalten. Mir scheint, dass sie die Art und Weise, wie die biblische Botschaft am häufigsten verstellt wird, perfekt vorführen: durch Ideologie, Orthodoxie, konventionelle Weisheit und heroischen Idealismus. Eine Zeit lang funktionieren diese Methoden einigermaßen, aber nur so lange, bis man mit dem Absurden, dem Lächerlichen und offensichtlich Ungerechten konfrontiert wird.

Der Unterschied zwischen Hiob und seinen Beratern besteht darin, dass diese Klarheit und Ordnung im Universum suchen, ja einfordern. Sie wollen vorhersehen, was Gott tut. Hiob dagegen will Gott sehen. Sie wollen ihre Welt der korrekten Ideen und klaren Zusammenhänge bewahren. Hiob will seine Beziehung zu Gott aufrecht erhalten, auch wenn das seine absolute Demütigung beinhaltet. Die Freunde bewahren ihre Theologie. Hiob bewahrt seine Beziehung. Hiob ist der „Leidende, der nicht leiden sollte" und wird so zum Vorläufer von Jesus, dem „Sterbenden, der nicht sterben sollte". Beide lassen uns durchdringen zum eigentlichen, innersten Wesen des Glaubens. Beide erweitern die Möglichkeiten der Freiheit des Menschen bis zum Äußersten – bis dorthin, wo allein die Gemeinschaft mit Gott uns erhält, wo sich unser Leben nicht mehr ausschließlich um uns selbst dreht.

Der Gerechtigkeitsfaktor

In der Moraltheologie gibt des den Ausdruck „vergeltende Gerechtigkeit". Wir erwarten Vergeltung von Gott und voneinander. Wir tun soundso viel Gutes und erwarten dafür dies und jenes, wir tun soundso viel Böses und erwarten dafür diese oder jene Strafe. Unsere schrecklich genau ausgebildete Lehre vom Fegefeuer war ein klassisches Beispiel für schlecht verstandene vergeltende Gerechtigkeit: Wir haben soundso viel falsch gemacht, und dafür kommen wir zehn Jahre ins Feuer, wir machen noch ein bisschen mehr falsch und kommen dafür fünfzehn Jahre ins Feuer. Als ob das Feuer irgendetwas wieder gut machen oder irgendeine Schuld begleichen könnte.

Die Leute, die diese Lehre ausformuliert haben, waren den vier Freunden Hiobs wahrscheinlich sehr ähnlich, die das Leben vom Standpunkt einer strengen vergeltenden Gerechtigkeit aus betrachteten. Die Lehre besagt auch: Wenn es jemand zu gut geht, wird er mit einem bestimmten Maß an Leiden dafür büßen müssen. Diese Denkweise steht für ein Verständnis von Gleichheit, das sehr oberflächlich ist und dennoch tief in vielen Menschen steckt: dass immer alles ins Gleichgewicht gebracht werden muss. Weil wir Punkte zählen, meinen wir, Gott müsste der Ober-Punktezähler sein.

Diese Ansicht setzt auch voraus, dass Gott etwas dagegen hat, wenn es uns gut geht, und dass er eine Art kosmischer Gerechtigkeit schafft, indem er Menschen ins Feuer steckt. Aber wie sollte dadurch die Wahrheit wiederhergestellt werden? Menschen, deren Glaube noch nicht durch echte Prüfungen gegangen ist, neigen zu einer sehr mechanistischen und unpersönlichen Spiritualität. Gereifter Glaube dagegen hat so gut wie immer etwas von Paradox und Mysterium an sich – dadurch bleibt Raum für die Freiheit Gottes.

Die Wahrheit, die beispielsweise dem ursprünglichen Volksglauben vom Fegefeuer zugrunde liegt, ist die, dass auch *nach* dem Tod noch Gelegenheit ist für Entwicklung und Leben. Warum sollte nach dem Tod keine Möglichkeit zum Handeln mehr bestehen? Nichts zwingt uns, den Augenblick, den wir als „Tod“ eines Menschen bezeichnen, zum absoluten Endpunkt der menschlichen Entwicklung zu erklären. Bei fast allen Menschen scheint es eine Art spirituelles Bewusstsein davon zu geben, dass die Geschichte eines Menschen nicht an diesem Punkt zu Ende sein muss. Das ist ein Teil unseres Glaubens an die Unsterblichkeit, und im Buch Hiob ist die Sehnsucht danach wohl am eindrücklichsten dargestellt. In gewisser Hinsicht stellt das Buch Hiob den absoluten Höhepunkt und die endgültige

Enttäuschung der Hebräischen Bibel dar. Es spricht von der Sehnsucht nach Gerechtigkeit, die wir in diesem Leben selten erfahren, und stellt diese Gerechtigkeit im letzten Kapitel auf etwas gezwungene Weise her.

Aus einer ganzen Reihe von Gründen unterscheidet sich das Buch Hiob stark von allen anderen Büchern des Alten Testaments. Über weite Strecken ist es in lyrischer Form abgefasst, und man kann es mit einigem Recht als Drama in Versform bezeichnen. Es beansprucht in keiner Weise historische Wahrheit. Es nimmt keinen Bezug auf die Größen, die in den anderen alttestamentlichen Büchern üblicherweise eine Rolle spielen: keine Rede vom Sinai, vom Bund, keine Gesetze oder Liturgien, kein Hinweis auf den Exodus, die Wüstenzeit oder auf irgendwelche historischen Persönlichkeiten. Es steht offensichtlich neben dieser ganzen jüdischen Geschichte und soll auf seinem eigenen Grund und seinem eigenen Verdienst stehen. Hiob ist noch nicht einmal Jude.

Während das Alte Testament sich normalerweise mit der Moral innerhalb der Gemeinschaft beschäftigt, das Volk als Ganzes als gut oder schlecht darstellt und von kollektivem Lohn und kollektiver Strafe erzählt, geht es bei Hiob um das ethische Dilemma eines einzelnen Individuums. Hiob ist erst spät in der alttestamentlichen Zeit entstanden. Das Auftauchen der individuellen Ethik, die Beschreibung eines einzelnen Menschen in seiner persönlichen Beziehung zu Gott, ist Korrektiv und Ausgleich zu der starken kollektiven Moral in den älteren Schriften des Alten Testaments.

Zweitausendfünfhundert Jahre später leben wir in derart starken individualistischen Traditionen, dass wir uns nach dem entgegengesetzten Pol strecken müssen, um die kollektive Moral überhaupt zu verstehen. Das Denken Hiobs ähnelt dem unseren in der Grundüberzeugung, dass es um das Verhältnis zwischen Gott und mir geht. Dieses Buch stellt also eine gewisse Anomalie innerhalb des Alten Testaments dar, aber es hat etwas Zeitgenössisches zu der westlichen Welt von heute, und zwar sowohl für das religiöse wie für das nichtreligiöse Denken.

Und der echte Hiob…?

Ist Hiob eine historische Person? Ursprünglich existierte wohl eine uralte Legende um einen frommen Menschen namens Hiob. Diese Legende findet sich höchstwahrscheinlich im ersten Kapitel bis einschließlich Vers 21 und in den letzten sechs Versen des Buches. Unser anonymer Autor, der fünfhundert Jahre vor Christus lebte, nahm diese alte Legende, die vielleicht nur mündlich im Umlauf war, erweiterte sie und schuf so ein umfassendes theologisches Werk über das Problem des Bösen, über Bekehrung, Entwicklung und Leiden.

Der Autor bringt als guter Dramatiker mehrere Personen ins Spiel, die den Protagonisten oder Helden in Frage stellen und uns so ins Geschehen hineinziehen. Hiob ist ein Symbol für den rechtschaffenen Jedermann, den guten, den gläubigen Menschen.

„Im Lande Uz lebte einmal ein Mann namens Hiob." (Wir wissen nicht genau, wo Uz lag; vielleicht handelt es sich um ein fiktives Land.) „Er führte ein vorbildliches Leben und achtete sorgfältig darauf, nichts Unrechtes zu tun, weil er Gott ernst nahm." Hier haben wir unseren rechtschaffenen Jedermann, mit dem sich – so steht zu hoffen – jeder identifizieren kann.

Mit diesen ersten Versen wird der Anfang einer Geschichte erzählt, wie im Märchen: „Er hatte sieben Söhne und drei Töchter und einen großen Viehbesitz: 7000 Schafe und Ziegen, 3000 Kamele, 1000 Rinder und 500 Esel. Dazu kamen sehr viele Knechte und Mägde."

So wird er einfach vor uns hingestellt. Aber gleich geht es los: „Eines Tages kamen die Gottessöhne zur himmlischen Ratsversammlung." Was soll das heißen? (Im Neuen Testament bezeichnen wir Jesus als den Sohn Gottes. Man kann hier beobachten, wie die Sprache sich fortentwickelt und verändert: Spätere Autoren hätten diese Sprache nicht verwendet, um den Eindruck zu vermeiden, es gebe mehrere Söhne Gottes.)

Die Juden hatten an diesem Punkt ihrer Entwicklung die Vorstellung eines ganzen Rates heiliger Personen, die sich um Jahwe versammeln. Interessanterweise findet sich unter ihnen auch Satan. Eine spätere Theologie könnte auch in diesem Fall nicht so reden. Wir haben hier ein schönes Beispiel dafür, wie sich die Theologie entwickelt. Heute käme kein Mensch auf die Idee, sich Satan als einen der Söhne Gottes vorzustellen. Doch hier steht er als Teil der himmlischen Ratsversammlung und hat die Aufgabe, Gott zu beraten. Spätere Denker wie C.G.Jung waren recht froh, hier in dieser Geschichte „das Böse" in Gott integriert zu finden.

Satan verdient eine eingehendere Betrachtung. Das Wort „Satan" wird im ganzen Alten Testament nur viermal verwendet. Es ist ein hebräisches Wort, das in wörtlicher Übersetzung „Ankläger" oder „Widersacher" bedeutet. Der, der dagegen ist. Der Grund jedoch, warum Satan nur viermal erwähnt wird, und das auch nur in einer sehr späten Phase des Alten Testaments, liegt darin, dass über weite Strecken im Alten Testament Gott selbst als der Urheber des Bösen ebenso wie des Guten gesehen wird. Nur die Entwicklung der Lehre, das Entstehen des Kausalitätsprinzips hat dazu geführt, hier zu unterscheiden. Lassen Sie sich von niemand einreden, die Theologie und der Glaube seien keinen Entwicklungen unterworfen.

Die Theologie späterer Zeiten konnte damit nicht umgehen. Fortgeschrittene Theologen legten Wert auf die Feststellung, dass Gott nur Gutes verursachen kann. So brauchten sie jemand anders, der für das Böse verantwortlich zu machen war. Dieses vollkommen schlechte und vollkommen von Gott getrennte Wesen nannten sie Satan. Viele Beispiele aus früheren Zeiten zeigen aber, dass dieses Problem ursprünglich nicht bekannt war.

Zum Beispiel Amos 3,6: „Trifft ein Unglück die Stadt, ohne dass der Herr es geschickt hat?“ Will sagen: natürlich hat der Herr es geschickt. Zur Zeit des Amos, achthundert Jahre vor Christus, gab es überhaupt kein Problem mit dieser Aussage.

In der Erzählung vom Auszug des Volkes Israel aus Ägypten sehen wir Jahwe, wie er das Herz des Pharao verhärtet. Wieder verursacht Gott hier Gutes und Böses. Das Reden von den zwei Seiten Gottes hält sich noch bis in die Zeit des Neuen Testaments, wenn etwa Clemens von Rom im zweiten Jahrhundert nach Christus sagt: „Gott hat eine rechte und eine linke Hand, und beide setzen seinen Willen ins Werk“. Mit anderen Worten: Eine bringt das Gute, die andere das Böse. Wie wir wissen, haben die modernen Theologen mit solchen Aussagen ihre Schwierigkeiten.

Eine Möglichkeit, diesen Zusammenhang zu erklären, besteht darin, dass wir uns die Funktionsweise unserer beiden Gehirnhälften ansehen.

Die rechte Gehirnhälfte steuert den linken Teil unseres Körpers, die linke Gehirnhälfte den rechten Teil. Erst vor kurzem haben Wissenschaftler herausgefunden, dass sie auch auf verschiedene Weise die Realität wahrnehmen. Die rechte Gehirnhälfte ist für die synthetische, ganzheitliche Betrachtungsweise zuständig. Sie nimmt die Dinge nicht auseinander, sondern fügt sie zusammen. Sie schaut weniger auf den Text als auf den Kontext.

Die linke Gehirnhälfte bevorzugt die Analyse als Methode der Erkenntnis. Sie analysiert jedes Wort, jedes kleine Ding. Das „linkshirnige" Bewusstsein produziert Entweder-Oder-Denken: „Wenn dies wahr ist, kann jenes nicht wahr sein." In der Logik wird das als „disjunktives Denken" bezeichnet. Das westliche Christentum schafft beispielsweise Dutzende von Konfessionen und Denominationen. Jede dieser Gruppen ist der Überzeugung, sie allein verfüge über den Weg zum Heil und nur ihre Angehörigen kämen in den Himmel. Die linke Gehirnhälfte mit ihrem linearen Denken kann mit der Versöhnung, dem In-Eins-Fallen der Gegensätze nichts anfangen. Dem Paradox und dem Mysterium gegenüber erweist sie sich als ungeduldig bis ablehnend. Hier liegt die Gabe der rechten Hirnhälfte, wenn sie von Demut und Gnade unterstützt wird.

Ein Hauptgrund dafür, warum die Aussagen der Bibel so verzerrt wurden, ganz besonders und zunehmend in den letzten fünfhundert Jahren, liegt darin, dass der europäische und nordamerikanische Geist sich so überwiegend auf die linke Gehirnhälfte spezialisiert hat, dass er mit dem Paradox nichts mehr anfangen kann. Er kann mit dem „sowohl als auch" nicht umgehen. Er zwingt seine Definition von Gott der Wirklichkeit auf, anstatt zuzulassen, dass die Wirklichkeit das Wesen Gottes offenbart. Er kann nicht akzeptieren, dass sich die Wahrheit manchmal unterschiedlich oder wie hinter einem Schleier verborgen präsentiert und nicht so ordentlich und klar daher kommt, wie er sie mit seinen Worten gern darstellen würde.

Heute mehr denn je braucht es Menschen, die ein Gefühl für die Ordnung der Dinge haben (linke Hirnhälfte), aber auch ein Gefühl für Kreativität (rechte Hirnhälfte). Wenn diese beiden Aspekte einander ergänzen und respektieren, haben wir ganze Menschen. Die meisten Menschen in der westlichen Zivilisation sind auf ihre linke Hirnhälfte fixiert. Leute, die mehr mit ihrer rechten Hirnhälfte umgehen, sind zu kreativ oder zu chaotisch, als dass sie in unser System passen würden, genauso wie die allermeisten von uns zu „rational" sind, als dass sie in einer ursprünglichen Kultur leben könnten.

Beim Gehen und Laufen müssen wir die rechte und die linke Hirnhälfte ständig koordinieren. Auch kleine Kinder müssen eine Zeitlang krabbeln und können nicht direkt vom Rollen zum Gehen übergehen. In der Krabbelzeit lernen sie, ihre Gehirnhälften zu koordinieren.

Wir haben es gelernt, uns mit Motorkraft fortzubewegen, aber die Fortbewegung mit Hilfe spiritueller oder psychischer Kraft haben wir nicht gelernt. Es ist notwendig, dass wir lernen, auf beide Bereiche der Wirklichkeit zu horchen.

Wir müssen die Wirklichkeit ordnen. Ich könnte ohne die Fähigkeiten meiner linken Hirnhälfte nicht schreiben. Und Sie könnten nicht lesen. Aber wenn wir dabei stehenbleiben, kommen wir nirgendwo hin. Das linke Hirn, für sich genommen, ist verkümmert. Es ist nicht kreativ. Es spendet kein Leben. Es ist keine Kraftquelle. Es hat keine Energie und stellt keine Verbindungen her. Das alles sind die Funktionen der rechten Hirnhälfte.

Dann kam Satan

Das Entscheidende bei all dem ist, dass die Bibel viel mehr aus der rechten Gehirnhälfte heraus entstanden ist als aus der linken. Die Israeliten hatten nicht einen so hoch entwickelten Zivilisationsprozess durchlaufen wie wir. Sie hatten keine Probleme mit dem Paradox, mit dem „sowohl als auch". Deswegen können sie Satan droben im Himmel auftreten lassen – als Berater Gottes! Sein Rat war nicht besonders gut, aber er durfte seinen Rat geben. Sein Name hatte noch nicht jenen eindeutig und ausschließlich negativen Klang, er bedeutete schlicht „Widersacher". Im Prozess der Heiligsprechung gibt es eine spezielle Rolle für den „*Advocatus Diaboli*", den Anwalt des Teufels. Das ist die Person, die die andere Seite vertritt, die dagegen ist. Was im Prozess des Lebens die neue, größere Wahrheit zum Vorschein bringt, ist immer das Betrübliche und Kontroverse.

Jahwe fragt Satan an einer Stelle: „Was hast du gemacht?" Und Satan antwortet: „Ich habe die Erde kreuz und quer durchstreift" (1,7). Mit anderen Worten: dieser Ankläger, dieser Widersacher ist überall.

Wir könnten ihn in unserer heutigen Sprache als „die negativen Stimmen in uns" bezeichnen, allerdings ist das noch keine zureichende Beschreibung Satans. Es würde allerdings eine Form des Dämonischen gut beschreiben: die negativen Stimmen, die jeden Tag die Menschen attackieren und ihnen sagen, dass sie inakzeptabel, dumm und einfach nicht gut genug sind.

Die großen spirituellen Denker bezeichnen es als ein Unglück, dass wir eine solche Karikatur des Satans haben – der Mann mit Dreizack und Schwanz, eher eine komische Figur. (Bezeichnenderweise hat sich in diesem Zusammenhang noch niemand über das sexistische, rein männliche Bild beschwert!) Das Böse, das „die Erde kreuz und quer durchstreift", tritt eher in einer kultivierten, vornehmen Verkleidung auf, sogar heldenhaft. Als gut gekleideter Wissenschaftler etwa, den in Frage zu stellen uns nicht im Traum einfallen würde. Paulus sagt es so: „Sogar der Satan verstellt sich und gibt sich als Engel des Lichts aus" (2. Korinther 11,14). Jeder würde Satan sofort zurückweisen, wenn er als kleiner Kerl mit rotem Schwanz daher käme! Das Problem ist der Zweireiher. Vermutlich lebt er genau den „*American Dream*": ein netter Kerl, der lächelt, dir die Hand schüttelt, entzückende Kinder hat, alles richtig macht, vielleicht geht er am Sonntag auch noch in die Kirche. Nur so gewinnt er seine Überzeugungskraft.

Es ist schon erstaunlich, dass wir so lange gebraucht haben, um Satan zu demaskieren, um zu erkennen, dass er „die Erde kreuz und quer durchstreift". Das Prinzip des Bösen findet sich überall, in allen möglichen Verkleidungen, sogar im Rat der Gottessöhne. Es ist so leicht, sich täuschen zu lassen. In Zeiten der Versuchung und der Angst gibt sich Satan als die Lösung unserer Probleme aus. Wir neigen leicht dazu, zu seinen Einflüsterungen zu sagen: „Dieser Vorschlag klingt sehr vernünftig".

Jahwe fährt fort: „Hast du auch meinen Diener Hiob gesehen? So untadelig und treu wie er ist sonst keiner auf der Erde. Er gehorcht mir und achtet darauf, ja nichts Unrechtes zu tun."

Satan antwortet: „Würde Hiob dir gehorchen, wenn es sich nicht bezahlt machte? Du hast ihn und seine Familie und seinen ganzen Besitz vor jedem Schaden bewahrt." Stellen wir ihn also auf die Probe, schlägt Satan da vor, der gerissene Kerl. „Rühre doch einmal seinen Besitz an! Wetten, dass er dich dann öffentlich verflucht?" Das ist also die berühmte Wette, die das ganze Drama in Gang setzt. Kann ein Mensch Gott lieben, ohne dass es „sich bezahlt macht"?

„Gut!" antwortet Gott. „Alles, was er hat, gebe ich in deine Gewalt." So gibt er Satan die Erlaubnis, schrecklich gegen Hiob zu wüten, und das ganze Buch hindurch bleibt offen, wer die Wette gewinnt: Gott oder Satan.

Satan wird von Gott nicht gerade beauftragt, aber immerhin erhält er die Erlaubnis zu tun, was er will. Dennoch gibt es eine Einschränkung: „Ihn selbst darfst du nicht antasten!". So verabschiedet sich Satan von Gott, ohne die Macht, „ihn selbst" anzugreifen, also das wahre Selbst Hiobs.

Zwei Wörter griechischen Ursprungs sind an dieser Stelle wichtig: „symbolisch" und „diabolisch".

„Symbolisch" kommt von „*symballein*", zusammenwerfen,

„diabolisch“ dagegen von *„diaballein“*, durcheinander- oder auseinanderwerfen. Das Böse ist immer dualistisch, es trennt immer eins vom anderen: den Körper von der Seele, das Herz vom Kopf, das Menschliche vom Göttlichen, das Männliche vom Weiblichen. Wo immer wir solche Trennungen vollziehen, kommt das Böse in die Welt.

Alle psychotisch oder neurotisch belasteten Menschen, die ich kenne, sind emotional gespalten. Ein Teil ihrer Emotionen wird bestärkt, der andere unterdrückt: „So etwas darfst du nicht denken! So darfst du nicht fühlen!“ Auf diese Weise wird ein Teil ihres Menschseins verleugnet. Wir alle finden unvorstellbar viele Möglichkeiten zu trennen und abzuspalten: „Du bist unannehmbar auf Grund deiner Hautfarbe oder deiner Rasse oder deiner Religion!“ Diese Art von Trennung ist immer Zerstörung.

Symbolisches Denken verbindet, was auseinandergeworfen wurde. Das dürfte eine Erklärung dafür sein, warum jede gesunde Religion (re-ligio heißt: wieder zusammenbinden) in der Geschichte Symbole, Bilder der Versöhnung hervorgebracht hat, die heilen und zusammenbringen, was auseinandergerissen wurde. Der Preis für diese Versöhnung ist hoch. Gott ist immer der, der die Gegensätze heilt und miteinander aussöhnt – auch die Sünde mit dem Guten. Gott hält unsere Identität zusammen, Satan versucht immer, uns auseinander zu reißen.

Von der Schwierigkeit, eine Brücke zu sein

Wie schon erwähnt, habe ich einige Zeit in Deutschland mit Mitgliedern der Friedensbewegung verbracht. Ein Teil der Arbeit bestand darin, mit diesen Menschen eine auf dem Glauben beruhende Basis für ihre Arbeit zu entwickeln. Ein großer Teil der Bewegung gründete sich auf Angst, Wut, Eigennutz und auf ein ganzes Spektrum eigenartiger Philosophien. Eine sehr große Zahl von Menschen war daran beteiligt, doch für mich war es traurig mit anzusehen, wie wenige von ihnen aus dem Glauben heraus oder im Kontakt mit echter Transzendenz ihre Entschlüsse getroffen hatten und ihre Selbstverpflichtungen eingegangen waren. In dieser Hinsicht war die amerikanische Friedensbewegung viel stärker als die europäische.

Nach wenigen Wochen fand ich mich bei dem Versuch wieder, eine Brücke zu sein und Menschen, die nie miteinander geredet hatten, an einen Tisch zu bringen. Der Osten wie der Westen hielt die jeweils andere Seite für einen Ausbund des Bösen. Ronald Reagan hat diesen Irrsinn mit seinem Gerede vom „Reich des Bösen" klassisch formuliert. Solange wir davon ausgehen, dass die Bösen auf der anderen Seite sind, gibt es keine Hoffnung auf Versöhnung. Satan, der „Ankläger", projiziert das Böse immer anderswohin und greift es dort an.

Wir alle haben etwas Böses in uns. Wir alle haben den Samen der Gewalt in uns. Solange wir dafür nicht die Verantwortung übernehmen, werden wir weiter Opfer brauchen und andere in die Opferrolle drängen.

Das Wort *Pontifex* bedeutet „Brückenbauer". Es wird in unserer Kultur fast ausschließlich auf den Papst angewandt: *Pontifex Maximus* bedeutet „der größte Brückenbauer". Die Geschichte enthält viele Hinweise, dass der Papst nicht immer diese Funktion ausgeübt hat, doch das Wort zeigt, dass die frühe Kirche eben dies vom Bischof von Rom erwartet hat.

Ich habe für mich selbst viel Trost und Kraft daraus gezogen, ein Brückenbauer zu sein und Menschen an einen Tisch zu bringen, die normalerweise nicht miteinander reden. Ich hatte die Hoffnung, dass daraus neues Leben entstehen könnte. Nach einiger Zeit aber musste ich lernen, dass es einen hohen Preis fordert, eine Brücke zu sein: Von beiden Seiten „betreten" einen die Menschen.

Rechte wie Linke, Kapitalisten wie Kommunisten – wie

wir auch immer die Polarität benennen mögen: Beide Seiten benutzen einen für ihre eigenen Zwecke. Wer für das Evangelium steht, befindet sich in einer sehr verletzlichen Position. Jeder meint, dass man für irgendeine Ideologie steht. Sie wollen einen sofort in eine Schublade stecken. Und dann kann es nicht ausbleiben, dass die andere Seite einen in genau dieser Schublade sieht, einen hasst und davon ausgeht, dass man im Unrecht ist.

In der damaligen DDR versuchten wir uns humorvoll einzuführen: „Wir arbeiten in unserem Land für den Frieden – deswegen sagt man uns ständig nach, dass unsere Gehälter von den Kommunisten bezahlt werden." Sie hielten sich die Bäuche vor Lachen und sagten: „Genau dasselbe kriegen wir hier ständig zu hören: dass eure amerikanische Regierung uns bezahlt!"

Die Welt hat Angst vor der Versöhnung. Wir leben lieber in einer schwarz-weißen Welt, in der wir Feindbilder schaffen und aufrechterhalten können, weil das den Zusammenhalt unserer eigenen Gruppe stärkt[2].

So war es wahrscheinlich seit Anbeginn der Zeiten. Die menschliche Natur hat uns auf bestimmte Positionen festgelegt, denen zwar eine gewisse kulturschaffende Logik innewohnt, die ansonsten aber schlicht falsch sind.

Wie kann Gott das alles ändern? Ich denke, im Buch Hiob finden wir die Antwort: Gott kann uns nur dadurch auf die richtige Bahn bringen, dass er uns in unsere Einzelteile zerlegt. Solange wir in einer selbstsicheren, selbstgerechten, linkshirnigen Position verharren, können wir auf keinen Fall zum Brückenbauer oder Versöhner werden. Wir werden sehen, wie Gott den Mann Hiob auseinander nimmt, damit er eine neue, bessere Definition von Wahrheit findet und zu einem besseren Verständnis davon, wie Gott auf Erden Leben schafft.

---

2 Vgl. Gil Bailie, Violence Unveiled: Humanity at the Crossroads, New York 1996

Es scheint, als ob Gottes Definition von Ordnung und von dem, was gut ist, ein gewisses Maß an Bösem mit einschließt. Zu dem Plan, wie ein Mensch zu Gott gelangt, scheint ein gewisses Maß an Bösem und Betrüblichem dazuzugehören. Das Buch Hiob ist ein Kommentar zu unserer Auseinandersetzung mit diesem unliebsamen Muster.

Ich glaube nicht, dass Gott das Böse schafft. Doch es ist klar, dass er es zulässt und in gewisser Weise auch für seine Pläne benutzt. Hier versagen die Worte. Doch es ist offensichtlich, dass das Böse „die Erde kreuz und quer durchstreift", es muss also von irgendwoher kommen. Ist das Böse nur „die Abwesenheit des Guten", wie es manche Philosophen formuliert haben? Oder hat das Böse eigenständige Macht und ein eigenes Wesen? Die Diskussion über diese Frage zieht sich durch die Jahrhunderte.

Noch wichtiger aber ist die Frage, was Gott damit zu tun hat. Ich glaube, dass das die endgültige und größte Offenbarung von Gottes Größe ist, dass er in gewisser Weise das Böse und das Leid zu unseren Gunsten benutzt.

Die Rolle Gottes in Bezug auf das Böse

Gott hat das Böse nicht geschaffen, aber er hat das Gute so definiert, dass es Böses zu enthalten scheint. Ich glaube, es ist nur ehrlich und realistisch, das zuzugeben. Es ist noch keine theologische Aussage, nur die Feststellung, wie die Dinge offenbar liegen. Gott lässt bestimmt das Böse zu. Und darüber hinaus scheint er damit zu arbeiten. Vielleicht ist das das große Werk der Versöhnung, in dem Gott „die Toten lebendig macht und das, was nicht ist, ins Dasein ruft" (Römer 4,17). Man könnte das als das grundlegende Bild für Gott bezeichnen, das im Alten Testament in den Büchern Genesis, Exodus und Deuteronomium (1.,2. und 5. Mose) zu finden ist, im Neuen Testament dagegen sowohl bei Jesus als auch bei Paulus.

Im Alten Testament steht Jahwe für die Totalität der Gegensätze; alles, das Gute wie das Böse, kommt von Gott. Für die alten Israeliten stellte das Böse also kein Problem dar.

Erst als sich ihr moralisches Bewusstsein entwickelte, begannen sich die Israeliten mit einem Gott unbehaglich zu fühlen, der anscheinend unterschiedslos Gutes und Böses auf die Menschen hernieder sendet. Das Buch Hiob markiert das Ende des einfacheren Bewusstseins und den Beginn einer neuen Bewusstheit. Die beiden „Theologien" sind untereinander vermischt. Satan gehört zur Ratsversammlung Gottes, aber wir spüren einen ersten Bruch in der Überzeugung, Gott sei die Quelle des Bösen.

Je mehr sich das Bewusstsein entwickelt, desto wichtiger wird die Frage nach Ursache und Wirkung. Die Frage: „Wer ist dafür verantwortlich?" gewinnt an Gewicht. Manche Sprachen – zum Beispiel das Filipino – haben gar kein Wort dafür, um auszudrücken, wer verantwortlich ist. Sie sagen beispielsweise: „Das Feuer hat angefangen zu brennen." „Meine Frau ist schwanger geworden." Kein klares Bewusstsein von Verantwortung, keine Benennung der Ursache.

Wir hingegen wollen genau wissen, wer für das Gute und das Böse verantwortlich ist. Wir dürfen aber nicht übersehen, dass das für die Menschen der Bibel keine vorrangige Frage war. Bis Hiob. Hier nimmt ein stärkeres Gefühl für das individuelle Personsein seinen Anfang. „Ich weiss, dass ich nichts Böses getan habe, und ich lasse mich dafür nicht prügeln."

Die Hiob-Geschichte macht uns auch klar, dass wir einen hohen Preis für unsere Individuation gezahlt haben. Das einzelne Selbst, das aus der heiligen Gemeinschaft herausgefallen ist, ist sehr verletzlich, unsicher, und es neigt dazu, entweder maßlose Schuld- und Schamgefühlen zu entwickeln oder andererseits, sich ebenso maßlos aufzublähen und sich gefährlichen Illusionen hinzugeben. In mancherlei Hinsicht markiert Hiob den Beginn des modernen Selbstgefühls. Er lebt den Konflikt und zahlt den Preis, sowohl die Schuldgefühle als auch die Abwehr dagegen. Wer von uns kann sich mit ihm nicht identifizieren? Mit seiner Einsamkeit?

3. Kapitel

EIN ZUGANG ZUM GEBET

Seltsamerweise scheint Gott im Buch Hiob keinen großen Wert darauf zu legen, als Held dazustehen. Im Gegenteil, Jahwe ist ganz zufrieden damit, dass sich am Ende Hiob als der Held herausstellt. Diese göttliche Demut ist nicht nur in diesem Buch zu finden, sondern in unserer gesamten Geschichte. Wer echte Autorität besitzt, braucht sich nicht ständig zu beweisen. Wer wirklich an den Hebeln sitzt, muss nicht mit seiner Wichtigkeit protzen.

Im Buch Hiob taucht Gott also nicht einfach auf wie Superman, um das Problem zu beheben. Statt dessen bleibt er vertrauensvoll auf seinem Beobachterposten am Rand des Spielfelds. Wer seine Macht kennt, kann ruhig abwarten, weil er weiß, dass er die Dinge wieder ins Lot bringen kann, wenn es sein muss. Wir haben hier ein Lehrstück nicht nur für die absolute Autorität Gottes, sondern für seine Geduld, ja seine Bescheidenheit.

Manche Menschen, die Gott nicht besonders gut kennen, gehen davon aus, er müsse seine Macht so einsetzen, wie sie das tun würden: als eine bezwingende Kraft. Sie wünschen sich einen *deus ex machina*, einen göttlichen Zauberer, der mit einem Knall aus der Versenkung auftaucht, um alles wieder in Ordnung zu bringen. Das Paradox des Hiobbuches besteht darin, dass Jahwe zwar durchgängig als der absolut Mächtige dargestellt wird, jedoch allem Anschein nach überhaupt nicht aktiv wird. Siebenunddreißig Kapitel lang sagt er nicht einmal etwas. Das ist unser schlimmster Albtraum: ein schweigender, verborgener, tatenloser Gott.

Die drei Freunde Hiobs, praktisch denkende, rechtschaffen religiöse Männer, tauchen als selbst ernannte Botschafter Gottes auf und bringen das, was sie für Gottes Antwort halten. Sie bieten die glatten frommen Platitüden, die pastoralen Stereotypen der Berufschristen. Sie sind natürlich theologisch völlig korrekt, aber ebenso völlig unpassend. (Bei solchen Aussagen müsste es Rechten wie Linken in den Ohren klingen.)

In Wirklichkeit unternehmen sie nichts anderes als den Versuch, das Geheimnis wegzuerklären. Sie versuchen, das Problem zu lösen, während Jahwe ganz einfach sagt, dass dieses Problem nicht zu lösen ist; wir können nur das Geheimnis leben. Die einzige Antwort, die wir auf Gottes Vertrauen geben können, ist, selbst das Vertrauen nicht aufzugeben.

Die Theologie hat keine Antwort für dieses Dilemma, eine Antwort hat nur die Spiritualität. Es ist schlimm, dass wir Christen die Theologie gegenüber der Spiritualität so sehr überbetont haben. Wir haben viel mehr Wert auf Katechismuswissen und religiöse Moralerziehung gelegt als auf das Gebet. Aber in der misslichen Lage, in der wir uns hier vorfinden, gibt es keine vorgefertigten Antworten, nur eine Erwiderung im Gebet; nichts als den Willen, die Gemeinschaft nicht aufzugeben, dranzubleiben und das Gespräch nicht abreißen zu lassen.

Bei den Reden des Elifas von Teman, des Bildad von Schuach und des Zofar von Naama fällt auf, dass sie ständig über Gott sprechen. Sie sind gute Menschen und ihre Antworten sind weitestgehend richtig. Aber der einzige, der *mit* Gott spricht, ist Hiob. Aus seinem schlimmen Schmerz und seiner tiefen Depression heraus – er ist während des ganzen Buches am Rand der Verzweiflung, wenn nicht mitten *in* der Verzweiflung – wendet sich Hiob direkt an Gott.

Wir haben hier wahrscheinlich eines der großartigsten Bücher über das Gebet, die jemals geschrieben wurden. Es bricht unsere stereotypen Vorstellungen vom Gebet auf. Was Hiob Gott sagt, entspricht in weiten Teilen ganz bestimmt nicht dem, was man laut unserer christlichen Erziehung zu Gott sagt. Die wohlgesetzten Worte sind verschwunden. Kein „gnädiglich" und kein „du wollest" und kein „der du, da du", nichts von all dem Zeug, das wir Christen in unseren offiziellen Gebeten so gern verwenden. Statt dessen traut er sich, Gott anzuklagen, also genau das zu tun, was uns gerade nicht beigebracht wurde. In unserer christlichen Sozialisation wurde so etwas eher als Blasphemie bezeichnet.

Hiob versucht, Gott anzuschreien

Er schreit Gott an, macht ihm alle möglichen Vorwürfe, er spricht sarkastisch, ja er macht sich geradezu über Gott lustig. „Wenn du mit mir ein Spiel spielst, dann bist du kein besonders großartiger Gott. Ich brauche dich nicht und will nichts mehr mit dir zu tun haben!" – genau diese Art Gebet macht aus einem Menschen einen Heiligen. So, mit dieser Autorität, kann ein Mensch nur beten, wenn er wirklich *weiß*, wenn er auf einer tiefen Ebene von einer grundlegenden Verbundenheit getragen ist, und wenn er weiß, dass er in die Arena steigen kann, von der es heißt, dass sich selbst Engel scheuen, sie zu betreten.

Diese Verbundenheit können Menschen vielleicht besser verstehen, die schon lange in der Ehe leben. Die Eheleute sind sich dessen bewusst, was sie in der Vergangenheit zueinander gesagt haben. Sie haben durch ihr Leben unter Beweis gestellt, dass sie einander lieben. Auf dieser Basis kann der eine dem anderen schon einmal die Meinung sagen. Das ist schon in Ordnung. Da sind diese gemeinsamen vierzig Jahre, auf die man wieder zurückkommen kann. Auf die Intimität dieser langen Zeit ist einfach Verlass. Unsere gemeinsame Geschichte enthält die Wahrheit, unleugbar. Die Erlebnisse eines gemeinsamen Lebens können nicht rückgängig gemacht werden. Auf eine solche Beziehung verlässt sich Hiob, er zweifelt nie wirklich.

In der ersten Auseinandersetzung zwischen Jahwe und Satan prophezeit Satan, dass Hiob Gott sofort verfluchen wird. Hiob jedoch macht klar, dass Satan sich täuscht. Er lobt Gott sogar: „Der Herr hat's gegeben, der Herr hat's genommen, der Name des Herrn sei gelobt." Bei all seinem Unglück beging Hiob keine Sünde und „tat nichts Törichtes wider Gott" (1,21f.).

So kamen die Gottessöhne also eines Tages „wieder zur Ratsversammlung und stellten sich vor Gott auf. Auch Satan war wieder dabei." Wieder wird Satan als Teil des himmlischen Hofstaats gezeigt. Der Herr fragt ihn: „Was hast denn du gemacht?"

„Ich habe die Erde kreuz und quer durchstreift", antwortet Satan.

„Hast du auch meinen Diener Hiob gesehen?" Da ist schon fast so etwas wie eine diebische Freude bei Gott zu spüren. Darin ist implizit ein leiser Spott zu hören: „Hast du bemerkt, dass er mich nicht verflucht hat?" Und weiter: „So untadelig und treu wie er ist sonst keiner auf der Erde. Er gehorcht mir und achtet darauf, ja nichts unrechtes zu tun. Du hast mich ohne jeden Grund dazu überredet, ihn ins Unglück zu stürzen. Aber er ist mir treu geblieben" (2,3f.).

Satan jedoch ist nicht umsonst der Teufel. So leicht gibt er sich nicht geschlagen. Wenn es ihm nur erlaubt wäre, Hiob ein wenig weiter auf die Probe zu stellen, vor allem ihn selbst anzurühren, dann – so sagt er im Brustton der Überzeugung – wird Hiob Gott öffentlich verfluchen.

„Gut", gibt Jahwe zur Antwort, „ich gebe seinen Körper in deine Gewalt. Aber sein Leben darfst du nicht antasten."

Nun geht es weiter: „Satan ging aus der Ratsversammlung hinaus und ließ an Hiobs Körper eiternde Geschwüre ausbrechen; von Kopf bis Fuß war er davon bedeckt. Hiob setzte sich mitten in einen Aschenhaufen und kratzte mit einer Scherbe an seinen Geschwüren herum" (2, 5–8). Danach wird Satan im gesamten Buch kein einziges Mal mehr erwähnt. Er hat sein Werk getan: Trennung stiften und anklagen.

An dieser Stelle erscheint Hiobs Frau auf der Bildfläche. Ebenso wie Hiob hat schließlich auch sie ihre Kinder und ihren gesamten Besitz verloren. Auch Frau Hiob leidet. Und sie ist nicht das Urbild an Geduld wie er. „Willst du Gott jetzt immer noch die Treue halten?" Willst du weiter in deiner Makellosigkeit verharren? Sie will ihn zu dem Eingeständnis bringen, dass er einen Fehler gemacht hat. Sie ist dem System der ausgleichenden Gerechtigkeit verhaftet und glaubt deshalb, dass er irgendetwas falsch gemacht haben muss. Sonst wäre all das nicht geschehen. Sie fordert von ihm, diesen Fehler zuzugeben. „Verfluche Gott und stirb" (2,9).

Diese Forderung ist interessant. Sie sieht ihn am Rand des Todes, und im Grunde sagt sie zu ihm: „Zieh wenigstens die Konsequenzen! Bring's zu Ende und stirb, damit ich weiterleben kann." Aber Hiob gibt die perfekte Antwort, auch wenn er noch vom Schock gelähmt ist: „Du redest, wie törichte Frauen daherreden. Wenn wir das Gute aus Gottes Hand nehmen, müssen wir dann nicht auch das Leid annehmen?" (2,10).

Hier beginnt das, was wir das österliche Geheimnis nennen. Das ganze Leben ist eine Mischung aus Freude und Leid, und wir müssen beides miteinander akzeptieren. (Aber das eine ist *nicht* die Strafe bzw. der Lohn für das andere. Das ist von entscheidender Bedeutung!) Im Geheimnis von Tod und Auferstehung Jesu Christi wird das Ganze zugespitzt und personalisiert; hier findet es seine endgültige Darstellung. Beides kommt miteinander, und wir können das eine nicht ohne das andere haben. Darin liegt die große Versuchung in vielen modernen religiösen Bewegungen – etwa Teilen der charismatischen Bewegung oder bei denen, die ein „Evangelium des persönlichen Erfolgs“ verkünden. Sie wollen die Auferstehung ohne das Kreuz haben. Sie wollen sich an dem einen Teil des Geheimnisses erfreuen und dem Schmerz aus dem Weg gehen, der *notwendig* damit verbunden ist. Andererseits gibt es viele moralistische, enge oder stoische Christen, die gewissenhaft ihr Kreuz auf sich nehmen und sich dabei weigern, in allen Dingen den auferstandenen Christus zu erkennen oder gar sich darüber zu freuen.

Wahre Freude schließt den Schmerz nicht aus, sondern ein

Echte Freude ist erst authentisch, wenn sie *durch* den Schmerz erworben wurde, nicht unter den Schmerzen hindurch, nicht links oder rechts daran vorbei, nicht darüber hinweg, sondern mitten hindurch. Das erst ist authentische christliche Freude. Jede andere Freude deckt den Schmerz bloß zu, ist Flucht oder Verleugnung. In der Religion steckt viel Verleugnung. Die alte Vogel-Strauß-Methode: so tun, als ob nichts wäre. Aber das ist nicht die Berufung Gottes für uns, das ist nicht das ganze österliche Geheimnis. Das ist nicht das Geheimnis, dem sich Hiob hier unterwirft. „‚Wenn wir das Gute aus Gottes Hand nehmen, müssen wir dann nicht auch das Leid annehmen?‘ Trotz aller Schmerzen versündigte sich Hiob nicht. Er sagte kein Wort gegen Gott“ (2,10). Ein zweites Mal zeigt Hiob, dass Satan unrecht hat.

Hiobs Unglück kommt drei seiner Freunde zu Ohren. Es sind gute Freunde. Jeder von ihnen bricht von zu Hause auf. Ihre Wohnorte liegen allesamt in einer Gegend namens

Edom, die für ihre Gurus berühmt war – etwa wie Nepal heute.

Im stillen Einverständnis kommen die Gurus, um ihm Trost zu spenden. Als sie ihn aus der Ferne erblicken, erkennen sie ihn gar nicht. Ihre Betroffenheit ist echt. Sie weinen. Sie zerreißen ihre Kleider, streuen sich Dreck auf den Kopf und setzen sich neben ihn auf den Boden, sieben Tage lang. Treue Freunde. Wenn jemand dem Tod nahe ist oder gerade einen geliebten Menschen verloren hat, gibt es nicht viel zu sagen. Die Worte greifen zu kurz. Was wir anbieten können, ist oftmals nur unsere Nähe, nur die Tatsache, dass wir da sind. Auf diese Weise geben wir Stärke, zeigen wir unsere Anteilnahme.

Diese Erfahrung können wir besonders intensiv bei einer Totenwache machen. Da sitzen wir, womöglich stundenlang, und wissen, dass es keine angemessenen Worte gibt. Das gilt besonders, wenn der Grund für den Schmerz tragisch oder sinnlos erscheint. Hiob hat solche Freunde. Sie sagen kein Wort, weil er einen so traurigen Anblick bietet.

Im Herzen des Buches Hiob finden sich die berühmten Reden (Kapitel 3–31). In poetischer Form wiedergegeben, gelten sie oft als die perfekteste religiöse Dichtung, die je geschrieben wurde. Es ist möglicherweise auch das älteste hebräische Gedicht, das uns überliefert ist.

Nachdem sie sieben Tage dagesessen haben, ist es Hiob, der endlich das Schweigen bricht. Die anderen haben es nicht gewagt, irgendetwas zu sprechen – ihnen schwindelt vor dem Geheimnis. Also ergreift Hiob das Wort und spricht endlich seinen Fluch: „Versunken und vergessen soll er sein, der Tag, an dem ich einst geboren wurde, und auch die Nacht, die sah, wie man mich zeugte!" (3,3). Er zieht über den Tag seiner Geburt und über die Nacht seiner Empfängnis her. Er hat eine Mordswut im Bauch.

Dieser ganze Abschnitt nimmt in gewisser Weise die bekannten Phasen der Trauer und des Sterbens vorweg, die Elisabeth Kübler-Ross beschrieben hat: Verleugnung, Zorn, Verhandeln, Resignation und Annahme[3]. Die ersten sieben Tage des Schweigens und die perfekte unmittelbare Reaktion der Freunde markieren die erste Phase, die Verleugnung. Jetzt aber erreichen wir die Phase des Zorns. Seitenweise Zorn und Flüche. Im Grunde sagt er: „Dieses so genannte Leben, das ich führen muss, ist gar kein Leben, Gott, es ist in Wahrheit Tod. Warum sollte ich mich also darüber freuen, dass ich auf der Welt bin?"

Vor einigen Jahren saß ich in Detroit mit einer Frau zusammen, die ähnliches Leiden erfahren hatte wie Hiob. Zusammen mit ihrem Mann war sie dabei, in der verwahrlosten Innenstadt Gemeinschaft zu bauen. Sie zogen in ein Glasscherbenviertel, lebten zehn Jahre dort, doch sie hatten wenig Erfolg – oder was wir Erfolg zu nennen gewohnt sind. Doch sie blieben mit einer Treue bei der Sache, die nicht geheuchelt sein konnte – schon gar nicht in dieser Situation.

Dann wurde ihre jüngste Tochter vergewaltigt. Wir saßen auf der Veranda und die Mutter sagte in etwa: „Ich kann mir nicht vorstellen, dass tot zu sein schlimmer wäre als das, was ich gerade durchmache. Jeden Morgen wache ich auf und wünsche mir zu sterben. Ich fühle mich benutzt, missbraucht, nicht nur von Gott. Ich habe für Gott alles aufs Spiel gesetzt – und das ist der Dank. Mir fehlen einfach die Worte, um meinen Zorn zu beschreiben, diese absolute Wut, die ich in allen Fasern spüre. Und egal wie lang ich lebe, ich kann mir nicht vorstellen, dass noch einmal ein Tag kommt, an dem ich nicht daran denke. Warum muss

3 Kübler-Ross, Elisabeth: Interviews mit Sterbenden, München 1999

mein Leben so sein? Ich habe nur ein Leben. Normalerweise freuen sich die Leute auf ihre Rente, weil man da einigermaßen in Frieden leben kann – aber ich werde mit dieser Erfahrung leben müssen. Und ich weiß einfach nicht, ob ich das kann." Die Wahrheit und der Schmerz in dem, was sie sagte, verschlug mir die Sprache.

Ich bin nicht diese Mutter, und ich habe selbst keine Tochter, so konnte ich mich nur teilweise mit ihren Gefühlen identifizieren. Doch solche Erfahrungen helfen uns vielleicht zu verstehen, was der Autor des Hiobbuchs durch den Mund seines Protagonisten mitzuteilen versucht.

„Gott, mach doch diesen Tag zu Finsternis! Streich ihn aus dem Gedächtnis, du dort oben, und lass ihn niemals mehr das Licht erblicken!" (3,4). Das sind wunderschöne poetische Bilder. Hiob sagt: Mach die Erschaffung dieses Tages rückgängig. Mach ihn zu einem Tag des Dunkels, nicht des Lichts. Verhänge ihn mit Wolken, lass die Sonnenfinsternis ihn verschlingen. Während Gott in der Schöpfungsgeschichte sagt: „Es werde Licht!", sagt Hiob nun: „Es werde Finsternis!" Der Tag der Entschöpfung, der Anti-Schöpfung. Man muss wahrscheinlich eine echte Depression oder tiefen Verrat erlebt haben, um ein solches Gefühl nachvollziehen zu können.

Ein Teil in jedem von uns fühlt diese Trauer und drückt sie aus. Nicht jeden Tag, Gott sei Dank. Wenn wir bereit sind, den Schmerz der Welt zu spüren und uns darauf einzulassen, wird ein Anteil unserer Person diese Verzweiflung empfinden. Wenn wir an Hiobs Seite gehen und mit großen Teilen der Welt solidarisch sein wollen, müssen wir zulassen, dass die Gnade uns an diesen Ort führt. Ich bin überzeugt, dass genau das damit gemeint ist, wenn wir davon sprechen, Christus ähnlich zu werden.

Wir müssen durch die verschiedenen Phasen gehen, nicht nur den Tod am Ende, sondern all die kleinen Tode davor sterben. Wenn wir diese emotionalen Schritte auslassen und uns stattdessen mit schnellen Antworten zufrieden geben, nehmen sie nur eine andere Gestalt an, verkleiden sich anders, sie sinken auf eine tiefere Ebene und kommen dort in veränderter Form heraus. Es gibt so viele Menschen, die diesen schwierigeren Weg gehen – sie bekommen Magengeschwüre, alle Arten von inneren Krankheiten, Depressionen, Allergien und scheinbar unbegründete Aggressivität, und das nur, weil sie ihre Gefühle nicht zulassen und ihnen keinenRaum geben, damit sie sich ausdrücken können.

Es ist nicht zu übersehen, dass Hiob kein moderner Mensch des Westens war. Er hat keine Angst davor, seine Gefühle wirklich wahrzunehmen und auszuleben. Er agiert sie aus, und er schreit sie heraus. Er hat alle möglichen Geschwüre auf der Haut, aber er wird wahrscheinlich keine im Zwölffingerdarm bekommen so wie wir.

Die Emotionen wollen ausgedrückt werden. Sie sind nicht richtig oder falsch, sie haben keine moralische Bedeutung. Man braucht nicht zur Beichte zu gehen, weil man Gefühle hat, egal wie „negativ" sie sind. Sie sind bloße Indikatoren für das, was in uns abläuft.

Wer nicht tief fühlen kann, *erkennt* letztlich auch nicht in der Tiefe. Hiob ist bereit, seine Emotionen zu spüren. Er ist in der Lage, sich mit dem Geheimnis in seinem Kopf, seinem Herz und seinem Bauch auseinanderzusetzen. Er erkennt ganzheitlich.

„Es werde Finsternis", sagt er. „Mach diese Nacht zu einer unfruchtbaren Nacht, in der kein Jubelruf erklingen kann. Die Zaubermeister sollen sie verwünschen, die fähig sind, die Tage zu verfluchen ... Kein Morgenstern soll ihr den Tag ankünden; das Licht, auf das sie wartet, bleibe aus; kein Strahl der Morgenröte soll sie treffen!" (3,7–9). Wenn es nicht schon im Text spürbar wird: Das hier ist die angemessene Emotion, die echte Wut – und sie richtet sich gegen das ganze Universum!

Dann geht Hiob über zur Verhandlungsphase. „Warum?" fragt er. Fragen markieren oft den Beginn der Verhandlungen. „Warum bin ich nicht gleich bei der Geburt gestorben oder, noch besser, schon im Leib der Mutter! Warum hat sie mich auf den Schoß genommen und mich an ihren Brüsten trinken lassen?" (3,10f.)

Als nächstes beschreibt er die Scheol. Die Vorstellung, die in der christlichen Theologie der Scheol am nächsten kommt, ist die der Vorhölle. Selbst hier, in der Spätzeit des Alten Testaments, ist das theologische Bild vom ewigen Leben noch nicht sehr weit entwickelt. Unser Verständnis davon stammt in erster Linie aus der Lehre Jesu. In diesem Buch können wir sehen, was an dieser Vorstellung hängt. Gäbe es schon den Glauben an das ewige Leben nach dem Tod, ginge es Hiob nicht so schlecht. Er könnte sich trösten, wie es die Christen tun: Er könnte sich mit allem abfinden, und irgendwann später würde sich der Sinn des Ganzen enthüllen.

Aber Hiob hat nur dieses eine Leben, und viele Juden glauben das heute noch. Eine Folge davon ist, dass viele Juden diese Welt viel ernster nehmen als viele Christen. Sie neigen oft mehr als Christen dazu, sich einzumischen, um soziale Ungerechtigkeit zu beseitigen, und sie haben keine Angst vor Schönheit, Sex und Tanzen. „Diese Welt ist alles, was wir haben; wir müssen sie zu einer guten Welt machen. Wir müssen uns einmischen. Wenn wir sterben, ist es vorbei. Das ist alles."

Für die Reinigung unseres Glaubens ist es notwendig, dass wir zuerst „Juden im Geist" werden, das heißt diese Art Glauben entwickeln. Ein Leben in Aufrichtigkeit, das sich auf Gott ausrichtet, hat seinen Sinn in sich selbst, es geht nicht nur um eine Belohnung irgendwann in der Zukunft. Das tun, was Gott will, einfach deshalb, weil Gott Gott ist.

Darum geht es Hiob. Was für ein tiefer Glaube! Viele Christen haben diese Art Glauben noch nicht einmal in Betracht gezogen. Papst Pius X. erwies sich als wahrhafter Lehrer der Kirche, als er verkündete, katholische Christen müssten „geistliche Semiten" sein.

Weg mit Himmel und Hölle! Stell dir vor: Du stirbst, und das war's. Wie viele von uns würden sich dann überhaupt mit der Bibel abgeben? Wer von uns würde sich überhaupt darum bemühen, ein gutes Leben zu führen? Wir sind so darauf getrimmt, von der realen Existenz von Himmel und Hölle auszugehen, dass das unser gesamtes Denken beeinflusst hat, und zwar nicht immer zum Besten.

Niemand kann uns das tröstliche Geschenk der Unsterblichkeit nehmen, doch andererseits hat dieser Gedanke uns Christen im Denken und im Glauben eher nachlässig werden lassen. Er hat dazu geführt, dass wir die Geschichte nicht wirklich ernst nehmen. Er hat uns gewissermaßen zu Eigentümern werden lassen, die ihr Haus – diese Welt – nicht wirklich bewohnen. Wir mogeln uns so durch, gerade dass wir am Sonntag in die Kirche gehen, um irgendwann dafür belohnt zu werden – oder um einer Strafe zu entgehen. Wir haben eine Versicherung gegen Notfälle, aber das ist nicht gerade das, was man sich unter einer fröhlichen und gesunden Religion vorstellt.

Beim echten jüdischen Glauben geht es einfach um den Glauben an sich. Um den Glauben, dass Gott Gott ist und ich das Geschöpf. Dass Gott gut ist, und dass ich so werden soll wie Gott. Aber es geht nicht um eine Belohnung im Jenseits.

Diese Überlegungen sind unerlässlich, wenn wir das Buch verstehen wollen. Hiob bezieht seine Befriedigung aus Wahrheit und Gerechtigkeit, nicht aus der Hoffnung auf Belohnung oder der Angst vor Strafe im Jenseits.

Dieses Konzept der Scheol war das höchste, was sich das jüdische Volk vorstellen konnte. Nicht gerade das ewige Leben, sondern ein schmutziger, dunkler Ort, wo es eine Art von Scheinexistenz gab. In der Scheol gibt es nicht viel Zufriedenheit, aber es gibt auch keine Bestrafung. Sie ist eine Nichtwelt, ein pittoreskes Nein zu allem, was wir hier kennen. Bei den Griechen gab es die Vorstellung vom Hades, die sehr ähnlich war. Irgendwann wurde diese antike Vorstellung von einer nachlässigen christlichen Theologie zu dem entwickelt, was die Christen als „Hölle" bezeichnen, ein Ort der Qual und Pein. Die neutestamentliche Metapher der Gehenna, der Müllkippe Jerusalems, „wo der Wurm niemals stirbt und das Feuer niemals verlischt" (Jes 66,24) hat uns auch nicht viel weiter geholfen. Aus irgendwelchen Gründen des Selbsthasses neigen wir dazu, negative Metaphern buchstäblich zu verstehen und positive Metaphern – wie zum Beispiel: „Eure Namen sind im Himmel angeschrieben" (Lk 10,20) – als harmlose Poesie abzutun.

Genau genommen entsteht das Bild von Qual und Pein aus dem *Missverständnis*, das die drei Freunde von ausgleichender Gerechtigkeit haben: nämlich dass der einzige Weg, wie Gott die Dinge zurechtbringt, in rachsüchtiger Bestrafung besteht. Dabei stellt die Bibel Gott nirgends als den dar, der die ewige Qual erfunden hat. Und doch glauben offenbar viele Christen an diese Vorstellung, ja mehr noch: Viele werden von dem „zornigen Vater im Himmel", den wir geschaffen haben, vom Vertrauen auf Gottes Güte abgehalten. Solche Lehrer wie die Freunde Hiobs sind falsche Freunde Gottes und der Menschlichkeit. Der Glaube, der der Bibel zugrunde liegt, besteht vielmehr darin, dass Gott seine Gerechtigkeit nicht mit Strafe durchsetzt, sondern mit der göttlichen Initiative, die wir als Gnade bezeichnen, und die uns fähig macht, innere Geradlinigkeit und Harmonie zu entwickeln, ins Gleichgewicht zu kommen und uns an dem auszurichten, *was ist:* Gott.

Mit anderen Worten, Gott „rechtfertigt" (sprich: „bestätigt") die Schöpfung nicht durch eine elterliche Strafe von außen, sondern positiv: indem er uns dazu verlockt, uns von innen heraus zu transformieren. Das ist für Gott sicherlich ein weit größerer Sieg, und so erreicht er weit mehr „Gerechtigkeit". Dieses Konzept von Gnade wird zunächst als Erbarmen (hebräisch: *chäsäd*) verstanden, die immerwährende, durch den Bund bestätigte Liebe Gottes. Ich würde so weit gehen, dies als die *primäre Offenbarung* der gesamten Bibel zu bezeichnen. Wenn wir diese Botschaft nicht begreifen, ist der ganze Rest verzerrt, je geradezu destruktiv. Das kann ich überhaupt nicht genug betonen.

Das Problem, nicht Gott zu sein

Unser grundlegendstes theologisches Problem besteht darin, dass Gott Gott ist und wir nicht. Die meisten von uns regen sich im Grunde furchtbar darüber auf, dass sie nicht Gott sind. Es macht uns fertig, dass irgendjemand anders als wir die Fäden in der Hand hat, dass wir nichts weiter sind als Geschöpfe. Wir vertun viel Zeit damit, dagegen zu wettern und uns darüber zu beschweren, dass wir nicht das Sagen haben und nicht am Drücker sitzen – ich jedenfalls tue das.

Hiob regt sich auch darüber auf, dass er nicht Gott ist. Aber er bleibt nicht in der Rebellion stecken. Am Ende unterwirft er sich, und an manchen Stellen bricht fast so etwas wie Jubel aus ihm heraus, eine Freude darüber, dass Gott Gott ist. An diesen Stellen scheint er richtig froh darüber zu sein, dass er nicht alle Macht hat – ein durchaus weises Verhalten für einen Menschen.

In Kapitel 3, Vers 20 verfällt er wieder in seine Fragen. Nun stellt er Gottes Güte und sein Urteil in Frage: „Warum gibt Gott den Menschen Licht und Leben, ein Leben voller Bitterkeit und Mühe? Sie warten auf den Tod, doch der bleibt aus. Sie suchen ihn viel mehr als alle Schätze. Sie freuen sich auf ihren letzten Hügel und jubeln beim Gedanken an ihr Grab. Wohin mein Leben führt, ist mir verborgen, mit einem Zaun hält Gott mich eingeschlossen." Das klingt ein bisschen nach *Midlife Crisis*, wo wir auf die eine oder andere Weise die Frage stellen: „Na und, was soll das ganze?"

In den Versen 24–26 verfällt er direkt in Selbstmitleid. Anders kann man das nicht bezeichnen: „Nur unter Stöhnen esse ich mein Brot, mein Klagen hört nicht auf, es fließt wie Wasser."

Hast du schon einmal einen ganzen Tag lang alles von dir gegeben, als wolltest du den bitteren Geschmack des Lebens ausspeien? Hiobs Trauer ist das Gegenteil von Essen: ein Ausleeren. Und da gibt es nichts, was er zu sich nehmen oder was ihn sättigen könnte.

„Hab ich vor etwas Angst, so trifft es mich. Wovor ich zittere, das kommt bestimmt." So fährt Hiob fort, mit seiner eigenen Version von Murphys Gesetz, das bekanntlich lautet: Alles Schlimme, das eintreten *kann*, wird auch sicher eintreten. „Ich habe keinen Frieden, keine Ruhe, nur Plage über Plage fällt mich an." In dieser klagenden Tonart bringt Hiob seinen Fall vor.

Ratschläge sind auch Schläge

Nun tritt der erste der Ratgeber auf. Eliphas von Teman, der älteste und gewandteste von den dreien. Er bezieht sich auf seine eigene religiöse Erfahrung.

Alle drei, das werden wir mit der Zeit sehen, versuchen, eine angemessene Antwort zu geben – die Antwort, die ihnen im Religionsunterricht beigebracht wurde. Die Aussagen des Eliphas könnte man beschreiben als eine bestimmte Weltanschauung, die sich zur Ideologie verengt. Sie betonen einen bestimmten Aspekt der Wirklichkeit auf

Kosten anderer, so wie es bei allen Ideologien der Fall ist. Heutzutage bezeichnen wir solche Leute manchmal als „Betonköpfe“. Die Ideologie wird oft mit echtem Glauben verwechselt, weil sie so gut oder so religiös aussieht. Das ist so ähnlich wie bei kirchlichem Effizienz- und Managementdenken, das sich als Loyalität Gott gegenüber gibt.

„Erträgst du es, wenn ich dir etwas sage?“ beginnt Eliphas. Wir würden heute vielleicht sagen: Kannst du dich öffnen? „Aber wer kann dazu schweigen!“ Ich bestimmt nicht, denkt Eliphas. „Du hast doch viele Menschen unterwiesen und schlaff gewordene Hände stark gemacht. Wenn jemand strauchelte, du halfst ihm auf, du gabst ihm Mut, wenn ihn die Kraft verließ. Jetzt, wo du selber dran bist, wirst du schwach und kannst dem Unglück nicht ins Auge sehen“ (4,1–5).

Eliphas sagt damit: „Jetzt bin ich mal der Lehrer, und du der Schüler. Schau nur, wie ungeduldig du schon bist!“

Er fährt fort: „Hast du nicht Gott zu jeder Zeit geehrt? War nicht dein Leben frei von jedem Tadel? Dann könntest du doch Mut und Hoffnung haben.“ Diese Sätze triefen vor Sarkasmus. Vielleicht ist Hiob am Ende doch nicht so untadelig? Wer hat je von einem schuldlosen Mann gehört, der ins Verderben stürzte – wie es mit Hiob augenscheinlich der Fall ist? Hiob müsste doch eigentlich wissen, dass es ein ehernes Gesetz der Vergeltung gibt. Das ist die Meinung des Eliphas. Heutzutage würde ihm jemand vielleicht selbstgerecht raten, zur Beichte zu gehen. Die harte, allzu menschliche Schlussfolgerung ist die: „Du bist am Ende, Hiob, also kannst du doch kein allzu guter Mensch sein.“ Man nennt das auch: dem Opfer die Schuld geben.

Die leichten Antworten gelingen nicht immer. Normalerweise haben wir das Bedürfnis, begeistert draufloszurennen und vergnügt von Gottes Willen zu reden: „Es muss ja schließlich seinen Grund haben.“ Frisch Bekehrte oder frisch Ordinierte halten oft um jeden Preis an diesem System fest, auch wenn dabei die Wahrheit oder die Barmherzigkeit auf der Strecke bleiben.

Auch Gott sitzt nicht immer am Ruder

Als jedoch Jesus sich beim Anblick der Stadt Jerusalem auf den Boden warf und um sie weinte, hätte er alles andere gebraucht als irgendeine fromme Seele, die ihn getröstet hätte: „Jetzt weine doch nicht, Jesus, es ist alles in Gottes vollkommenem Plan festgelegt. Es steht ja sogar in der Bibel!"

Nein. Lasst Jesus weinen. Weinen ist etwas ganz anderes als festhalten, erklären oder kontrollieren. Ich glaube, wir müssen alle mehr weinen. Was würde das für die franziskanische Spiritualität bedeuten!

Wir haben eine falsche Vorstellung davon, dass Gott immer und überall die Fäden in der Hand hat. In den Johannesbriefen und im Johannesevangelium heißt es aber klipp und klar, dass Satan der Fürst dieser Welt ist (1. Joh. 5,19; Joh 12,31).

Mir scheint, dass Gott sehr selten am Ruder sitzt. Allenfalls im Leben von Heiligen, in Menschen, die sich selbst kennen, die Gott und ihre Mitmenschen lieben, setzt sich Gott durch. Bei uns anderen herrscht er vielleicht ein paar Augenblicke am Tag.

Wir dürfen es nicht vergessen: Das Gegenteil von Liebe ist nicht Hass, sondern *Kontrolle*. Gott bleibt in der Liebe, und deshalb verfällt er nicht in den Kontrollmodus. Wenn wir nicht lieben, werden wir unvermeidlich versuchen, alles zu kontrollieren – das ist ein guter Lackmustest. Gott scheint nur dann die volle Kontrolle zu haben, wenn *wir* sie ihm zurückgeben. Darin besteht die Schönheit der Liebenden und ihre Begrenztheit. Sie können die Kontrolle aus der Hand geben, und sie können weinen statt zu erklären.

In Kapitel 4, Vers 8 sagt Eliphas: „Ich kann nur sagen, was ich selber sah." Es ist bemerkenswert, wie er sich allzu leicht auf seine eigene Erfahrung verlässt und diese generalisiert. Dann beschreibt er weiter seine eigene religiöse Erfahrung: „Ganz heimlich ist ein Wort zu mir gekommen, wie leises Flüstern drang es an mein Ohr." Das klingt so, wie wenn manche unserer Freunde sagen: „Gott hat zu mir gesprochen."

„So wie ein Traum den Menschen überfällt und ihm die Ruhe seines Schlafes raubt" – nun hüllt er es sogar in eine geheimnisvolle Verpackung ein: Es kam zu ihm mitten in der Nacht – „Das Grausen packte mich, ließ mich erschaudern" – nun wird er dramatisch; man kann praktisch die Orgelmusik im Hintergrund hören – „Ich zitterte vor Angst an allen Gliedern. Ein kalter Hauch berührte mein Gesicht, die Haare sträubten sich mir vor Entsetzen. Vor meinen Augen sah ich etwas stehen, doch konnt' ich nicht erkennen, was es war. Dann hörte ich die leise Stimme sagen: ‚Wie kann ein Mensch vor seinem Gott bestehen? Wie kann er schuldlos sein vor seinem Schöpfer? Gott traut nicht einmal seinen eignen Dienern, selbst seinen Engeln wirft er Fehler vor. Meinst du, er traute dem Geschöpf aus Lehm, das aus dem Staub hervorgegangen ist?'" (4,9–13)

Der ganze Effekt zielt darauf ab, dem das Gewicht der Transzendenz zu verleihen, was letztlich seine eigene Meinung ist. Ich habe das selbst mehr als einmal getan, aber es hat sich herausgestellt, dass das nicht funktioniert.

Was hast du also? Darauf zielt Eliphas ab. Wenn Gott schon bei seinen Engeln Fehler findet, wer bist du, Hiob? „Man zerdrückt ihn leicht wie eine Motte. Wenn Gott die Seile seines Zeltes löst, dann muss er fort. Er stirbt, denn er ist nicht weise." (In dieser Zeile steckt beißende Ironie. Er beschuldigt Hiob, nicht weise zu sein, dabei ist es offensichtlich, dass gerade ihm, Eliphas, alles fehlt, was über konventionelle Weisheiten hinausgeht.)

Also reg' dich nicht auf, Hiob!

„Erheb doch Klage!" Weiter spottet Eliphas über Hiob. „Nimmt sie einer an? An welchen Engel könntest du dich wenden? Du bringst dich um mit deinem Groll!" – Er rät Hiob, seine Gefühle nicht zu spüren – „So sinnlos kann doch nur ein Dummkopf handeln." Wiederum entbehrt es nicht der Ironie, dass sich Eliphas auf seine Erfahrung beruft, um Hiob nahezulegen, seiner eigenen nicht zu trauen. Eine verbreitete Masche unter religiösen Leuten, die sich in der Kunst üben, den anderen immer eine Nasenlänge voraus zu sein.

Wir denken auch oft, dass sich das Problem verflüchtigt, wenn das Gegenüber seine Wut nicht zeigt. Aber das muss nicht so sein. Und an Wut an sich ist überhaupt nichts Verkehrtes. Rate niemandem, seine Wut wegzustecken: Nur indem wir uns durch unseren Ärger durchbeißen, indem wir ihn verstehen und ihn uns zu eigen machen, werden wir begreifen, was los ist. Es ist notwendig, dass wir unsere Emotionen zulassen. Und es ist am Besten, wenn wir den Rat des Eliphas bezüglich der Wut einfach ignorieren.

(Und doch hat er Recht, wenn er sagt, dass Groll tödlich sein kann. Das Wort Groll meint normalerweise einen Zustand lang anhaltender, unterdrückter Wut, die den Grollenden nur blendet und langsam umbringt. Insofern gibt Paulus einen weisen Rat, wenn er schreibt: „Lasst die Sonne nicht über eurem Zorn untergehen. Sonst bekommt der Teufel Macht über euch" (Epheser 4,27). Wenn wir unseren Ärger vergraben, wird er zum Dämon, von dem wir besessen sind.)

In Kapitel 5, Vers 17 verfällt Eliphas in eine Art leichtfertigen Optimismus in Verbindung mit dem Versuch, Hiob zu ermutigen: „Wie glücklich ist der Mensch, den Gott zurechtweist!“ Das ist nicht gerade das, was ein Mensch braucht, wenn er wirklich leidet. Wahrscheinlich bekam selbst der geduldige Hiob Lust, Eliphas eins auf die Nase zu geben.

„Wenn Schaddai dich jetzt erzieht, lehn dich nicht auf“, fährt Eliphas fort. Jahwe wird manchmal als El Schaddai bezeichnet – der Gott aus den Bergen. Manche übersetzen den Namen mit „der/die mit den Brüsten“. Dann wäre damit ein weibliches, nährendes Gottesbild verbunden. Es handelt sich hierbei um einen sehr alten Namen, der vermutlich zur allerursprünglichsten Erfahrung Jahwes, also bis in die Zeit vor dem Exodus zurückreicht. Damit versucht Eliphas, sehr traditionell und orthodox zu klingen. „Die Wunden, die er schlägt, verbindet er, denn seine Hand schlägt zu, doch heilt sie auch.“ Das klingt wie eines dieser frommen Grußkärtchen. „Sooft dich auch das Unglück treffen mag, er wird dir helfen und dem Schaden wehren“ (5,18f.). Er hat natürlich Recht, und trotzdem liegt er total daneben.

So macht er dem Hiob alle möglichen Versprechungen und versichert ihn vielfältigen Segens. Dabei handelt es sich, was nicht überraschen kann, um materiellen Segen: „Gewalt und Hunger kannst du stolz verlachen; vor wilden Tieren hast du keine Angst ... in Haus und Hof bleibt alles unversehrt ... du siehst, wie deine Kinderschar sich mehrt“ (5,22.24f.).

Er verspricht ihm tatsächlich den dicken Mercedes. Er appelliert an die Motive des Besitzstrebens und des Profits. Ein verblüffender Gegensatz: Alles, was Hiob sich wünscht, ist der Tod. Er bittet nie darum, sein Geld und seinen Besitz wiederzubekommen, obwohl das genau das ist, was die anderen ihm immer wieder anbieten. Sie kommen von einer grundsätzlich materialistischen Weltanschauung her. Bei aller Verzweiflung ist Hiob kein Materialist. Er bittet nie darum, irgendetwas wiederzubekommen. Im Gegenteil, sein Impuls ist: „Ich mache mir nichts aus all dem Zeug. Ich sehne mich nach innerer Wahrheit, und wenn ich die nicht bekommen kann, will ich den Tod."

Aber diese Leute, die Hiob umgeben, sind gefährlich, denn sie sind Materialisten, die sich selbst für spirituelle Menschen halten. Eine sehr giftige, aber heutzutage sehr verbreitete Kombination. Ein gutes Beispiel für eine gelungene Verstellung nach außen und innen.

Eliphas hält sein Paket für gut geschnürt; er kann sich nicht vorstellen, dass Hiob noch dagegen an kann. Wir werden später sehen, dass Hiob es ihm nicht abnimmt. Die Fragen Hiobs bleiben unbeantwortet. Er antwortet im Endeffekt: „Du verstehst mich nicht. Du hast nicht meine Gefühle. Du bist auf dem Kopftrip, Eliphas, und ich weiß, dass das alles korrekt ist, was du sagst, aber mir hilft es kein bisschen." Es ist schwer, sich gegen schlechte Lehre zu schützen, besonders wenn sie mit Rechtschaffenheit, guten Absichten und einem gewissen Grad an Glaubwürdigkeit vorgebracht wird. Das beschreibt gut das Dilemma, in das wir immer wieder gegenüber Fundamentalisten oder katholischen Gegenreformern geraten.

Herr, bewahre uns vor Hiobs Freunden!

Im weiteren Verlauf der Geschichte entpuppen sich die ursprünglichen Freunde Hiobs mehr und mehr als seine Feinde. Auch wenn sie subjektiv der Überzeugung sind, dass sie sich um ihn kümmern, liegen sie objektiv gesehen mit ihm im Streit.

Diese Unterscheidung ist sehr wichtig, denn das können wir oft selbst erleben: Menschen, die uns mögen, die uns wohlgesinnt sind, geben uns bisweilen schlechten Rat, sie ermuntern uns zu faulen Kompromissen oder bringen uns ab von unserer eigentlichen Bestimmung. Aus diesem Grund ist es manchmal notwendig, dass wir uns von alten Freunden trennen.

„Wenn jemand meinen Kummer wiegen wollte", sagt Hiob, „und meine Leiden auf die Waage legte – sie wären schwerer als der Sand am Meer. Was Wunder, wenn ich wirre Reden führe?" (6,1–3)

Hier erweist er sich sozusagen in der Gegenposition zu Abraham. Abraham wurde gesagt, dass seine Nachkommen so zahlreich sein würden wie der Sand am Meer, aber für Hiob sind es seine Leiden, die sich aufhäufen wie Dünen.

„Die Pfeile Schaddais haben mich getroffen und meinen Geist mit ihrem Gift verstört. Die Schrecken Gottes haben mich umzingelt" (6,4). Was hinter diesen geschwollenen Worten steht, lässt sich auch so sagen: „Mir geht es schlecht, Jungs, könnt ihr nicht mit mir fühlen? Ich brauche keine Antworten!" Von nun an werden wir immer wieder hören, wie Hiob um „erlösendes Zuhören" bittet – und diese Bitte an Gott und an seine Freunde richtet. Im spirituellen Leben ist zuhören können sehr viel wichtiger als reden können.

Die meisten von uns sind in erlösendem Zuhören nicht ausgebildet. Unsere Ausbildung zielt darauf ab, Antworten zu geben. Im Zusammenhang von Beratung und Therapie wird diese Art des Zuhörens oft als nondirektive Methode bezeichnet. Sie beruht auf der Annahme, dass niemand einem anderen letzte Antworten geben kann. Alles, was wir tun können, ist, den anderen zu begleiten und ihm zu helfen, dass er sich selbst besser hört. Wonach sich die Menschen sehnen, ist, angenommen und verstanden zu werden. Wenn ihnen jemand anders zuhört, so scheint es, beginnen sie selbst zu hören. Das Erlösendste, was wir einander tun können, ist einfach zu verstehen.

4. Kapitel

HIOB UND SEINE FREUNDE STREITEN UM GOTT

Endlich beendet Hiobs so genannter Freund und Berater Eliphas seine Rede, und so bekommt Hiob die Gelegenheit zu antworten. In Kapitel 6 bekommen wir gut mit, wie er leidet und wie er sich nach einem Menschen sehnt, der ihn versteht.

„Wie solche Nahrung mir ein Ekel ist, genauso ungenießbar ist mein Leid. Warum gibt Gott mir nicht, was ich erbitte? Und warum tut er nicht, worauf ich warte?" (6,7f.) Hier wie an anderen Stellen scheint Hiob sich hin und her zu bewegen zwischen Beschreibung, Verteidigung gegen seine Möchtegern-Freunde und gelegentlichen wunderschönen Gebeten wie diesem, die offenbar direkt aus dem Schmerz geboren werden. An manchen Stellen verfolgt er mit den Gebeten die Absicht, sich vor Gott zu schützen, manchmal auch, Gott anzugreifen. Aber immer noch versucht er, Gott zu vertrauen, das Fundament seiner Hoffnung freizulegen.

Er entdeckt, dass er trotz seiner selbst die Hoffnung bewahrt. Diese Hoffnung folgt keiner Logik. Sie ist „unvernünftig". Im Neuen Testament wird sie als Geschenk des Geistes beschrieben, als die Gabe einer unerschaffenen Hoffnung (1. Korinther 13,13). An anderen Stellen habe ich Glaube, Hoffnung und Liebe als die „theologischen Tugenden" bezeichnet, weil sie eine Teilhabe am Leben Gottes selbst sind (also daran, wer Gott ist) – im Unterschied zu anderen Tugenden, bei denen es sich um praktizierte, durch Nachahmung erworbene und entwickelte Qualitäten handelt. Die Hoffnung hier ist „unerschaffen", denn sie ist eine Gemeinschaft mit dem, der die Hoffnung selbst ist, und nicht die menschliche Schaffung von hoffnungsvollen Umständen. Das sind zwei unterschiedliche Realitäten, wie jeder Glaubende irgendwann entdeckt.

Seine Gemeinschaft jedoch ist nicht beständig, und wieder betet er um eine Art Tod: „Wenn er sich doch entschlösse, mich zu töten und mir den Lebensfaden abzuschneiden! Darüber würde ich vor Freude springen, das wäre mir ein Tost in aller Qual (ein Freudenschauer im unverminderten Schmerz): Was er, der Heilige befohlen hat, dagegen hab ich niemals rebelliert" (6,9f.). Er verliert die Ehrfurcht vor und das Vertrauen auf Gott nicht, auch wenn er um den Glauben kämpfen muss und um den Tod betet.

Nur damit du weißt, dass ich dir zuhöre

Das einzige, was Hiob in dieser Situation Befriedigung verschaffen könnte, wäre das Wissen, dass er nicht von Gott getrennt ist. Wenn er sicher gehen könnte, dass sie noch verbunden sind, könnte er es mit allen Prüfungen aufnehmen, die Gott ihm auferlegt. Das ist der Grund, warum Hiob im Alten Testament zum Symbol des tiefsten unerschütterlichen Glaubens geworden ist: Er bittet nicht um Erfolg, nicht um Lohn, sondern einzig und allein um aufrichtige Gemeinschaft.

Doch: „Woher nehm ich die Kraft, noch auszuhalten?" fragt er. Er ist nicht sicher, dass er diese Art von Glauben durchsteht. „Wie kann ich leben ohne jede Hoffnung?" Diese Typen sind mir ganz gewiss keine Hilfe, will er damit andeuten. Und in Vers 12 fährt er fort: „Doch ihr enttäuscht mich wie die Steppenflüsse, die trocken werden, wenn es nicht mehr regnet."

In Israel gibt es Bäche, auf die man sich niemals verlassen kann. Manchmal sind sie über Wochen mit Wasser gefüllt, und dann führen sie fünf Jahre lang keinen Tropfen. Seine Freunde, findet er nun, sind genauso unzuverlässig. Was sie ihm sagen müssten, sagen sie nicht; wo er auf ihr Verständnis angewiesen ist, verstehen sie nichts.

„Wenn Eis und Schnee in Frühjahrswärme schmelzen, dann sind die Flüsse voll von trübem Wasser; doch in der Sommerhitze schwinden sie ... ihr Vertrauen wurde nicht belohnt." Oder, wie wir heute sagen würden: Wer solche Freunde hat, braucht keine Feinde.

In Vers 22 sagt er, kurz zusammengefasst, dass er ja gar keine großen Ansprüche hat. „Hab ich vielleicht um ein Geschenk gebeten, müsst ihr für mich denn irgendwen bestechen? Sollt ihr Erpressern Lösegeld bezahlen, um mich aus ihren Händen freizukaufen?" Er wünscht sich Mitgefühl mit dem, was er durchmachen muss, keine theologischen Antworten. „Durch Wahrheit bin ich leicht zu überzeugen, doch euer Redeschwall beweist mir nichts!" Sie sind nicht fair, schimpft er. Sollen sie doch zeigen, wenn sie können, wo seine Schuld liegt oder in welcher Weise Gott gerecht ist. Er hat nicht das Gefühl, zu viel zu verlangen.

Er entschuldigt sich nicht dafür, dass er sich über Gott beschwert. „Wollt ihr mich wegen meiner Worte tadeln und merkt nicht, dass Verzweiflung aus mir spricht? Seht mir doch einmal richtig in die Augen! Wie käme ich dazu, euch anzulügen? Hört auf zu richten, seid nicht ungerecht! Noch habe ich das Recht auf meiner Seite!" (6, 26.28f.)

Lasst uns aufrichtig miteinander reden, „von Mann zu Mann". Diese Worte scheinen sich gleichzeitig an die Freunde und an Jahwe zu richten. Er bittet sie, ihn fair zu behandeln. Wenn man von Selbstzweifeln und Selbstkritik überschwemmt wird, fühlt sich das kleinste bisschen Verständnis an wie eine warme Dusche. Darum bittet Hiob.

Im 7. Kapitel setzt Hiob an zu seinem außerordentlichen „Monolog über das Leiden". Jeder, der in irgendeiner Weise Schmerz empfindet, kann sich dem anschließen und sich in vielen Versen wiederfinden. „Sein ganzes Leben steht der Mensch im Sold," – wer seinen Wehrdienst abgeleistet hat, wird wohl verstehen, was Hiob meint – „für große Mühe gibt's geringen Lohn. Er gleicht dem Sklaven, der nach Schatten lechzt, dem Knecht, der jeden Tag auf Löhnung wartet. Auch mir ist solch ein Los zuteil geworden: Sinnlos vergeht ein Monat nach dem andern, und Nacht für Nacht verbringe ich mit Schmerzen." Er greift die drei schlimmsten Zustände menschlichen Daseins auf, die er sich vorstellen kann: das Dasein als Sklave, als Tagelöhner und als Söldner.

„Leg ich mich nieder, schleppen sich die Stunden; ich wälze mich im Bett und kann nicht schlafen und warte ungeduldig auf den Morgen. Mein Körper fault und ist bedeckt mit Krusten, die Haut bricht auf und eitert überall. Ganz ohne Hoffnung schwinden meine Tage, sie eilen schneller als ein Weberschiffchen. Gott, denk an mich: Mein Leben ist ein Hauch; mein Glück vergeht, ich seh es nie mehr wieder" (7,1–6). Heutzutage würden wir in diesen Beschreibungen eine klinische Depression erkennen und nach Anzeichen für bevorstehenden Suizid Ausschau halten.

Häufig erwähnt der Autor die Augen und das Sehen. Er wartet darauf, von Gott – und von seinen Freunden – liebevoll *angeblickt* zu werden. Der große Triumph dieses Buches besteht am Ende darin, dass er glauben kann: „Gott blickt mich an und versteht mich." Die Augen sind, wie Jesus später im Neuen Testament sagen wird, die Fenster der Seele. Wir warten auf ein Auge, das uns erkennt und uns versteht, ein Auge, das uns annimmt. In Vers 7 finden wir das Gegenbild: „Ich werde mein Glück nie mehr wiedersehen.“ Er sehnt sich danach, Glück und Freude zu sehen. Er wartet auf das „segnende Auge“ Gottes – „und kein lebendiges Auge wird mehr nach mir schauen, sehen deine Augen nach mir, bin ich nicht mehr“ (7,8). Das wäre der Tod.

Und nun beginnt, was für viele der großartigste Teil des Buches Hiob ist: Auf verschiedenen Ebenen stellt sich heraus, dass Hiob weiß, Gott mag ihn immer noch. Nicht dass er ihn liebte, er mag ihn. Es fällt den meisten Menschen viel schwerer anzunehmen, dass ein anderer sie mag, als dass er sie liebt. Es ist noch schwerer zu glauben, dass Gott uns mögen könnte, und zwar nicht nur allgemein uns als Menschen, sondern jeweils mich als konkrete Person. Theoretisch, theologisch, können wir akzeptieren, dass Gott uns liebt, aber es ist schwierig, sich vorzustellen, dass Gott über unsere Anwesenheit aus dem Häuschen geraten könnte. Wenn wir das glauben können, sind wir auf der Zielgeraden und können mit uns zufrieden sein.

Hiob glaubt es! Wenn Gott sich nicht sputet und das Problem löst, so sagt er gewissermaßen, dann wird er Hiob nicht mehr zu sehen bekommen: „Sehen deine Augen nach mir, bin ich nicht mehr.“ Das erinnert mich daran, dass meine Mutter erzählte, wie ich ihr als kleiner Junge drohte: „Wenn du dies und das nicht machst, sterbe ich, und dann hast du mich nicht mehr!“ Das war die Strategie des kleinen Tyrannen. Aber es ging aus von einer außergewöhnlich großen Liebe.

Hier haben wir auch wieder den Glauben an die Endgültigkeit des Todes, der sich durch das ganze Buch zieht. Wenn der Tod kommt, ist es vorbei, also mach schnell, Gott, du hast nicht mehr viel Zeit. Ich kann nicht glauben, dass du mich nicht mehr sehen willst. Kümmere dich also um mich, oder ich fahre hinunter in die Grube und werde nie mehr bei dir sein. „Die Wolke löst sich auf und ist verschwunden; genauso geht's dem Menschen, wenn er stirbt:

Vom Ort der Toten kommt er nicht zurück, und wer ihn kannte, wird ihn bald vergessen" (7,9f.).

Dann folgt ein äußerst bezeichnendes Gebet. Er spürt den Schmerz und das Getrenntsein, und er schreit nach Gemeinschaft mit Gott (7, 17–21).

Vers 17 ist das Gegenstück zu Psalm 8, in dem gefragt wird: „Was ist der Mensch, dass du dich seiner annimmst?" Der Psalmist beantwortet seine eigene Frage: „Er ist wenig geringer als die Engel." Hier jedoch fragt Hiob: „Was ist der Mensch, dass du den Blick auf ihn gerichtet hältst? Zur Rechenschaft ziehst du ihn jeden Morgen und stellst ihn immer wieder auf die Probe" (7,17f.).

Das ist keine von den üblichen überschwänglichen Lobpreisungen, keine Doxologie, das hier ist ein aus der Tiefe kommendes Gebet, in dem es um Verrat und Enttäuschung geht. Wer einen Freund verloren hat, wer verlassen oder wessen Liebe zurückgewiesen wurde, kann wahrscheinlich die Tiefen ermessen, aus denen ein solches Gebet kommt.

Hiob hat eine Nähe zu Gott erlebt, wie Liebende sie zueinander haben. Und nun, der Gemeinschaft beraubt, versteht er überhaupt nichts mehr. Es sieht so aus, als ob er auf Gott einschlüge, aber wenn wir zwischen den Zeilen lesen, sehen wir, dass er immer noch eine tiefe Liebe Gott gegenüber empfindet. Er benimmt sich wie der verlassene Mann oder die verlassene Frau, die ihrem Ex-Partner alle möglichen Gemeinheiten an den Kopf wirft, wobei die eigentliche Aussage klar ist: „Verdammt nochmal, du liebst mich doch, und ich weiß, dass du mich liebst."

Ganz ähnlich können wir auch hier zwischen den Zeilen erkennen, dass Hiob weiß, dass Gott ihn liebt. „Du kannst das nicht meinen", schimpft er: „Schaust du nie auch nur lang genug weg, dass ich meine Spucke runterschlucken kann? Okay, und wenn ich gesündigt habe: Was habe ich dir getan, du unermüdlicher Bewacher des Menschengeschlechts? Warum hast du dir gerade mich als Zielscheibe ausgesucht? Bin ich dir denn so eine Last? Kannst du meine Sünde nicht ertragen und meine Schuld nicht übersehen?"

Mit anderen Worten: Wenn Gott so groß ist, warum regt er sich dermaßen über Hiobs kleine Sünden auf? Kann Gott über Hiobs unbedeutende Verfehlungen nicht hinwegsehen? Die letzte boshafte Bemerkung Hiobs versucht, Gott zu blamieren und ihn gleichzeitig einzuladen: „Nicht mehr lang, und ich liege unter der Erde. Dann wirst du mich suchen, aber ich bin nicht mehr da." Daraus spricht ein enormes Vertrauen. Er ist nun wie ein kleiner Junge, der sich verlaufen hat und nun Angst hat, der, der ihn ganz sicher liebt, könnte ihn vergessen oder nicht mehr an ihn denken.

Selig sind, die vertrauen können

Ich habe vorhin erwähnt, wie ich als Kind meine Mutter manipulierte, um ihre Aufmerksamkeit zu gewinnen. Ich trank damals offenbar sehr gern Milch und konnte gar nicht genug davon bekommen. Eines heißen Sommertages fragte ich wohl ein paarmal nach Milch, ohne welche zu bekommen. Schließlich legte ich die Hand auf den Mund, sah sie an und sagte: „Bald bin ich tot, und du kannst mir nie mehr Milch geben." Und schon rannte sie zum Kühlschrank und gab mir meine Milch.

Ich hätte so etwas nicht sagen können, wenn ich nicht völliges Vertrauen in ihre Liebe zu mir gehabt hätte. Und wie jedes Kind konnte ich mir nicht vorstellen, dass es für sie vielleicht nicht die höchste Freude war, zwanzig Mal am Tag zum Kühlschrank zu rennen und mir ein Glas Milch zu holen. Es kam uns nie in den Sinn, dass unsere Mutter all das, was sie für uns tat, nicht liebend gern machte. Wir dachten, wir seien ihr ganzes Leben, und wir kamen nie auf die Idee, sie könnte vielleicht müde sein oder etwas anderes zu tun haben.

Auch Hiob scheint „still und ruhig" geworden zu sein, „wie ein Kind bei seiner Mutter, wie ein kleines Kind im Schoß der Mutter" (Psalm 131,2). Einheit, „ontologisches Gegründetsein" in Gott, ist Hiobs einziger Trost.

Der orthodoxe Ratgeber

Im 8. Kapitel tritt der zweite Ratgeber auf, Bildad von Schuach. Er beruft sich auf die Tradition, das Gesetz und Gott. Er möchte Hiob zu dem Eingeständnis bewegen, dass er im Unrecht sei. Daneben ist er spiritueller Materialist. Er argumentiert so: Wenn Hiob zugibt, dass er im Irrtum ist, wird er alles, was er verloren hat, wiederbekommen.

Bildad regt sich darüber auf, dass Hiob sich über Gott beschwert, und er rügt ihn, weil Hiob es wagt, Gott in Frage zu stellen. „Wie lange willst du solche Reden führen? Wann wirst du aufhören, so viel Wind zu machen? Denkst du im Ernst, dass Gott das Recht verdreht?" (8,2f.)

Keiner der drei Freunde hinterfragt jemals seine eigenen Voraussetzungen, so selbstgefällig sind sie in ihrer Theologie. Dieser Kerl hat die Wahrheit gepachtet. Damit steht er für die Art und Weise, wie die meisten Menschen denken und reden, deren Religiosität noch unreif ist. „Ich kenne die Wahrheit, komm mir nicht mit Tatsachen!" Viele von uns leben so. Wir erwerben unsere „Wahrheit" früh im Leben und wollen uns nicht mit darüber hinausgehenden evidenten Tatsachen aufhalten.

„Nein, deine Kinder haben sich versündigt, drum hat er sie bestraft, wie sie's verdienen." Gnadenlos schreitet Bildad voran. Er sagt, mit anderen Worten: Deine Kinder sind doch schon tot. Solltest du nicht langsam einsehen, dass du Fehler gemacht hast? „Wenn du wirklich rein und schuldlos bist, wird er dir ganz gewiss zur Hilfe kommen und dir Besitz und Kinder wiedergeben. Was früher war, wird dir gering erscheinen, wenn du am Ende Gottes Segen siehst" (8,6f.). Um Besitz geht es Hiob ja gerade nicht; aber das ist eben die Welt, der seine Freunde verhaftet sind.

„Frag nach der Weisheit früherer Geschlechter! Was sie entdeckten, solltest du dir merken." Das ist die Tradition, sagt er also. „Wir leben erst seit gestern, wissen nichts, wie Schatten schwinden unsre Erdentage. Die Väter aber können dich belehren aus ihrem Schatz gesammelter Erfahrung" (8,8–10).

Wenn wir etwas falsch machen, werden wir bestraft – diese Lehre versucht er zu vermitteln. Er entwickelt eine eigene Version des Naturgesetzes. „Nur wo es Wasser gibt, da wächst das Riedgras auf." Genauso gewiss wie diese Gesetze der Natur gilt angeblich: Wenn ein Mensch gesündigt hat, wird er bestraft, wenn er gut ist, wird er belohnt. Das macht Sinn. Es entspricht bloß nicht dem, was die Heiligen über Gott sagen.

Diese „Theologie" dient in erster Linie dem Zweck, uns anzutreiben, uns selbst zu retten. Und unglücklicherweise glauben das bis heute die meisten Menschen: dass wir von Gott genauso viel zurückbekommen, wie wir ihm geben. Diese Theorie läuft letztlich darauf hinaus, dass das Heil von uns selbst, von unserer Vollkommenheit und unserem Bravsein abhängt.

Es kommt der Wahrheit viel näher zu sagen, dass wir durch unsere Gebrochenheit und Schwäche zu Gott kommen – genau das Gegenteil von dem, was die meisten Menschen glauben. Auch wenn uns die Gnade Gottes zu Hilfe kommt, brauchen wir fast unser ganzes Leben, um dieses Paradox anzuerkennen. Die Gnade selbst scheint die Leere zu schaffen, die nur die Gnade füllen kann. „Gottes Kraft ist in den Schwachen mächtig … wenn ich schwach bin, dann bin ich stark" (2. Korinther 12, 9 und 10).

Aber Bildad fährt fort, ein Gesetz darzulegen, das unwiderleglich scheint: „Wer schuldlos ist, den lässt Gott nicht im Stich; doch Übeltätern steht er niemals bei. Bestimmt wird er dich wieder lachen lassen und deinen Mund mit frohem Jubel füllen" (8,20). Erfülle nur das Programm, Hiob, dann darfst du wieder mitspielen.

Man kann eine Spur Sarkasmus in diesem Vers entdecken, denn Hiob könnte sehr wohl zu sich selbst sagen: „Ja, sicher wird es wieder besser, aber nicht, wenn ich deinem Rat folge!" Man entdeckt die wahre Freude nicht dadurch, dass man seine eigene Integrität aufgibt, nicht einmal auf „göttlichen" Ratschluss hin.

Der Glaube hat keine Antworten

In Kapitel 9 versucht Hiob, die Angriffe des zweiten Gegners zu parieren. Er sagt im Wesentlichen: Okay, Leute, ihr könnt Gott preisen und seine Größe verherrlichen, aber ich kann es noch besser als ihr. Wenn es darum geht, über die Macht Gottes zu sprechen, habt ihr mir nichts voraus.

„So ist es! Daran gibt es keinen Zweifel", sagt er zu ihnen. „Kein Mensch kann Recht behalten gegen Gott! ... Gott ist so reich an Weisheit, Macht und Stärke! Wer kann es wagen, ihm die Stirn zu bieten?" (9, 2 und 4).

Ich weiß, ich habe keine Chance, sagt Hiob. Ich weiß, dass Gott irgendwie im Recht ist. Ich verstehe in diesem Zusammenhang bloß nicht, *inwiefern* er im Recht ist. Aber ich bin bereit zu warten.

Das ist der Unterschied. Er ist bereit, an diesem Ort der Antwortlosigkeit auszuharren. Das ist der Ort, an dem Gott den Glauben schafft. Die Ratgeber sind nicht bereit, an diesem Ort zu leben, wo es keine Antworten gibt und keine Schlussfolgerungen. Bis zum heutigen Tag setzen viele Menschen „religiöse Antworten" mit „Glauben" gleich. Aber glauben heißt nicht, Antworten zu haben. Glaube bedeutet die Bereitschaft, ohne Antworten zu leben. Bürgerlicher Glaube und Zivilreligion neigen dazu, den Glauben armselig und eng zu definieren als „im Besitz von Sicherheiten sein“ und „religiöse Formeln parat halten können“.

Diese verbreitete Religiosität dient oft als Entschuldigung dafür, *keinen* Glauben zu haben. Seltsam, nicht wahr? *Glaube bedeutet die Gewissheit zu haben, im Ungewissen zu leben.* Die Sicherheit in einer anderen Identität als der eigenen zu leben und unseren Wert und unsere Bedeutung in einer Vereinigung zu finden, die unsere Individualität übersteigt. Paulus hat für dieses In-Christus-Sein eine sehr genaue Formulierung gefunden: „Nun lebe ich nicht mehr mein eigenes Leben, sondern das Leben Christi, der in mir lebt“ (Galater 2,20). Das ist fast so etwas wie eine Identitätstransplantation, ein Umschalten auf einen größeren Treibstofftank. Es geht um das Loslassen des eigenen kleinen Selbst, das immer die Oberhand behalten will. *Und es fühlt sich immer an wie Sterben.*

Jede Bewegung in Richtung der Vereinigung erfahren wir als Verringerung der eigenen Wichtigkeit und als einen Verlust an Kontrolle. Kein Wunder, dass echter Glaube so selten vorkommt und wir ihn so oft durch „nette“ Religiosität ersetzen.

Hiob macht Gott nicht klein: „Ganz unversehens rückt Gott Berge fort, und wenn er zornig wird, zerstört er sie. Er stößt die Erde an, und sie erbebt; die Pfeiler, die sie tragen, lässt er schwanken. Wenn er’s befiehlt, scheint keine Sonne mehr, die Sterne kann er hindern aufzugehn“ (9,5–7).

Hiob überschüttet Gott mit überschwänglicheren Lobpreisungen als seine Freunde es je taten. „Allein hat er den Himmel ausgespannt, nur er kann über Meereswellen schreiten … Er ist’s, der Wunder tut, unzählbar viele, so groß, dass wir sie nicht verstehen können. Gott geht an mir vorbei – ich seh ihn nicht, und merke nicht, wie er vorübergeht. Er rafft hinweg, und niemand hindert ihn. Wer wagt zu fragen: ‚He, was machst du da?'" (9,8.10–12)

Mit anderen Worten: Ich weiß, dass Gott Gott ist. Ich weiß, dass Gott die Fäden in der Hand hat. Ich hege keinen Zweifel an Gottes Macht und Freiheit. Wie aber soll ich dann meinen Fall vorbringen? Wie könnte ich es wagen, Argumente gegen ihn zu sammeln? Ich weiß, er bestimmt die Regeln. Bloß: Die Regeln, nach denen er gerade spielt, die verstehe ich einfach nicht.

„Ich bin im Recht und darf mein Recht nicht fordern! Soll ich ihn etwa noch um Gnade bitten, ihn, der das Urteil schon beschlossen hat?" (9,15). Hiob sieht seinen Fall wie eine Gerichtsverhandlung, und zwar eine, in der er ohne Chancen ist. Gott, derjenige, den er zu verklagen sucht, ist auch der Richter. Und er ist Gott, während Hiob ein kleines Würstchen ist.

Und: „Selbst wenn er sich dem Rechtsverfahren stellte – dass er mich hören würde, glaub' ich nicht" (9,16). Auch hier fällt auf, dass er in erster Linie will, dass man ihn anhört – auch vor Gericht. Immerhin, er wird aggressiver, er will Gott vor Gericht bringen. Wer von uns wäre dazu bereit? Wir wären es, wenn wir sichergehen wollten, dass wir gehört werden.

Dieser Gott scheint kapriziös und ambivalent. Er scheint wankelmütig zu sein. „Er sendet seinen Sturm und wirft mich nieder, ganz ohne Grund schlägt er mir viele Wunden. Er lässt mich nicht einmal zu Atem kommen, stattdessen füllt er mich mit Bitterkeit. Soll ich Gewalt anwenden? Er ist stärker! Zieh ich ihn vor Gericht? Wer lädt ihn vor?" (9,17–19).

Hiob ist wütend über die Hindernisse, die ihm in den Weg gelegt werden. „Dass ich im Recht bin, hilft mir nichts bei ihm; ob schuldig oder nicht – ich weiß es selbst nicht mehr" (9,22).

Das ist das erste Anzeichen von Zweifel. Bislang hat er

keinen Fußbreit Boden hergegeben. Aber schließlich beginnt er sich zu fragen: Vielleicht bin ich doch nicht unschuldig? Vielleicht gibt es etwas, was mir selbst nicht bewusst ist? Ein Mensch, bei dem Selbstzweifel auftreten, zieht sich zurück – oder er verstärkt seine Angriffe. Hiob tut beides. „Mir ist jetzt alles gleich, drum sprech ich's aus, selbst wenn ich meinen Kopf dafür riskiere!" (9,21). Gott ist offenbar willkürlich: „Wenn plötzlich eine Katastrophe kommt und Menschen ohne Schuld getötet werden, hat Gott für ihre Ängste nur ein Lachen" (9,23).

Die Welt ist nicht mehr sicher, und noch viel weniger wohlwollend. Wenn Gott unberechenbar und willkürlich ist, dann ist alles unberechenbar, und wir wissen nicht mehr weiter. „Mir ist jetzt alles gleich", heißt es in Vers 21.

Also gut, dann ist das Leben eben ungerecht

Hiob sagt also, dass es auf Moral überhaupt nicht ankommt, denn Gott selbst ist nicht moralisch. Ob du gut bist oder schlecht, es gibt keinen Ausgleich. An diesen Punkt geraten viele Menschen. Vielleicht sagt es nicht ihr Kopf, aber im Bauch fühlen sie es. Und natürlich haben sie Recht. Das Leben ist nicht gerecht. Wir tun unserer Jugend wirklich keinen Gefallen, wenn wir ihnen eine Welt vor Augen malen, in der Fairness verlangt oder auch nur erwartet werden kann. Die Armen und Ausgestoßenen scheinen dies viel leichter zu verstehen. Das ist der Vorsprung, den sie haben, wenn es um das Verständnis des Evangeliums geht: Das Leben selbst hat ihnen ermöglicht, die wesentlich tragische Natur des menschlichen Lebens zu erkennen und zu akzeptieren. Die meisten von uns müssen es auf die harte Tour lernen.

Es gibt da keine Logik. Was mich angeht, denke ich, dass ich völlig verdorben wurde. Und es fing mit meiner Mutter an, die zum Kühlschrank rannte, um die Milch zu holen. Ich kenne Menschen, die fünfmal besser sind als ich, doch es sieht so aus, als ob ihnen alles daneben gegangen sei. Es gibt keine wirkliche Gleichheit, trotz der Verheißungen der Französischen und der Amerikanischen Revolution. Es sieht so aus, als sei die wahre Revolution, die zu akzeptieren uns immer noch schwer fällt, das Evangelium, denn es sagt uns, dass wir uns um Gerechtigkeit für andere bemühen, aber für uns selbst keine Gerechtigkeit fordern oder erwarten sollen. Nicht einmal das Bedürfnis nach Gerechtigkeit für uns selbst sollen wir haben. Das bedeutet eine außergewöhnliche Freiheit.

Hiob setzt sich intensiv mit dieser ungerechten Welt und diesem ungerechten Gott auseinander. Er sagt die Wahrheit: Verdammt nochmal, es ist nicht recht! Es ist nicht fair! Die Menschen in der sogenannten Dritten Welt, behinderte Menschen oder solche, die rassischen oder sexuellen Minderheiten angehören, müssen sich dieser Erkenntnis schon recht bald in ihrem Leben stellen. Sie haben dasselbe Empfinden wir Hiob. Für sie ist es keine graue Theorie; oft ist es die Wunde[4] in ihrer Seele, die nie zu bluten aufhört.

Ich war schon ein paarmal völlig überrascht, wie unterschiedlich das Evangelium gehört wird, je nachdem, ob es einem Menschen mit vollem Magen oder einem mit leerem Magen gepredigt wird. Deshalb hat Jesus auch gesagt, das Evangelium müsse zuerst den Armen gepredigt werden (Lukas 4,18f.). Sie verstehen es richtig. Dann müssen sie es weitergeben an uns, die wir nicht wissen, wie arm wir wirklich sind.

Wenn man das Evangelium übersättigten und zufriedenen Menschen predigt, verstehen sie es nicht. Sie verdre-

4 Wörtlich: Das „Loch" in der Seele; es handelt sich hier um ein im Deutschen nicht wiederzugebendes Wortspiel (*the hole in the soul*) (Anm.d.Ü.)

hen und missbrauchen es für ihre eigenen egozentrischen Zwecke, ihre eigenen Kontrollbedürfnisse, ihre eigenen religiösen Interessen oder was immer ihr Motiv sein mag. Sie sind noch nicht initiiert in das Loslassen und Aufgeben der Kontrolle, was – wie wir jetzt langsam begreifen – das Herzstück aller traditionellen Initiationsriten bildet.

Das Evangelium, kurz gesagt, muss Menschen wie Hiob gepredigt werden. Sie sind die einzigen, die es hören können, ohne es für ihre eigenen Zwecke umzugestalten. Die Hiobs der Geschichte sind in das grundlegende Paradox des Menschseins initiiert: Wir lernen, indem wir loslassen, und wir wachsen, indem wir aufgeben.

Gegen Ende des 9. Kapitels hat Hiob sich so weit aus dem Fenster gelehnt, dass er nun nichts mehr zu verlieren hat. Für Gott scheint es keinen Unterschied zu machen, ob jemand schuldig ist oder nicht. Hiob hat Gott schon kritisiert, so kann er nun aufs Ganze gehen. Jetzt zeigt er es Gott.

Manche haben es in ihrer Ehe erlebt, in Freundschaften oder in allen möglichen anderen Beziehungen, in denen Streit entstehen kann. Wir kennen das, wie wir auf die Gegenseite eindreschen. Dann fließen die Tränen und hässliche Worte fallen. So ungefähr geht es Hiob jetzt mit Gott.

Schauen wir uns den ganzen Abschnitt an, um ein Gefühl für seine Wut zu bekommen: „Wenn ich mir sage: Gib das Klagen auf, vergiss den ganzen Jammer, lach doch wieder – dann packt mich gleich die Angst vor neuen Qualen; ich weiß es ja, Gott spricht mich doch nicht frei. Er will mich unbedingt für schuldig halten. Was hilft es, meine Unschuld zu beweisen? Ich könnte mich mit reinstem Wasser waschen, die Hände könnte ich mit Lauge säubern. Dann würde er mich in eine Jauchegrube tauchen (im Original steht hier ein noch etwas drastischeres Wort), so dass sich meine Kleider vor mir ekeln.

Ach, wäre Gott doch nur ein Mensch wie ich, ich wüsste, welche Antwort ich ihm gäbe: Er müsste mit mir vor Gericht erscheinen! Gäb es doch einen Schiedsmann zwischen uns, dem wir uns alle beide beugen müssten! Dann dürfte Gott mich nicht mehr weiterprügeln und würde mir nicht länger Angst einjagen. Ich könnte reden, ohne mich zu fürchten. Jedoch in meinem Fall geht Macht vor Recht!

Es ekelt mich vor diesem ganzen Leben, drum halt ich meine Klage nicht zurück; es muss heraus, was mich verzweifeln lässt! Du kannst mich doch nicht einfach schuldig sprechen! Gott, sag mir jetzt, was wirfst du mir denn vor? Was bringt es dir, dass du so grausam bist? Verachtest du, was du geschaffen hast, und lässt gelingen, was Verbrecher planen?" (9,27–10,2).

Wenn Gott Hiob geschaffen hat, muss er ein Sadist sein, wenn er das Werk seiner Hände so schlecht behandelt. In Kapitel 10, Vers 4 und 5 könnte man geradezu einen Schrei nach der Menschwerdung Gottes erkennen: „Siehst denn auch du nicht mehr, als Menschen sehen, und urteilst so beschränkt, wie wir es tun? Dein Leben ist doch nicht wie unser Leben, du zählst es nicht wie wir nach kurzen Jahren."

So haben sich die Menschen wohl immer wieder Gott gegenüber gefühlt: „Du verstehst uns einfach nicht!"

Vielleicht haben so viele Menschen durch all die Jahrhunderte Gott in dieser Weise angeschrien, dass Gott gar nichts anderes übrig blieb, als Mensch zu werden. Er hatte das Klagen satt, all die Menschen, die sagten: „Du hast ja keine Ahnung, was es bedeutet, ein Mensch zu sein!" Und so sagte Gott: „Okay, ich werde euch zeigen, dass ich eine Ahnung habe!" Und er nahm den Körper des Jesus aus Nazaret an. (Theologen wie Duns Scotus oder Mystiker wie Meister Eckhart haben es allerdings genau umgekehrt gesehen: Jesus entsprach der ersten Idee, die Gott im Sinn gehabt hatte, und alles andere wurde als sein Abbild geschaffen.)

Als nächstes klagt Hiob Gott an, den allmächtigen, aber unehrlichen Staatsanwalt zu spielen: „Was suchst du denn so eilig meine Schuld und spürst voll Eifer meinen Sünden nach, obwohl du weißt, dass ich nicht schuldig bin und niemand da ist, der mich vor dir rettet?" (10,7). Hiob ist unschuldig, aber Gott sitzt am längeren Hebel.

In den Versen 8 bis 12 des 12. Kapitels findet sich eine wunderbare Beschreibung davon, wie zärtlich die Schöpfung vor sich ging, zu der auch Hiob sich zählt. Er kehrt zu einem versöhnlicheren Ton zurück: Gott, „mit deinen Händen hast du mich gestaltet, und nun verschlingst du mich mit Haut und Haar. Vergiss es nicht: Du formtest mich wie Ton. Willst du mich jetzt in Staub zurück verwandeln? Wie Milch hast du mich damals hingegossen, im Mutterleib zur Form gerinnen lassen."

Das ist eine Anspielung auf das damalige Hebräische Verständnis biologischer Abläufe, demzufolge wir tatsächlich durch einen Gerinnungsvorgang im Mutterleib entstehen. „Mit Haut und Muskeln hast du mich umgeben, aus Knochen und aus Sehnen mich geflochten. Das Leben gabst du mir und deine Liebe, dein Schutz bewahrte meinen Lebensgeist."

Diese letzten Verse stehen in offenkundigem Widerspruch zu dem, was Hiob vorher gesagt hat. Er ist bereit, die gesamte Breite und Tiefe menschlicher Erfahrungen zu fühlen und zu empfinden, von rasender Wut und Trotz zu einer höchst sensiblen und zarten Sicht ihrer Beziehung, und das alles in zehn Versen. Hier haben wir also den Liebenden. Hier haben wir den Vertrauenden. Hier haben wir den Glaubenden. Er führt ein Leben, das dem Augenschein trotzt. Er ist in der Lage, alle Gegensätze in sich aufzuheben, denn er hat eine tiefere ontologische Verankerung.

„Das Leben gabst du mir und deine Liebe." Hiob ist entschlossen, diese Liebe zu fordern, zurückzufordern. Er kann nicht verstehen, wieso Gott ihm diese Liebe nicht länger schenkt, aber er ist davon überzeugt, dass sie wieder auftauchen wird.

Dies ist ein außergewöhnliches Gleichnis für den Glauben. In der ganzen Bibel steht nichts, was dem gleichkäme. Selbst das Leben Jesu ist ein Leben nach dem Muster, das Hiob vorgeprägt hat. Hiob ist die Geschichte, poetisch und in epischer Breite aufgeschrieben, und Jesus kommt und lebt sie. Jesus wurde, wie der Hebräerbrief sagt, „in allem versucht wie wir, doch ohne Sünde" (Hebr 4,15).

Doch selbst leidenschaftlicher Glaube verliert seine Kraft, wenn wir leiden. Schon sehen wir Hiob wieder in einer neuen Runde Selbstmitleid. „Dir fehlt es nie an Zeugen gegen mich, damit du Grund hast, mir noch mehr zu grollen und immer neue Strafen zu verhängen. Warum, Gott, hast du mich ans Licht geholt, hervorgezogen aus dem Leib der Mutter? Wär ich gestorben, eh mich einer sah! Vom Schoß der Mutter gleich hinein ins Grab, das wäre so, als wär ich nie gewesen!" (10, 17–19). Er ist mit seinem Latein am Ende und nicht mehr in der Lage, seinen Glauben aufrechtzuerhalten.

Die beste Parallele zu dieser Kontroverse stellt vielleicht die letzte, endgültige Eheschlacht dar, bevor der große Scheidungskrieg beginnt: „Du hast mich geliebt! Und jetzt hast du mich betrogen; du hast Sachen gesagt, die man besser nicht sagt; ich kann deine Lügen nicht mehr ertragen. Verlass auf der Stelle mein Haus!"

Zwischen Hiob und Gott klingt das so: „Ich habe nur noch kurze Zeit zu leben; lass mich in Frieden diesen Rest genießen!"

Wer nie von einem geliebten Menschen betrogen wurde, kann das wahrscheinlich nicht nachfühlen. Wer nie von einem Freund vor den Kopf gestoßen wurde, findet das hier vielleicht bloß theatralisch und überzogen.

„Lass mich in Frieden diesen Rest genießen! Bald geh ich fort ins dunkle Land der Toten, aus dem es niemals eine Rückkehr gibt, ins Land, wo Finsternis und Chaos herrschen und selbst das Licht so schwarz ist wie die Nacht" (10,20b–22).

Wenn wir ein Diagramm von dieser Geschichte zeichnen sollten, wären wir jetzt am absoluten Tiefpunkt angelangt, bei Hiobs „Herz der Finsternis".

Sein größter Zorn scheint als Reaktion auf das Possenspiel der religiösen Orthodoxie zu entbrennen. Es ist meines Erachtens auch hilfreich zu beachten, dass die Linie nach unten nicht eine Gerade ist, und dass es auch nicht in einer geraden Linie wieder nach oben geht. Der Text bewegt sich, gerade so wie das richtige Leben, eher in einer Spirale.

Und nun einige nutzlose Allgemeinplätze

Im 11. Kapitel treffen wir den dritten Ratgeber an, Zophar aus Naama. Er steht für den Appell an die konventionellen Weisheiten und den gesunden Menschenverstand. Er ermahnt Hiob, sich zusammenzureißen, vom hohen Ross herunterzusteigen, nicht so theatralisch rumzutun und sich der Realität zu stellen. Das ist die dritte weit verbreitete Fälschung des biblischen Glaubens: das, was man eben so denkt.

Zophar beherrscht das Lied von der ausgleichenden Gerechtigkeit ebenfalls vorwärts und rückwärts, und er hat keine Lust, irgendetwas daran zu ändern oder in Frage stellen zu lassen. „Soll dieser Unsinn ohne Antwort bleiben? Hat einer Recht, nur weil er dauernd redet?" Nur weil Hiob geschliffen reden kann, heißt das noch lange nicht, dass er im Recht ist. „Meinst du, dass dein Geschwätz uns mundtot macht, wir auf dein Spotten nichts erwidern können?" (11,1–3). Er sagt im Grunde: „Ich werde dir schon zeigen, dass du unrecht hast. Du behauptest, dass du ohne Fehl und Tadel bist und keine Schuld hast. Aber ‚das weiß doch jedes Kind', was der gesunde Menschenverstand sagt, und die Tatsachen sprechen für sich."

Wir können uns richtig vorstellen, wie Hiob die Augen verdreht und sich sagt: „Also gut, der nächste bitte!" Aber sein Freund hat schon losgelegt. „Die Tiefen Gottes, kannst du sie ergründen? Kennst du die Größe des Allmächtigen? Gott reicht noch höher als der Himmelsdom, zu dessen Grenze du nie hingelangst. Gott reicht noch tiefer als die Totenwelt, von der du doch so gut wie gar nichts weißt" (11,7f.). Er ruft Hiob zur Ordnung, zu Glauben und Vertrauen. Hiob seinerseits würde ihm gerne sagen: „Glaub mir, ich vertraue auf Gott, jetzt in diesem Moment, wenn du es nur sehen könntest! Aber ich werde keinen Lügen trauen!"

Zophar fährt fort: Gott „kennt die Taugenichtse, sieht ihr Unrecht, auch wenn sie selber niemals daran denken." Wenn wir keine herzliche persönliche Beziehung zu Gott haben, werden wir unvermeidlich ein negatives Bild von unseren menschlichen Qualitäten haben, so wie die drei Freunde es vorführen. Wir werden auch ein kühles Verhältnis zu unseren Mitmenschen, zur gesamten Menschheit haben. Nach meiner Erfahrung besteht ein starker Zusammenhang zwischen dem Gottesbild, das jemand hat, und seinem Welt- und Menschenbild.

Gott „kennt die Taugenichtse, sieht ihr Unrecht", sagt Zophar sein Sprüchlein auf. Dieses negative Verständnis der menschlichen Natur kehrt in jeder Generation wieder. Auch heute können wir davon eine Menge beobachten. Aus irgendeinem komischen Grund glauben viele Menschen, dass sie Gott etwas wegnehmen, wenn sie gut über die Menschen denken. Heutzutage läuft diese positive Einstellung zum Menschen unter dem Namen „säkularer Humanismus" und wird wie eine Ketzerei behandelt. Obwohl keinerlei Logik darin liegt, gibt es Leute, die sich darin gefallen, Lobeshymnen auf Gott zu singen und die Menschen dafür in Grund und Boden zu verdammen. Das ist ein sicheres Anzeichen für ein in sich unstimmiges, ja ungesundes Glaubenssystem.

Von meinem ersten Tag als Franziskaner an wurde uns immer wieder gesagt, wir seien „christliche Humanisten". Ich bin stolz auf diese Bezeichnung „Humanist". Ich habe keine Probleme damit, im Gutsein der Menschen einen wahren Spiegel für die Güte Gottes zu erblicken. Für mich besteht hier ein direkter Zusammenhang. Dagegen hat der Ausdruck „das ist bloß menschlich" einen herablassenden, pejorativen Klang bekommen und ist zu einer Herabsetzung geworden.

Wir sind Widerspiegelungen des unsichtbaren Gottes (Genesis 1,27). Und der einzige Weg, wie wir Gott kennen lernen können, führt über die Menschen. Das ist der einzige Weg zu einer gewissen Erleuchtung – die induktive Methode, wie man sagt, oder im christlichen Zusammenhang der Weg der Menschwerdung. *Hier* fangen wir an. Wenn wir nach dem Bilde Gottes geschaffen sind, dann ist die Anthropologie möglicherweise ja genauso wichtig wie die Theologie, um das Geheimnis Gottes zu verstehen. (Denker wie René Girard oder Gil Bailie haben in diesem Zusammenhang Bahnbrechendes geleistet.)

Wir dürfen nicht denken, dass wir Gott dadurch groß machen, dass wir die Menschen klein machen. Im Gegenteil, es wäre eine Beleidigung Gottes, eine Blasphemie, wenn wir uns gegen Gottes Schöpfung wenden würden. Die Aussage des Paulus ist sehr klar: „Zwar kann niemand Gott sehen, aber er zeigt sich den Menschen in seinen Werken. Weil er die Welt geschaffen hat, können sie seine ewige

Macht und sein göttliches Wesen erkennen, wenn sie sich nicht dafür verschließen“ (Römer 1,20). Oder, wie Tennessee Williams sagte: „Nichts wahrhaft Menschliches ist Gott verhasst.“

So weit ist der alte Zophar jedoch noch nicht. „Du, Hiob, musst dein Herz zu Gott hinwenden und deine Hände ihm entgegenstrecken.“ Na los, Hiob, nörgelt er, gib schon zu, dass du im Unrecht bist. „Doch reinige sie erst von allem Unrecht und lass in deinem Haus nichts Böses zu.“ Und hier kommt wieder das Versprechen, dass Hiob seinen Wohlstand wiedererlangen wird: „Dein Leben zeigt sich dann in neuem Licht und strahlt noch heller als die Mittagssonne; nach aller Dunkelheit kommt Morgenglanz. Du lebst in Sicherheit, mit neuer Hoffnung, du bist beschämt, doch du kannst ruhig schlafen“ (11,13f. und 17f.).

Zufällig spricht Zophar hier auch eine echte Prophetie aus; alles, was er sagt, ist wahr: Hiobs volles Leben wird ihm tatsächlich wiedergegeben, aber nicht in der Weise, wie Zophar sich das vorstellt.

Mit dem Beginn von Kapitel 12 versucht Hiob einmal mehr zu antworten. Er beginnt mit beißendem Sarkasmus, was nach solch erbarmungslosen Schikanen nicht ganz unverständlich ist: „So ist's! Was seid ihr doch für kluge Leute! Mit euch stirbt ganz bestimmt die Weisheit aus!“ Er hat die guten und einfühlsamen Ratschläge satt.

Auch wenn er sich im Moment vielleicht etwas anderes wünschen würde, ist Hiob doch vollkommen davon überzeugt, dass Gott alle Macht hat. Er fühlt seine eigene völlige Ohnmacht und lässt sich dazu hinreißen, seine Ratgeber mit gemeinen Worten herabzusetzen: „Ihr seid selbst ratlos, deckt es zu mit Lügen. Kurpfuscher seid ihr, die nicht heilen können! Es wäre besser, wenn ihr schweigen würdet, dann könnte man euch noch für weise halten“ (13,4f.).

Manchmal, wenn wir so wie Zophar allzu schnell zu Gottes Verteidigung herbeieilen, verfehlen wir Gott völlig. Zophar steht für einen Menschen, der die religiösen Antworten parat hat, sich aber weigert, sich wirklich einzulassen und mit den Fragen zu ringen.

Hier, im 13. Kapitel, ermahnt der Autor die so genannten rechtschaffenen Menschen, nicht allzu eilfertig die Verteidigung Gottes aufzunehmen. Er sagt ihnen, dass sie möglicherweise Gott gar keinen Gefallen tun, wenn sie allzu zungenfertig für ihn antworten. Die Menschen müssen mit dem Geheimnis leben. Sie müssen im Fluss des Lebens bleiben. Wer den Dingen nicht genügend Zeit lässt, sich zu entwickeln, dient nicht der Wahrheit oder der Liebe. Gott will eingeladen werden, er will, dass wir ihn erwarten. Er drängt sich nicht auf.

Viele denkende Menschen nehmen ein oberflächliches Christentum nicht mehr ernst, weil sie gesehen haben, wie Menschen ihre menschliche Erfahrung verleugnen und allzu schnell in die Behauptung flüchten: „Gott hat die Antwort". Gott achtet unsere menschlichen Erfahrungen und setzt sie zu *unseren* Gunsten ein. Warum sollten wir es ihm nicht gleichtun?

Natürlich wissen wir, dass Christus die Antwort ist. Aber was sind die Fragen? Wer sich sowohl mit den Antworten als auch mit den Fragen auseinandersetzt, kann ein glaubwürdiger Christ sein, aber nicht jemand, der – bevor er nachgedacht, gefühlt oder gelitten hat – schnell dahin sagt: „Gott ist die Antwort". Inwiefern ist Gott die Antwort? Das ist die Frage, die wir der Welt zugestehen müssen, wenn wir ernst genommen werden wollen.

Viele, die sehr treu in die Kirche gehen, in der Bibel lesen und fromme Lieder singen, sind furchtbar verstrickt in Hass und Angst. Sie haben die Antworten, aber sie haben sich mit den Fragen nicht auseinandergesetzt.

Was aber ist die Frage? Oder was sind die Fragen? Die Frage Hiobs könnte sehr wohl unsere eigene sein: Ist Gott für uns oder gegen uns? Ist Gott ein Gott der Liebe? Ist die Welt teilnahmslos? Oder wohlwollend? Oder giftig und gefährlich?

Wenn wir mit diesen Fragen ringen, haben wir Anteil an dem Ringen Hiobs – und vielleicht an dem inneren Ringen von jedermann und jederfrau. Die eine Antwort, die in diesem Buch klar zu sein scheint, ist die, dass unsere Trennung von Gott in irgendeiner Weise dasselbe ist wie die Trennung von unserem eigenen Schmerz.

5. Kapitel

DIE WAHRHEIT IST DER BESTE VERBÜNDETE GOTTES

Je tiefer wir in das Geheimnis Christi eindringen, desto dünner wird die Trennlinie zwischen Freude und Leiden. Das sagen alle, die sich auf diesen Weg begeben haben. Für diese Menschen ist es manchmal gar nicht so leicht zu unterscheiden, ob sie gerade Freude oder Schmerz empfinden. Hat das Herz erst einmal kapituliert, ist die einzige Frage, die zählt: Tue ich Gottes Willen? Ob wir persönlich dadurch nun glücklich oder traurig werden, ist nicht mehr von oberster Priorität.

Hiob empfindet an diesem Punkt immer noch Trauer, doch inmitten seiner Trauer brechen Freude und Lobpreis aus ihm heraus. Empfangen hat er die Freude allerdings durch die Trauer hindurch, nicht indem er sie zu vermeiden suchte. Mitten im Leid entdeckt er den Keim der Freude. Diese Freude ist unzerstörbar. Wir Christen nennen sie die ewige Gegenwart des Auferstandenen.

Im 13. Kapitel macht uns der Autor klar, dass wir uns nicht mit Halbwahrheiten behelfen müssen, wenn es um Gott geht. Wir brauchen Gott nicht zu verteidigen; er hat unsere Verteidigung nicht nötig. Es gibt fromme Menschen, die ihre Hauptaufgabe darin sehen, die Rechte und die Würde Gottes zu verteidigen. Das ist zum guten Teil durchaus ehrenhaft, jedoch werden wir Gott mit Worten nicht wirklich verteidigen können, wenn wir die Wahrheit nicht auch leben.

Die berühmte jüdische Religionsphilosophin Simone Weil liebte Christus hingebungsvoll. Doch obwohl ihre Schriften voller Weisheit und Gottesliebe sind, wurde sie nie

Mitglied der Kirche. Sie sagt: „Müsste ich mich entscheiden, ob ich Christus liebe oder die Wahrheit, ich würde die Liebe zur Wahrheit wählen. Ich glaube fest, dass ich, wenn ich wahrhaft nach der Wahrheit suche, in die Arme Christi fallen werde."

Sie fährt fort, sie habe in ihrem Leben „schon viel zu viele Menschen gesehen, die Christus liebten, aber nicht die Wahrheit. Daher frage ich, ob sie wirklich Christus lieben." Der Christus, über den diese Leute sich lautstark verbreiten, ist großenteils eine Projektion ihrer eigenen Vorstellungen. Sie behaupten zwar, Christus zu lieben, aber allmählich stellt sich immer mehr heraus, dass sie ein Totem verehren, dem sie den Namen Jesus Christus gegeben haben, während ihre eigentlichen Beweggründe in ihren persönlichen und kulturellen Vorurteilen bestehen. Demgegenüber fordert die Wahrheit immer wieder, das eigene Selbst unterzuordnen. Dass wir einen großartigen Christenmenschen getroffen haben, der oder die die Wahrheit wirklich liebt, erkennen wir daran, ob er oder sie bereit ist, das eigene Selbst zu opfern und die persönlichen und gesellschaftlichen Voreingenommenheiten um der Wahrheit willen über Bord zu werfen.

In unserer Zeit gibt es viele, die viel zu leichtfertig „Herr, Herr" rufen. „Jesus" ist eines der gebräuchlichsten Worte in den US-amerikanischen Privatsendern geworden. In Amerika ist es kein Zeichen von Gegenkultur, wenn jemand für Jesus ist. In manchen Kreisen ist es durchaus modisch.

Diese Zivilreligion, in der kaum noch ein Unterschied besteht zwischen der allgemeinen Kultur und dem, was „Christus" genannt wird, wird vor der Geschichte nicht viel vorzuweisen haben. Sie hat sogenannte heilige Kriege, den Antisemitismus, die Kreuzzüge und die Inquisition hervorgebracht. Auch heute ist es nicht leicht, den Christus zu finden, der der Gesellschaft entgegensteht. Sehr leicht finden wir hingegen den Christus, der in dem aufgeht, was alle

Welt für wichtig hält: Recht und Ordnung und Schuldzuweisungen. Wir gebrauchen ein Abziehbild von Jesus, um eine auseinander fallende Kultur zusammenzuhalten, statt in der Nachfolge Jesu eine neue Gesellschaft aufzubauen, die sich auf Gerechtigkeit und Wahrheit gründet.

Es bedeutet nichts, den *Namen* Jesus Christus auszusprechen. Allein die Realität des Geheimnisses Christi zählt, und diese wird manchmal besser von Leuten verstanden, die nicht zur Herde gehören. So priesen die Juden den Perserkönig Kyros (Jesaja 45,1), Jesus pries die Phönizier und die Römer, und wir werden durch das Christusgeheimnis in Mahatma Gandhi und in Nelson Mandela beschämt.

Wenn wir uns wirklich für das Kreuz Christi einsetzen, werden wir vermutlich sehr einfach und arm leben. Wie viele Christen aber, die doch mit dem Zeichen des Kreuzes gesegnet wurden, führen solch ein Leben in Einfachheit? Wie viele gute Kirchgänger sind Materialisten und Militaristen, ohne rot zu werden? Hier springt uns der Unterschied zwischen der Selbstbezeichnung und der Wirklichkeit geradezu an: „Nicht jeder, der ständig ‚Herr, Herr' zu mir sagt ... sondern der, der auch tut, was mein Vater im Himmel will" (Matthäus 7,21).

Die Bibel ist ein weiteres Symbol, hinter dem sich die Leute verstecken, die moralische Überlegenheit suchen oder die Kontrolle behalten wollen. „Glaubst du an die Bibel?" Wie ein Schlachtruf wird uns das entgegengeschleudert. Die Bibel ist zur Messlatte geworden, die an uns angelegt wird, um unsere Rechtgläubigkeit abzuchecken, genauso wie es die Katholiken früher mit dem Papst, der Jungfrau Maria oder der Eucharistie gemacht haben. Sie werden zu Symbolen, zu Fahnen, die wir schwenken, und dann wird überprüft, ob wir die richtige Fahne haben. Fahnen und Rituale können manchmal im Weg stehen. Worauf es aber ankommt, ist die Wirklichkeit, für die das Symbol steht.

In Kapitel 13 sagt Hiob: „Wie Staub im Wind sind eure weisen Sprüche, und eure Gründe halten stand wie Ton. Seid still, lasst mich in Ruh! Jetzt rede ich! Was daraus wird, das ist mir völlig gleich! Und wenn ich mich um Kopf und Kragen rede: Ich bin bereit, mein Leben zu riskieren" (13,12–14).

Alles setzt er aufs Spiel. Er wird Gott widersprechen. Er verlangt mehr nach der Wahrheit als nach der persönlichen religiösen Erfahrung des Eliphas, der Rechtgläubigkeit des Bildad oder den konventionellen frommen Weisheiten des Zophar.

„Von Gott kann ich ja nur den Tod erwarten, doch erst will ich vor ihm mein Recht behaupten. Vor ihm zu stehen wäre meine Rettung, denn Heuchler kommen nicht in seine Nähe" (13,15f.). Mit anderen Worten: Würde ich es wagen, Gott in dieser Weise anzugehen, wenn ich nicht die Wahrheit sagte? Es hat keinen Zweck, Gott anzulügen.

„Nun hört euch an, was ich zu sagen habe, dass ihr begreift, was ich erklären will! Ich bin bereit, den Rechtsfall vorzutragen: Ich bin im Recht, das weiß ich ganz genau. Wer hätte Aussicht, mich zu Fall zu bringen?" Eine rhetorische Frage. Die Antwort lautet natürlich: Gott, der sein Gegner vor diesem Gerichtshof ist. „Dann wollt ich gerne schweigen und auch sterben" (13,19). Der Gerichtssaal ist hergerichtet. Hiob nimmt es mit Gott in beiden Rollen auf, als Prozessgegner und als Richter. Und immer noch als Freund. Die ganze Situation ist furchteinflößend und schwer zu begreifen.

Hiob verfügt über immense innere Autorität. Das ist das Höchste, was wir bieten können: die Überzeugung, dass wir die sind, die zu sein wir behaupten. Die herkömmliche Religion hat uns dazu erzogen, uns auf äußerliche Autorität zu verlassen, die aber oft nichts für Gott tut und nichts zum Kommen seines Reiches beiträgt. Die Verheißung des Geistes ist die Verheißung innerer Autorität oder „Vollmacht" (Apostelgeschichte 1,8). Vielen guten Menschen wurde beigebracht, dass an Gott zu glauben und ihm zu vertrauen bedeutet, an Dinge zu glauben und sich darauf zu verlassen, die mit ihnen selbst nichts zu tun haben. Wenn wir allerdings irgendwo gesunde innere Autorität antreffen, ist das glücklicherweise meist auch bei religiösen Leuten, die aber auf unspektakuläre Weise tief in Gott gegründet sind.

Menschen, die in der katholischen Tradition stehen, neigen dazu, ihr Vertrauen in die Hierarchie zu setzen. Sie fragen: „Was sagt die Kirche?", und vergessen dabei, dass sie selbst die Kirche sind. In der protestantischen Tradition schaut man in die Bibel. Sowohl die Kirche als auch die Bibel sind Quellen der Wahrheit und verdienen es, respektiert zu werden. Aber sie sind noch nicht das, was wir als das innere Zeugnis des heiligen Geistes erfahren. Wir können diese Verantwortung nicht umgehen.

Der Geist verleiht das Geschenk der inneren Autorität. Nur Menschen, die über innere Autorität verfügen, so wie Hiob, werden auch von äußerer Autorität korrekten Gebrauch machen. Andernfalls gebraucht ein Mensch die äußere Autorität als eine Entschuldigung dafür, dass er nicht den inneren Weg geht und seine Seele entdeckt. Die Kirche ist voll mit Leuten, die vom Hörensagen leben, die sich auf die Autorität von jemand anders berufen, aber nicht wissen, was sie selbst wissen. Da gibt es kein „Ich", das an Gott glaubt.

Wen hast *du* getroffen? Für wen sprichst *du*? Was denkst *du*? Was hat sich für *dich* als Wahrheit erwiesen? Was ist das Gute? Was das Böse? Was ist das Leben? Was ist Gerechtigkeit? Was Ungerechtigkeit? „Naja, der-und-der sagt dies, ein anderer Autor schreibt das." Aber was sagst *du*? Wie Jesus zu Petrus und den anderen Jüngern sagt: „Was sagt *ihr*, wer ich bin?" (Matthäus 16,15). Es fällt auf, dass Jesus den Jüngern diese persönliche Frage im Ausland stellt, außerhalb ihrer gewohnten Spiegel. Wahrscheinlich ist es notwendig, dass wir damit anfangen, uns auf die Meinung von kompetenten Leuten, auf die Tradition, auf die Älteren zu verlassen (die Rebellion führt uns ja auch nicht weiter), aber irgendwann ruft uns Gott zu diesem wagemutigen Selbstvertrauen, das wir bei Hiob beobachten und darin, wie er sich selbst riskiert.

Jesus würde heute nicht als Heiliger betrachtet

Es ist ein mutiger Akt, ein Akt des Glaubens, der eigenen Erfahrung zu vertrauen. Ich denke, wir haben Angst davor, uns zu irren. Aber sich zu irren ist nicht so furchtbar schlimm. Die Bibel ist voll davon, und an diesem Punkt unterscheidet sie sich von den meisten Heiligenlegenden und von den meisten kirchenamtlichen Äußerungen. Wenn ich die Definition von Heiligkeit in Betracht ziehe, die in der Römisch-Katholischen Kirche des zwanzigsten Jahrhunderts gilt, und die Maßstäbe dafür, wer heilig gesprochen werden darf, dann kann ich mir keinen einzigen Menschen in der ganzen Bibel vorstellen, der oder die den Kanonisierungsprozess überstanden hätte. Nicht einmal Jesus. Die Bibel ist, wie das Leben selbst, ein „texte en travail" (ein Text, der noch im Entstehen begriffen ist). Sie *enthüllt* die Spannung und die Probleme, statt sie durch Präsentation aufpolierter, steriler Modelle einfach zu vermeiden.

Hiob selbst wird als ein „Heide“ dargestellt, er befindet sich außerhalb des Gesetzes und der Autorität des Judentums. Er verlässt sich fast vollkommen auf die innere Autorität des Glaubens und der Erfahrung. Wir haben die biblische Bedeutung des Wortes „heilig“ verzerrt, das ursprünglich eine törichte, gebrochene Gestalt bezeichnete, die alle möglichen Fehler macht und trotzdem das Vertrauen auf Gott bewahrt: Beispiele dafür wären David im Alten und Petrus im Neuen Testament.

Fehler zu machen ist überhaupt nicht schrecklich. Das einzig Schlimme ist, wenn wir durch sie nicht erwachsen werden. Wenn wir mit fünfzig immer noch dieselben Fehler machen, die wir mit Zwanzig gemacht haben, ja, das ist allerdings dumm. Wir tun das natürlich alle, denn wir alle sind ein bisschen dumm. Aber der entscheidende Grund dafür ist das Fehlen innerer Autorität, die es uns ermöglichen würde, unsere Muster zu beobachten, zu benennen und in Besitz zu nehmen. Wer sich bloß auf äußere Autorität verlässt, bei dem entsteht fast immer ein Grundgefühl von Angst oder Scham, was schnell zu Verdrängung und Verleugnung führt.

Wir tun immer so, als gehörten wir nicht zu der großen ungewaschenen, unvollkommenen Masse. Diese ganzen Tarnungsmanöver wenden wir in erster Linie an, um uns selbst zu täuschen. Wenn wir nur unsere Wunden als unseren *Weg zur Ganzheit* sehen könnten, so wie Jesus, würden sie zu „heiligen Wunden“ und wären nichts mehr, was man verleugnen oder verstecken müsste. Hiobs Wunden beispielsweise sind deutlich zu sehen.

Mit Gott auf du und du

Gebrochen und voller Schmerzen bringt Hiob seinen Fall vor Gott. Er sagt: „Nur dies, mein Gott, erbitte ich von dir, damit ich offen vor dich treten kann: Zieh deine schwere

Hand von mir zurück, und fülle mich nicht mehr mit Angst und Schrecken" (13, 20f.).

Die erste Gunst, die er erbittet, ist: als gleichwertig behandelt zu werden. Das ist nun allerdings mutig! Eigentlich sagt er nichts anderes als: „Wenn dieses Gericht irgendwie gerecht sein soll, dann steig von deinem Podest herunter, Gott, und setz dich zu mir und lass uns von gleich zu gleich miteinander reden!" Hör auf, den Überlegenen zu spielen und mich zur Unterwürfigkeit zu zwingen. Lass uns wie zwei Brüder oder wie zwei Freunde miteinander reden. Dann bring deine Anklagen vor und ich werde antworten.

Die zweite Bitte ist, dass er als Erster reden darf: „Ich frage dich, und du gibst Antwort" (13,22b). Er geht ganz klar in die Offensive: „Ich habe nichts mehr zu verlieren, du bist sowieso gegen mich." Wer am Boden ist, ist viel eher fähig, die Wahrheit zu sagen.

Deshalb kommt die neue Kirche aus der Dritten Welt, als Kirche der Armen. Sie kommt nicht aus Nordamerika oder Europa. Wir im Westen sind ganz oben, und wer ganz oben ist, kümmert sich nicht so sehr um die Wahrheit, weil er sowieso am „Gewinnen" ist – was man eben so „Gewinnen" nennt.

Aber wer unterdrückt ist, weiß, dass das gegenwärtige System nicht von Gott ist. Er hat wenig zu verlieren und alles zu gewinnen, wenn er nach Gerechtigkeit sucht. Gott kann die Religion und die Gesellschaft am besten von einem Ort der Unterdrückung und der Verfolgung aus reformieren. Im Exodus zeigt sich dieses Muster zum ersten Mal.

Offenbar erlaubt Gott Hiob, als Erster zu sprechen, und der legt los: „Wie viele Sünden habe ich begangen? Wie groß ist meine Schuldenlast bei dir?" Man kann ihn fast schreien hören: „Weshalb siehst du mich nicht mehr freundlich an und tust, als wäre ich dein Feind geworden?" (13, 23f.).

Gott scheint gar nichts zu sagen. Hiob erntet nichts als

Schweigen. Und dieses Schweigen läuft auf weitere Anklagen hinaus. Da ist eine kleine Spannung zwischen zwei Freunden. Keiner sagt irgend etwas. Es macht uns wahnsinnig. Was denkt sie? Warum sagt er denn nichts? Schweigen kann eine schrecklich anklagende Kraft entwickeln.

„Was bin ich denn? Ein abgefallenes Blatt, ein dürrer Strohhalm, fortgeweht vom Wind. Doch ständig scheuchst du mich und jagst mir nach! Zu harten Strafen hast du mich verurteilt, kein Fehler meiner Jugend ist vergessen! Du lässt nicht zu, dass ich mich frei bewege, argwöhnisch überwachst du jeden Schritt, selbst meine Fußspur zeichnest du dir auf. Deshalb zerfalle ich wie faules Holz, wie ein von Motten angefressenes Kleid" (13, 25–28). Die Bilder sind poetisch und von großer Tiefe, aber was wir hier hören, ist vor allem ein Mensch, der immer noch *mit* Gott redet (insgesamt spricht er ihn achtundfünfzig Mal an), während die Ratgeber nur *über* Gott reden. Und das ist der entscheidende Unterschied.

Ein Wendepunkt

Als nächstes beschreibt Hiob etwas, was wir nur als Sehnsucht nach Unsterblichkeit bezeichnen können. Zu diesem Zeitpunkt kann er noch nicht daran glauben. Aber wir haben hier eine der ersten Stellen in der jüdisch-christlichen Tradition, an der klar wird, dass es mehr geben muss als das, was wir vor Augen haben. Ein paar Jahre auf der Erde und dann Schluss – das kann es nicht sein. „Für einen Baum gibt es noch eine Hoffnung: Wenn man ihn fällt, dann schlägt er wieder aus. Selbst wenn die Wurzeln in der Erde altern, der Stumpf im Boden abstirbt und verdorrt – er muss nur ein klein wenig Wasser spüren, dann treibt er wieder wie ein junges Bäumchen" (14,7–9).

Zwischen den Zeilen wird gesagt: Wenn wir wirklich so

sterblich sind wie es scheint, dann sind wir weniger als die Pflanzen. Pflanzen sterben im Herbst und wachsen dann von neuem, aber wir haben nicht einmal dieses Potential oder Privileg.

„Doch stirbt ein Mensch, so ist es mit ihm aus. Wenn er gestorben ist, wo bleibt er dann? Vielleicht geschieht's, dass Ströme nicht mehr fließen, dass auch das Wasser aus dem Meer verschwindet; doch tote Menschen stehen nicht mehr auf, sie werden nie aus ihrem Schlaf erwachen. Noch eher stürzt der ganze Himmel ein! Verbirg mich doch dort unten bei den Toten, versteck mich, bis dein Zorn vorüber ist!" (14,10–13a).

Das ist einer der bemerkenswertesten Abschnitte in diesem Buch. Hiob ist in die Kontemplation des Todes versunken, er klagt, dass alles vergänglich ist, und er reflektiert darüber: „Gut, Herr, ich habe verstanden, dass irgendein Teil von dir zornig ist, und das kann ich einfach nicht verstehen. Aber ich weiß, dass ein anderer Teil von dir mich immer noch liebt." Hiob wendet sich an diesen anderen Teil. Im heutigen Jargon würde sich sein Vorschlag etwa so anhören: „Kannst du mich nicht eine Zeitlang in der Vorhölle verstecken? Schaff mich dir so lange aus den Augen, bis du wieder in Kontakt mit deiner besseren Seite gekommen und mir nicht mehr böse bist."

Dann stellt er sich vor, wie Gott bestimmt, „wie lange ich warten muss, bis du mir deine Güte wieder zeigst" (14,13b). Ich habe Freunde, die mir Karten schreiben wie diese: „Denk am Donnerstag nachmittag an mich!" Oder: „Wenn du dort in diesem anderen Land bist, schau am Freitag, dem 21., abends den Mond an, ich schaue ihn mir hier an!" Auf diese Weise halten wir die Verbindung zu Menschen, die uns am Herzen liegen. Wir gehen an einen Ort, an dem wir eins sein können.

Genau darum bittet Hiob Gott. „Doch kommt ein Toter je zurück ins Leben? Ich hielte gerne diese Qualen aus, wenn ich auf bessere Zeiten hoffen könnte." Ich weiß, Gott, du liebst mich. Ich bin bereit zu warten. „Du würdest rufen, ich dir Antwort geben. Du würdest wieder Freude an mir haben und daran denken, dass ich dein Geschöpf bin" (14,14f.). Wie vertrauensvoll, kindlich, ja: entzückend.

Wir können fast hören, wie er hinzufügt: „Das würdest du doch, oder?" Er macht Druck. „Du musst mich lieben!" Das ist der unsterbliche Glaube Hiobs, und möglicherweise der Wendepunkt der Erzählung.

„Du würdest alle meine Schritte zählen, doch keine Liste meiner Sünden führen. Für immer würdest du die Schuld verschließen, du decktest alle meine Fehler zu" (14,16f.). Ein wunderbarer Ausdruck der Hoffnung. Wenn wir uns von unserer eigenen Schuld überwältigt fühlen, an solchen Tagen, an denen wir uns so fehl am Platz fühlen, wenn wir meinen, mit unserer Kleinheit und Gebrochenheit nicht mehr leben zu können, wenn wir gar anfangen, uns zu hassen – dann ist es an der Zeit, den Kontakt mit dem demütigen Hiob in uns aufzunehmen.

Wenn du dich im Stich gelassen fühlst, nimm das Buch Hiob in die Hand, sprich Hiobs Gebete und wisse, dass andere sie vor dir gebetet haben, dass wir Teil einer großen Geschichte sind, und dass wir alle gemeinsam drin stecken. Es gibt nichts, was wir fühlen, das nicht andere zuvor auch schon gefühlt hätten. Zu solchen Zeiten vereinigen wir uns in der Solidarität mit anderen, die leiden und die vor uns gelitten haben.

Das ist oft der einzige Ausweg aus dem Selbstmitleid und dem Ertrinken in unseren eigenen Gefühlen. Wir müssen uns für die Solidarität und die „Gemeinschaft der Heiligen" entscheiden. Dann erkennen wir, dass wir die Last unserer Schwestern und Brüder tragen, und sie die unsere.

Das Böse hat Gewicht, aber es gibt auch ein „Gewicht" der Herrlichkeit (2. Korinther 3,7–18). Wir kommen zu Gott, indem wir einander die Lasten und die Sünden tragen helfen, aber auch dadurch, dass wir auf den Schultern der Heiligkeit der anderen stehen und einander helfen, die *Güte* zu tragen. Das ist für die Menschen im Westen eine sehr schwer verständliche Erkenntnis.

In unserer Tradition wird der Individualismus groß geschrieben. Das autonome Individuum empfindet sich als eigenständig, als getrennt. In Afrika verstehen die Menschen diese Wahrheit unmittelbar, denn der afrikanische Geist sieht zuerst den Stamm, das Volk und die Gemeinschaft, und erst in zweiter Linie das Individuum. Wir dagegen sehen uns in erster Linie als separate Wesen und bemühen uns verzweifelt, Teil der Gemeinschaft zu sein. Aber wir haben kaum eine Ahnung, wie wir das bewerkstelligen sollen.

Aus diesem Grund ist es in unserer Welt so schwer, Gemeinschaft zu bilden. Bei den meisten anderen Völkern ereignet sich Gemeinschaft einfach selbstverständlich, denn diese leben aus einem kollektiven Selbst heraus, das uns größtenteils verloren gegangen ist. Und diese Tatsache hat unserer Fähigkeit, das Evangelium zu verstehen und zu leben, unermesslich geschadet.

Wir sind, psychologisch gesehen, völlig vereinnahmt von unseren eigenen Schmerzen, Unsicherheiten und Ängsten. Das ist der Preis, den wir für unser überindividualisiertes Selbst zahlen. Die Last, dieses zerbrechliche Selbst zu schützten, ruht nun vollständig auf uns als Individuen. Ohne die Vereinigung mit Gott haben wir ein sehr körperloses Selbst, immer bedürftig und letztlich unwirklich.

Ich habe vor einigen Jahren in Afrika mehrere Gottesdienste zelebriert. Die Instrumente, die dabei zum Einsatz kommen, waren hauptsächlich Percussion-Instrumente, Trommeln jeder Tonhöhe und Bauart sowie die verschiedensten Rasseln. Nach einer Weile schien die ganze Kirche zu vibrieren, alles und jeder war in Bewegung.

Ich erinnere mich beispielsweise an eine Kathedrale in Kenia. Der Mittelgang sah aus wie in der (amerikanischen) Fernsehserie „Soul Train“. Die Afrikaner müssen nicht charismatisch werden, sie sind von Natur aus Charismatiker. Einen Augenblick lang steckte ich mir die Finger in die Ohren, so dass ich nichts hörte. Ich schaute mir nur die Bewegung an. Die ganze Kirche war eine einzige fließende Welle. Sie waren so synchron, ihre Körper waren eine totale Einheit, es war verblüffend.

Aber als ich zurück nach Amerika kam und mir „Soul Train“ anschaute, sah ich, dass jeder der Mitwirkenden Wert auf seine eigenen Bewegungen legte, seinen eigenen individuellen Ausdruck, um sich von allen anderen abzuheben. Jeder von uns versucht ständig, seine Individualität zu betonen. Und weil wir uns dieser Individualität so wenig sicher sind, müssen wir ständig aller Welt beweisen, dass wir etwas besonderes sind.

Ein Mensch, der sich dessen bewusst ist, dass er Teil des Volkes ist (so wie die noch in Stammestraditionen lebenden Afrikaner), braucht nicht zu beweisen, dass er etwas Besonderes ist. Seine Bedeutung kommt ja gerade aus dem Verbundensein mit seinen Schwestern und Brüdern, nicht daraus, dass er sich von ihnen abhebt.

Das ist Hiobs Welt. Mitten in seiner Wut kann er ganz leicht zur Gemeinschaft zurückkehren. Er hat den Mut, seine Wut auszudrücken, weil er zu allererst in Gemeinschaft ist.

Diese Beobachtung hat eine große Bedeutung für unser Gebetsleben. Für Menschen des Westens ist das Gebet oft schwierig. Jedesmal nämlich, wenn wir wieder unsere Kapelle, unseren Ort des Gebets aufsuchen, versuchen wir in allererster Linie, eine scheinbar verlorengegangene Gemeinschaft wieder herzustellen.

Für die meisten von uns ist es eine ganz wichtige Aufgabe, Harmonie zu gewinnen und zu erfahren, dass wir an den Strom des Lebens angeschlossen sind. Er fließt durch uns hindurch, und wir sind ein Teil von ihm.

Hiobs Stimmung geht auf und ab wie ein Jojo

Nachdem die Hoffnung aufgewallt ist, fällt Hiob gegen Ende von Kapitel 14 wieder in den Fatalismus zurück: „Die Berge werden einst zusammenfallen, die Felsen fortgerückt von ihrer Stätte; das Wasser kann den harten Stein zerreiben, Sturzregen schwemmt den Ackerboden fort. So lässt du unsere Hoffnung untergehen!" (14, 18f.).

Das ist ein Abschnitt speziell für die Neinsager, die Leute, die eine Stelle aus der Bibel herauspicken und darauf ganze Lehrgebäude aufbauen. Hier wird Gott als der bezeichnet, der die Hoffnung der Menschen zerstört. Man kann jede beliebige Meinung beweisen, indem man eine Stelle herauspickt. „Du zwingst den Menschen nieder mit Gewalt, lässt sein Gesicht im Todeskampf erstarren und schickst ihn fort – er kommt nie mehr zurück" (14,20). Hiob steht für die ganze Menschheit, die zu Gott sagt: „Verschwinde aus meinem Leben!" Diese Erzählung, in der es immer hin und her geht, drei Schritte vor und zwei zurück, stellt in sich ein Lehrstück über die Hoffnung dar. Die starken frommen Worte „Der Herr hat's gegeben, der Herr hat's genommen", die uns im 1. Kapitel begegnet sind, werden ständig widerrufen und neu überprüft. Es wird ganz klar, dass die Bekehrung, die schrittweise Veredelung unserer innersten Erfahrung, ein langer, langer Prozess ist. Eher eine lange Straße nach Emmaus als die Straße der blitzartigen Erkenntnis nach Damaskus.

Im 15. Kapitel beginnt eine zweite Reihe von Monologen der Ratgeber Hiobs.

Es sieht nicht so aus, als ob Hiobs Freunde besonders viel wachsen oder lernen. Ihre Kritik und ihre Ratschläge klingen langsam abgedroschen. Alte Hüte. Eliphas ist allerdings in der zweiten Runde deutlich aggressiver. Er ist gründlich verärgert darüber, dass Hiob es wagt, sich gegen Gott zu verteidigen. „Das alles, Hiob, ist doch nichts als Wind! Was du da von dir gibst, sind leere Worte!“ (15,2). Diese Bemerkung entbehrt nicht der Ironie. Aus unserer Sicht ist es Eliphas, der heiße Luft von sich gibt.

„Hat einer Bildung und Verstand, wird er nicht sinnlos oder unnütz reden. Du untergräbst das Fundament des Glaubens, machst frommes Leben ganz und gar unmöglich! Es ist die Schuld, die dich so reden lässt, auch wenn du sie mit schlauen Worten leugnest. Dein eigener Mund verurteilt dich, nicht ich; du selbst belastest dich mit jedem Wort“ (15,3–6).

Wenn einer oder gar mehrere unserer Freunde so sprechen würden, würden die meisten wohl wirklich zutiefst an sich selbst zu zweifeln beginnen. Wer hätte schon die innere Kraft, nicht zu sich selbst zu sagen: „Vielleicht bin ich ja doch im Unrecht. Wie könnte ich Recht haben, wo mich doch meine engsten Freunde kritisieren?“

In einer solchen Lage führt der einzige Weg zu innerer Autorität über Gott. Wenn uns die negativen Stimmen überfallen, aus der Welt, von unserem Ehepartner, unseren Kindern, der Kirche, dann hat keiner von uns genügend Kraft, dagegenzuhalten. Es sei denn, wir stehen in engem Kontakt mit dem wahrhaft Transzendenten.

Die meisten Menschen auf dieser Erde sind Opfer dessen, was ihnen aus ihrer näheren Umgebung entgegenkommt. Wir akzeptieren die Bewertungen unserer Mutter, unseres Vaters, unserer Verwandten und Freunde und halten sie für wahr. Ich kann mich an einen gut aussehenden jungen Mann in unserer Lebensgemeinschaft erinnern, der eines Tages mitbekam, wie seine Mutter seinen Onkeln und Tanten sagte, von all ihren Kindern sei er der am wenigsten gut aussehende.

Bis heute ist er davon überzeugt, dass er hässlich sei. Er hat jetzt eine wunderbare Frau, und alle fühlen sich zu ihm hingezogen. Aber tief drin im Bauch, da wo die negativen Stimmen die Kontrolle haben, ist er sich sicher, dass ihn jeder, der ihn anschaut, hässlich findet. Solange wir unser Fundament nicht in einer transzendenten Bezugsgröße haben, sind wir fast völlig dem Urteil anderer über uns unterworfen. Wir können nicht aus eigener Kraft von innen heraus leben, jedenfalls nicht sehr lange.

Dem armen Hiob bleibt nichts weiter übrig, als sich wieder an Gott zu wenden, denn bei ihm ist die Wahrheit zu finden, bei seinen Freunden nicht. „Bist du als erster Mensch geboren worden?", fragt Eliphas, „warst du schon da, als Gott die Berge schuf? Gehörtest du zu seiner Ratsversammlung und bist in seine Pläne eingeweiht? Von welchen Dingen weißt du mehr als wir? Was kennst du, das uns fremd geblieben ist? Im Kreis der Weisen gibt's ergraute Männer, die älter wurden als dein eigner Vater" (15,7–10). Wer könnte diesem kritischen Genörgel standhalten? Die meisten unter uns wohl nicht.

Das Positive betonen

Auffallend ist hier wieder die negative Sicht dessen, was menschlich ist. Dabei ist eine negative Anthropologie durchaus nicht die Voraussetzung für eine positive Theologie: Wir müssen unser Menschsein nicht schlecht machen, um Gott zu verteidigen oder zu erhöhen. „Meinst du im

Ernst, es gäbe einen Menschen, der rein und schuldlos ist vor seinem Gott? Nicht einmal seinen Engeln kann er trauen, und auch der Himmel ist für ihn nicht rein. Der Mensch ist gar abscheulich und verdorben; das Unrecht ist ihm ebenso alltäglich, wie wenn er einen Becher Wasser trinkt" (15, 14–16). Es ist absolut kein schmeichelhaftes Bild, das Eliphas vom Menschen hat.

Bei meinen Besuchen in Deutschland konnte ich einige der schlimmen Auswirkungen Martin Luthers beobachten, der einige gute und richtige, aber auch ein paar ziemlich blöde Dinge gesagt hat. Eine seiner blödesten Aussagen war die, dass die Menschheit nichts weiter sei als ein Misthaufen. Und Jesus Christus der Schnee auf dem Misthaufen. Natürlich, er verteidigt Christus, er sagt, dass Christus rettender Schnee ist, aber wer möchte schon ein Misthaufen unter der Gnade Gottes sein? Das sagt auch nichts besonders Gutes über Gott den Schöpfer. Die Calvinistische Tradition ist auf ziemlich dieselbe Route eingeschwenkt. Wir sind „völlig verdorben", sagt Calvin.

Wir Katholiken haben auch Fehler gemacht und sind mit unserer Theologie in so manche Sackgasse geraten, aber wir haben das positivste Menschenbild von allen christlichen Konfessionen. Das kann man in Ländern wie Spanien oder Italien beobachten, wo das katholische Ethos im täglichen Leben der Leute noch eine Rolle spielt. „Wo die katholische Sonne scheint, da ist Singen und Tanzen und guter roter Wein", heißt es in einem alten englischen Gedicht.

Manchmal gehen wir zu weit in die Richtung des „Iss, trink und sei guter Dinge!". Aber in den protestantisch geprägten Ländern des Nordens findet man allzu oft ein strenges, moralisches Christentum, das dem Menschen immer nur das Schlimmste zutraut, das immer Angst vor Spaß und Freude und vor allem davor hat, etwas falsch zu machen.

Bei allem, was sie unserer Kirche gegeben haben, gilt das leider auch für die Iren. Sie sind vom nordeuropäischen Geist infiziert, der anscheinend immer protestieren muss. Doch immerhin haben sie meistens gegen sich selbst protestiert. Dieses Ethos enthält eine Menge Angst davor, an die Güte des menschlichen Wesens zu glauben, Angst davor, zu vertrauen, und Angst davor, sich hinzustellen und zu sagen: „Jawohl, wir sind gebrochen, wir sind sündig, und doch sind wir gut und können dieser Güte trauen und uns daran freuen." Vielleicht sind es tatsächlich die Iren, bei denen diese Spannung am deutlichsten zum Ausdruck kommt: hier Selbstzweifel, da Feiern und fröhlich Sein.

„Ich will dich unterweisen, hör mir zu", fährt Eliphas fort, „was ich gesehen habe, sag ich dir. Von klugen Männern hab ich es gelernt, und diese hatten es von ihren Vätern" (15, 17f.).

Eliphas gibt sich als der Konservative. Doch allein die Tatsache, dass wir uns als konservativ präsentieren, bedeutet noch lange nicht, dass wir wirklich in Kontakt mit der Tradition sind. Die „Tradition" könnte sich möglicherweise als ein Bündel relativ junger Muster herausstellen, für die wir ein paar Belegstellen aus alten Zeiten vorweisen können.

Unsere größte Stärke finden wir, wenn wir wahre Traditionalisten sind, wenn wir die Tradition in ihrer Gänze erkennen und das vollständige Muster finden. Das ganze weite, tiefe, reiche Muster. Wahrer Katholizismus muss *kat' holon* sein, auf das Ganze bezogen. Die wesentliche Gnadengabe der katholischen Kirche ist gerade ihre Katholizität, auch wenn sie sie oft nicht verwirklicht.

„Katholisch" kann man übersetzen als „universalistisch". Unser heutiges Wort wäre „holistisch". Damit ist gemeint: das ganze Bild, nicht nur ein Jahrhundert oder die Erfahrungen einer bestimmten Kultur. Was sagt Gott der Menschheit als ganzer? Neben dem positiven Menschenbild ist die Katholizität immer noch die größte Stärke der katholischen Kirche: Wir haben die Möglichkeit, uns aus allen Wissenschaften, Ländern und Jahrhunderten zu speisen und diese gesammelte Weisheit in *ein* Bild zusammenzufassen. Trotz ihrer Kontrollneurosen, trotz ihres verheerenden Verhältnisses zur Leiblichkeit des Menschen ist die katholische Kirche immer noch die erfolgreichste multikulturelle Einrichtung der Welt.

Wenn wir einen echten Katholiken treffen, treffen wir jemand, der sowohl ein Fundament hat als auch inklusiv denkt und lebt. Man trifft sie nicht so oft – die meisten so genannten Katholiken sind nicht katholisch, sie sind ethnozentrisch oder provinziell oder einfach amerikanisch beziehungsweise deutsch oder österreichisch. Ein echter Katholik ist über seine gesellschaftlich überkommenen Vorurteile hinausgewachsen. Sein Bewusstsein umspannt alle Zeitalter, nicht bloß das Zwanzigste Jahrhundert. Er fasst all die angesammelte Weisheit zusammen und hat sich zu einer bemerkenswerten Persönlichkeit entwickelt.

Menschen wir Thomas Merton, Dorothy Day oder Mutter Teresa sind überlebensgroße Figuren. Sie kommen aus dieser unglaublich tiefen katholischen Tradition. Sie sind immer universelle Menschen. Man kann sie nicht mit irgendeinem Land oder irgendeiner Kultur identifizieren. Sie sind größer als irgendein Teil-Evangelium und sie stehen nicht für eine kleine Theologie. Schließlich stehen am Anfang unserer christlichen Geschichte mindestens fünf unterschiedliche Theologien, die wir heute teilweise geradezu als widersprüchlich empfinden würden: Matthäus, Markus, Lukas, Johannes und Paulus.

Hiob besitzt genug Freundlichkeit, seinen Freunden immer zu antworten, womit sie ihm auch kommen. Aber zu Beginn des 16. Kapitels sehen wir, wie seine Antwort allmählich erschöpft und frustriert wirkt.

„Von dieser Art hab ich genug gehört! Nur Last ist euer Trost für mich, nicht Hilfe! Machst du nun endlich Schluss mit dem Gerede? Was zwingt dich denn, mir ständig zu erwidern? Wenn ihr jetzt hier an meiner Stelle wärt, dann könnte ich genau dasselbe sagen. Ich könnte meinen Kopf sehr weise schütteln und euch mit schönen Sprüchen reich bedenken. Ich gäb euch neue Kraft – mit meinem Mund; ich zeigte euch mein Mitleid – mit den Lippen" (16,1–5).

Zwischen den Zeilen erinnert er Eliphas daran, dass er in einer ganz anderen Lage ist: „Mein Reden lässt die Schmerzen nicht verschwinden; doch schweige ich, so wird mir auch nicht leichter" (16,6). Will sagen: Es macht keinen großen Unterschied, ob er über sein Leid spricht oder nicht, ob er eine Antwort bekommt oder nicht. Der Schmerz bleibt.

Für Menschen, die das Leiden nicht kennen, ist der Gedanke typisch, darüber zu reden sei die Lösung. Wer nach dem Myers-Briggs-Typen-Indikator[5] zu den Wahrnehmungstypen gehört, neigt zu der Auffassung, alles sei in Ordnung, sobald man darüber gesprochen hat. Er empfindet keine weitere Notwendigkeit, in der betreffenden Angelegenheit irgendetwas zu unternehmen. Seine Einstellung ist: „Das theologische Problem haben wir gelöst, jetzt können wir das Ganze vergessen."

Aber Hiob kann sich diesen Luxus nicht leisten. Er erin-

5 Richard Bents und Reiner Blank, Der MBTI, Die 16 Grundmuster unseres Verhaltens nach C. G. Jung, München 1992

nert diese bequemen Leute daran, dass es schwieriger ist, das Elend zu vergessen, wenn man darin steckt.

Darin steckt ein wichtiger Schlüssel zum Verständnis dafür, wie Gott die Kirche heute bekehrt, und weshalb das Evangelium zuerst den Armen gepredigt werden muss (vgl. Lukas 4,18). Es verhält sich genauso wie Hiob es hier sagt: Nur wer sich leer fühlt, bringt die Voraussetzung mit, das Evangelium zu verstehen. Diese Menschen haben einen „erkenntnistheoretischen Vorsprung".

Die Kirche der ersten drei Jahrhunderte können wir im Großen und Ganzen als Kirche der Armen bezeichnen. Menschen in den untersten Rängen der Gesellschaft, arme Fischer als allererste, bekamen das Evangelium verkündet. Es war kein Zufall, dass Jesus arme, ungebildete „kleine Leute" als seine Gefolgsleute wählte. Er wusste, dass sie seine Botschaft verstehen konnten. Und die Schriften der ersten christlichen Jahrhunderte zeigen, dass die Kirche in dieser Zeit im Wesentlichen eine Kirche der Armen und Unterdrückten blieb.

Eine arme Kirche kann das Evangelium verstehen

Im Jahr 313 n. Chr. erklärte der Römische Kaiser Konstantin das Christentum zur anerkannten Staatsreligion. Das war die so genannte Konstantinische Wende. Er glaubte den Christen damit einen Gefallen zu tun. Seit 313 n. Chr. finden sich die Christen nicht mehr unten, sondern oben auf der Stufenleiter der gesellschaftlichen Anerkennung. Vor diesem Zeitpunkt waren Christen beispielsweise nur sehr selten beim Militär zu finden. Sie waren Pazifisten und an Kriegen und Eroberungen nicht interessiert. Diejenigen, die doch Soldaten wurden, waren sehr wenige, und sie wurden verfolgt. Doch schon hundert Jahre nach der Konstantinischen Wende hatten die Christen das Militär übernommen und verfolgten ihrerseits die Nichtchristen! Das ist schon ein dramatischer Schwenk, ein Sprung aus der Außenseiterposition in die des „Establishments".

Die Kirche im Westen hat das Evangelium und die Geschichte mehr als sechzehn Jahrhunderte lang von dieser überlegenen Warte aus betrachtet. Wir waren nicht mehr die Kirche der Armen, bestenfalls setzen wir uns in unserer privilegierten Position der Reichen *für* die Armen ein.

Wir wurden eine Kirche der Mittelschicht, ja sogar der oberen Mittelschicht, die in weiten Teilen das meiste von dem ausspart, was Jesus über Reichtum und Besitz gesagt hat. Die Kirche sah kein Problem darin, und die meisten Christen heutzutage sehen ebenfalls kein Problem darin, sagenhafte Reichtümer zu besitzen, riesige Rücklagen, Versicherungen und Besitztümer aufzuhäufen und gleichzeitig immer noch zu glauben, dass sie auf Gott vertrauen.

Für die Gläubigen der früheren Jahre wäre das völlig unbegreiflich gewesen. Aber der Geist der frühen Christenheit ist für die meisten Katholiken der westlichen Welt heutzutage genauso unbegreiflich.

Wir haben an dieser Sicht „von oben" schon so lange festgehalten, dass wir nicht einmal mehr die Evangelien korrekt lesen. Wenn einige Passagen nicht in unsere Kultur und zu unserem Lebensstil passen, lassen wir sie einfach weg. Harte Aussagen von Jesus – zum Beispiel der Spruch von dem Kamel, das nicht durch ein Nadelöhr geht, mit dem er illustriert, wie schwer es für einen Reichen ist, ins Himmelreich zu kommen – werden als Metaphern und literarische Übersteigerungen abgetan und ignoriert.

(„Wucher", also Geld für Zinsen zu verleihen, war während des ganzen ersten Millenniums der Kirchengeschichte ein hinreichender Grund für die Exkommunikation. Die einst unverletzliche heilige Regel, am Sonntag nichts zu kaufen und zu verkaufen, ist in den USA ebenfalls fallen gelassen worden, ohne dass von der äußerst konservativen

Flanke, die sich vehement gegen eine Modernisierung der Kirche sperrt, auch nur ein Flüstern des Protests gekommen wäre. Soll niemand behaupten, die Kirche habe vor den Forderungen der kapitalistischen Gesellschaft nicht kapituliert!)

Wir haben einen Filter entwickelt, um alles irgendwie Beunruhigende aus unserem Bewusstsein auszublenden. Die Psychologie sagt, das sei notwendig zum Überleben. Wir lassen also bestimmte Informationen zu und schließen unnötige oder unerwünschte Informationen aus – Dinge also, mit denen wir nicht umgehen können. Unsere Filter halten einen schrecklich großen Teil des Evangeliums draußen.

Es wäre töricht, die Schuld dafür bei Einzelnen zu suchen. Vielmehr hat uns die Entwicklung unserer Gesellschaft, unsere abendländische Geschichte, langsam aber sicher in diese missliche Lage hineinmanövriert. Wenn wir jemandem die Schuld geben wollen, dann wären es der alte Konstantin, die „Höherentwicklung“ der westlichen Kultur, die vorherrschende Philosophie des linearen Fortschritts und die falschen Versprechungen des Kapitalismus wie des Kommunismus.

Das Christentum funktioniert am besten von einer Rand- oder Minderheitenposition aus. Manche bilden sich etwas darauf ein, der moralischen Mehrheit anzugehören, aber Jesus war nie Teil irgendeiner moralischen Mehrheit. Das Evangelium lässt sich am wahrhaftigsten von der Position der Minderheit aus verkünden. Hier sind wir nicht käuflich. Wir haben es nicht nötig, uns anzubiedern, weil wir dort am Rand niemand haben, dem gegenüber wir uns beweisen oder dem wir gefallen müssten. Vielleicht ist es nötig, dass wir zur „unmoralischen Minderheit“ werden.

Jesus bezeichnete die Kirche als „Salz der Erde“, und wir dürfen nicht vergessen, dass das Salz nicht die Speise ist. Er sagte, wir sollten der Sauerteig sein, doch der Sauerteig ist nicht das ganze Brot. Auf ihrem Weg durch die Zeit hat die

Kirche immer mehr die Rolle der Speise, des ganzen Brotes übergenommen, während sie doch nur Salz und Sauerteig sein sollte. Wenn die Kirche als eine kleine Gemeinschaft fest verwurzelter und entschieden glaubender Menschen operiert, kann sie etwas bewegen. Aus ihrer Minderheitenposition der Integrität und der Wahrheit heraus kann sie das Evangelium verkünden. Und das ist Sauerteig genug, um die Welt vor der Selbstzerstörung zu „erretten".

Hier haben wir also Hiob, einen kleinen Niemand, der in der Wahrheit verwurzelt ist. Aus dieser Position der Wahrheit heraus ist er in der Lage, die Kirche zum authentischen, unverfälschten Evangelium zu rufen. Und doch findet sich Hiob kaum in der christlichen Kunst, in der Theologie oder der christlichen Literatur – erst in diesem Jahrhundert hat sich das etwas geändert (Beispiele sind Robert Frost, Archibald MacLeish, Gustavo Gutiérrez, William Safire oder C.G.Jung). Wir schließen daraus, dass das menschliche Bewusstsein einfach noch nicht bereit war für diesen enormen Sprung in einen selbstlosen Glauben. Es steht zu hoffen, dass die Abermillionen ermordeter Menschen in diesem Jahrhundert uns wenigstens für das Ringen Hiobs und die Passion Jesu offen gemacht haben.

Sechzehn Jahrhunderte lang hatten wir eine Kirche *für* die Armen. Es wurde immer als großartig und bewundernswert betrachtet, dass unsere Heiligen und Gründergestalten sich für die Armen eingesetzt haben. Wir danken Gott für Mutter Teresa. Aber die überwältigende Mehrheit fühlt sich berechtigt, ungestört in ihrer etablierten, begüterten Privatwelt zu leben.

Eine wunderbare Bekehrung beginnt sich nun in allen Kirchen zu ereignen. Unfähig, eine Kirche *der* Armen zu werden, versuchen wir wenigstens, als Kirche *mit* den Armen zu leben. Wir lernen, mehr in Solidarität mit den Ausgestoßenen der Gesellschaft zu leben und uns darüber zu freuen, dass sie uns gegenüber im Vorteil sind, wo es um das Verstehen des Wortes Gottes geht.

Jede und jeder wirkliche Heilige hat irgendwann das System der Besitztümer, der Privilegien und der Machtstrukturen verlassen, so dass er oder sie die Wahrheit vernehmen und ausdrücken konnte. Dadurch haben sie sich Jona im Bauch des Wals, Jeremia in der Zisterne, Hiob auf dem Misthaufen und Jesus am Kreuz angeschlossen. Das scheint der Weg zu sein.

6. Kapitel

HIOBS RIESENSPRUNG IM GLAUBEN

Im Bereich des Spirituellen gibt es keinen Triumph der Stärke, auch wenn sich die Stärke elegant verkleidet und als Scham, sozialer Druck, Vatikanisches Rundschreiben oder politische Intrige auftritt. Herrschaft ist Herrschaft und nicht Wachstum, Gnade oder Integration. Das Schreckliche und Wunderbare am Buch Hiob ist, wie Gott dem Hiob Schritt für Schritt zugesteht, die Stadien des Leidens und des Sterbens zu durchschreiten, während er ihm – zugegebenermaßen – die Füße ins Feuer hält.

Wir können von Kapitel zu Kapitel beobachten, wie sich seine Seele entfaltet. Der Text stellt uns nicht einen Menschen vor Augen, der kleiner und enger, sondern einen, der immer mutiger wird, zentrierter sogar in seiner Wut, seiner selbst zunehmend gewiss – auch Gott gegenüber. Das bedeutet geistliches Wachstum, wie wir es darüber hinaus auch definieren mögen.

C.G.Jung unterscheidet zwischen zwei Formen seelischen Leidens. Da gibt es einmal das „kleinere Leiden“: die kleinen Enttäuschungen des Ego, die wir alle erfahren, wenn unsere Fixierungen frustriert werden und wir verlieren, worauf wir Wert legen. Das Leid, nicht den eigenen Weg gehen zu dürfen, nicht anerkannt zu werden und Unannehmlichkeiten ertragen zu müssen. Dieses kleinere Leiden ist eine notwendige Schule. Es handelt sich dabei um den natürlichen Schmerz, den es bedeutet, ein soziales, begrenztes Wesen auf dieser Erde zu sein. Wenn wir nicht lernen, diesen natürlichen Schmerz auf uns zu nehmen, werden wir uns in unserem weiteren Leben ironischer Weise ein weit größeres Leid schaffen, die zweite Form des Leidens.

Das „große Leiden“ wird in den Menschheitsmythen und in der Bibel entweder durch Blut oder durch das Schwert dargestellt. Hier handelt es sich um den intensiven Schmerz, der immer Widerstand hervorruft, den Schmerz, sich auf die Wirklichkeit, auf die Ganzheit auszurichten. Hat ein Mensch keine Übung in der Schule des kleineren Leidens, ist es ihm praktisch unmöglich, das große Leiden auf sich zu nehmen. Wer sein ganzes Leben in Autonomie und Egozentrik verbracht hat, getrennt von der Einheit, wer sich nicht als Rebe dem Weinstock hat aufpfropfen lassen, wird die Erfahrung machen, dass er nicht wächst, sondern vertrocknet. Denn das wird sich für ihn nicht wie das Leben anfühlen, sondern wie der Tod – obwohl es sich genau genommen um den Tod dessen handelt, was wir *nicht* sind: der Tod der falschen Persönlichkeit. Wir alle müssen diesen Tod in der einen oder anderen Form auf uns nehmen.

Im Buch Hiob sehen wir einen Weg durch das kleinere *und* das große Leiden – eine Kombination von Trennung und Verbindung. Im Leben der meisten Menschen läuft dieser Prozess hoffentlich langsamer und schrittweise ab, aber es ist trotzdem derselbe Prozess. Das Passa-Lamm der Juden und das Lamm Gottes, auf welches Johannes der Täufer hinweist, bilden jeweils die Mitte des Alten beziehungsweise Neuen Testaments. Das Lamm-Symbol ist ein exaktes Symbol für Unschuld und Reinheit.

Das Leiden des Lammes wird immer ungerecht und unerwünscht erscheinen. Ja, natürlich wissen wir, dass die schlechten Manieren und das „Nicht-nett-Sein“ in uns absterben müssen, aber das ist nun wirklich nicht das Hauptproblem. Man kann sehr nett und ziemlich gut sein und trotzdem getrennt und autonom leben und einzig sich selbst für wichtig halten. Das ist die große Lüge, die sterben muss, und sie stirbt nie ohne größeren Kampf. Das gute Lamm muss sterben.

Die erste Kopernikanische Wende, die auch die Kirche nicht akzeptieren konnte, war die, dass unsere Erde nicht mehr den Mittelpunkt des Universums darstellte. Das war unsere kosmische Demütigung. Die zweite Kopernikanische Wende wird sich, glaube ich, ereignen, wenn uns endlich klar wird, dass unser kleines persönliches Selbst auch nicht der Mittelpunkt ist. Das erleben wir als noch größere Demütigung. Hiob und Jesus zeigen, dass es einen Weg durch diese Demütigung hindurch gibt, eine Gesetzmäßigkeit und einen Gott, der uns rettet.

Der leidende Gottesknecht

Im Neuen Testament wird Jesus mit dem leidenden Gottesknecht identifiziert. Er selbst bezieht dieses Bild häufig auf sich. Aber auch Hiob wird als der leidende Gottesknecht porträtiert. Jesus wird zum neuen Hiob, derjenige, der Gott um Gerechtigkeit angeht, der Gott anfleht, seine Verteidigung zu übernehmen.

An Geschichten wie der von Hiob können wir erkennen, wie die Hebräischen Schriften uns darauf vorbereitet haben, das Leiden und Sterben Jesu zu verstehen.

Im 17. Kapitel scheint Hiob in Verzweiflung zu versinken, oder besser: in Resignation. Hier sehen wir wieder eine Parallele zu den Phasen des Sterbens nach Elisabeth Kübler-Ross. Hiob bewegt sich vorwärts, jedoch nur, um in den Abgrund zu fallen und dann endlich aufzugeben.

„Die Freunde sagen mir, die Nacht sei Tag; das Licht sei mir ganz nah, behaupten sie, obwohl die Finsternis mich überfällt. Die Totenwelt allein bleibt mir als Hoffnung, im Dunkel dort kann ich mich niederlegen. Das kalte Grab – ich nenn es meinen Vater, die Maden meine Mutter, meine Schwestern. Soll da für mich noch eine Hoffnung sein? Kann jemand nur ein Fünkchen davon sehen? Sie steigt mit mir hinunter zu den Toten und wird dort mit mir in den Staub gelegt“ (17,12–16).

Die ätzende Grobheit ist verschwunden. Das ist der Anfang der Resignation. Aber auch die Resignation dauert nicht allzu lange.

Im 19. Kapitel drückt Hiob tatsächlich die Befürchtung aus, Gott könnte ihn als Objekt behandeln. „Den Weg sperrt er mir ab, ich kann nicht weiter; er lässt mich mitleidslos im Dunkeln tappen. Er hat mir meinen Wohlstand fortgenommen und meine Ehre in den Schmutz getreten. Ringsum reißt er mich ein wie eine Mauer, wie einen Baum entwurzelt er mein Hoffen, schickt mich hinunter in die Totenwelt. Sein ganzer Zorn ist gegen mich entbrannt, er setzt mir zu, als wäre ich sein Feind. Geschlossen rückt sein Heer zum Angriff vor, rings um mein Zelt errichtet es sein Lager“ (19,8–12).

Dann befürchtet er dasselbe von seiner Familie und seinen Freunden. Wir können seine Isolation spüren, wie sich alle von ihm abwenden: „Gott hält selbst meine Brüder fern von mir“. Einer nach dem anderen verlassen ihn die, die ihm nahe standen. „Bekannte tun, als wär ich ihnen fremd. Die Freunde und Verwandten bleiben aus, und meine Gäste haben mich vergessen. Die Mägde halten mich für einen Fremden, als käme ich aus einem fernen Volk“ (19,13–15).

Das ist eine großartige Beschreibung des Herzens, das sich einsam und isoliert fühlt – und jeder Mensch hat sich irgendwann in seinem Leben so gefühlt.

„Mein Knecht gibt keine Antwort, wenn ich rufe; um jeden Dienst muss ich ihn lange bitten. Mein Atem ist für meine Frau Gestank, und meine Brüder ekeln sich vor mir. Selbst Kinder haben keine Achtung mehr; quäl ich mich hoch, so machen sie sich lustig. Die engsten Freunde zeigen nichts als Abscheu. Ich liebte sie, doch sie befehden mich“ (19,16–19).

Nun steht Hiob völlig alleine da. „Nur Haut und Knochen sind an mir zu sehen, und mein Gesicht gleicht einem Totenkopf... Habt Erbarmen!" Diese Zeile wurde manchmal auf Jesus gedeutet. Hiob ist auf den Punkt zurückgeworfen, wo er nur noch auf Knien betteln kann: „Ihr seid doch meine Freunde, habt Erbarmen!" – Lasst mich nicht allein! – „Was mich zu Boden schlug, war Gottes Hand. Warum verfolgt ihr mich so hart wie er? Habt ihr mich denn noch nicht genug gequält?" (19,20–22).

Gott und die ganze Welt sind seine Feinde geworden. Er ist der Prototyp dessen, der allein und isoliert dasteht, nackt vor seinen Feinden. Mit diesem Vers sind wir am absoluten Tiefpunkt von Hiobs Weg angelangt. Er bettelt nur noch, verzweifelt und voller Angst.

Der Sprung aus der Verzweiflung

Hier, an diesem Punkt der absoluten Verzweiflung, ganz am Boden angelangt, bricht er durch zu der Passage, die wahrscheinlich die meist zitierte aus dem ganzen Buch Hiob ist. In großartigen poetischen Worten hat uns der Autor in eine Erfahrung der dunklen Nacht der Seele und der Sinne geführt. Doch aus dem tiefsten Dunkel erwächst Hiobs stärkste Glaubensaussage. Angesichts des vorherigen Nihilismus ist dies tatsächlich eine *creatio ex nihilo,* eine Schöpfung aus dem Nichts.

Woher entspringt dieser Glaube? Wie schafft es Hiob, sich in einer solchen Lage zu einer solchen Aussage aufzuschwingen? Sein Wiederaufleben steht auf keinem sichtbaren menschlichen Fundament. Es gibt nichts Vergleichbares. Es handelt sich um eine reine Schöpfung der Gnade, wie stets beim Glauben. Es ist ein Am-Schopf-herausgezogen-Werden und Verpflanzt-Werden an einen anderen Ort, um etwas Neues zu schaffen, was uns selbst überrascht.

„Ich wünschte, jemand schriebe alles auf, dass meine

Worte festgehalten würden" – man merkt schon: jetzt wird er etwas Entscheidendes sagen – „mit einem Meißel in den Fels gehauen, mit Blei geschwärzt, damit sie ewig bleiben" (19,23f.).

In dieser grandiosen Einleitung blickt er in die Zukunft. Er ist sich nicht sicher, ob er selbst glauben kann, was nun kommt. Er ist sich überhaupt nicht sicher, ob es irgend jemand in der Zukunft glauben wird. Die Menschen benutzen solche audiovisuelle Hilfsmittel wie Meißel und Schwärzblei, wenn die Realität aus dem Ruder läuft.

Wenn ich mir beispielsweise meines Gebets nicht sicher bin, nehme ich mir mein Tagebuch vor. Ich möchte es aufschreiben, so dass ich es später nachlesen kann, denn ich bin mir nicht sicher, ob ich es wirklich genauso meine – obwohl ich es gerne so meinen möchte. Oder glaube, dass ich es so meine. Zu anderen Zeiten, wenn ich besonders intensiv beten möchte, gehe ich an einen Ort, an dem niemand mich hören kann, und bete laut, so dass es in meine eigenen Ohren dringt. Ich werde mir selbst zum Zeugen. Auf diese Weise neigt man weniger zum Lügen. Man kann nicht so bequem lügen, wenn man sein Gebet laut ausspricht oder sichtbar aufschreibt.

Genau in dieser Lage befindet sich Hiob hier. Er möchte es gerne glauben, er ist sich nicht sicher, ob er es glaubt, aber er *muss* es glauben, denn jetzt spielt er die eine Karte aus, auf die er alles setzt. Er blickt in die Zukunft und sagt im Grunde: Ich meißle es in Stein, um mich selbst daran festhalten zu können. Er möchte, dass sein Akt des Vertrauens aufgezeichnet wird, und ich glaube, er möchte es im Wesentlichen für sich selbst aufgezeichnet wissen, damit er es am nächsten Tag noch glaubt. Er weiß im Grunde selbst nicht, woher diese Worte kommen.

Doch nein, ich weiß, dass Gott, mein Anwalt, lebt!
Er spricht das letzte Wort hier auf der Erde.
Jetzt, wo die Haut in Fetzen an mir hängt
und ich kein Fleisch mehr auf den Knochen habe,
jetzt möchte ich ihn sehn mit meinen Augen,
ihn selber will ich sehen, keinen fremden!
Mein Herz vergeht in mir vor lauter Sehnsucht.

In dieser großartigen Darstellung des Glaubens ist jedes Wort sorgfältig gewählt und muss gleichsam mit allen Sinnen gekostet werden: „Ich weiß, dass Gott, *mein Anwalt,* lebt."

Das Wort „Anwalt" bedeutet ursprünglich „Rächer"; es wird unterschiedlich übersetzt, als Verteidiger, Befreier oder Erlöser (wie es bei Martin Luther heißt: „Ich weiß, dass mein Erlöser lebt"; Anm.d.Ü.). All diese Ausdrücke können dazu dienen, unser Verständnis dessen, was gemeint ist, zu erweitern.

„Er spricht das *letzte Wort*" – bezogen auf das Ende der Zeiten; worauf dieses Leben auch hinausläuft, irgendwie wird er die Summe ziehen. In späteren Zeiten wird die Rede sein vom Punkt Omega, dem letzten Kapitel der Geschichte, dem *pleroma,* der Fülle, der Wiederbringung aller Dinge – „auf *Erden*".

Gott greift nicht irgendwann später ein; er will zurecht bringen, was hier auf Erden geschieht. Er beschützt die Unterdrückten und Kleinen *jetzt.* Er nimmt sich ihrer Sache an. Und Hiob wagt es, daran zu glauben. Das klingt nach Menschwerdung oder zumindest nach dem Traum davon: „Jetzt möchte ich ihn sehn mit meinen Augen."

Es verdient Beachtung, da er *nicht* sagt, dass er schließlich die Wahrheit erkennen oder Gerechtigkeit finden wird. Hiob will nun wirklich in Gemeinschaft mit Gott sein, ihn

„sehen“. Gerechtigkeit ist anscheinend sekundär, ebenso wie Erklärungen, Antworten, ja selbst die Wahrheit – wenn er der gegenseitigen Nähe versichert sein und Gott mit eigenen Augen sehen kann. Der Schlüssel zum Verständnis der Antwort liegt schon hier in diesen Worten, auch wenn die meisten Kommentatoren und viele unzufriedene Bibelleser ihn nicht erkennen.

Er spricht nicht vom Geist, sondern von seinen leiblichen Augen, von Haut, Fleisch und Knochen. Er hat nicht die Vorstellung, dass seine Persönlichkeit – wer oder was immer er ist – später einmal ein Geistwesen wird. Er wird gezwungen anzuerkennen, dass seine Rehabilitation auf irgendeine Weise in dieser Welt stattfinden wird. In diesem Leben will er Gott sehen, nicht irgendwann später.

Das ist nun wirklich ein waghalsiger Akt des Glaubens. Hier beginnt die Verkündigung Jesu, dass die Herrschaft Gottes hier und jetzt ihren Anfang nimmt, dass sie jetzt schon Gegenwart ist. Irgendwie muss die Gerechtigkeit in diese Welt kommen. Hiob glaubt zu seiner Zeit ohnehin nicht an eine andere Welt. Wenn die Gerechtigkeit also nicht jetzt kommt, kommt sie gar nicht. „Ich stelle mich hin und setze meinen ganzen Glauben darauf“, versichert Hiob. Puh!

„Nach meinem Erwachen“ – ob nun ein spirituelles Erwachen gemeint ist oder Hiobs Äquivalent zu der Läuterungszeit im Fegefeuer – „wird er mich in seine Nähe holen“. Was für ein Vertrauen auf diesen intimen Liebhaber! „Er, den ich sehe, wird sich meiner Sache annehmen. Diese Augen werden ihn sehen und ihn nicht weit weg finden“ (wörtlicher übersetzt: „Meine Augen werden keinen Fremden erblicken“).

Er vertraut darauf, dass Gott mitfühlend und teilnahmsvoll ist, ein Freund, einer, der *bei* uns und *für* uns ist, womöglich auch *in* uns, jedenfalls nicht weit weg.

Schließlich taumelt der Abschnitt seinem Ende zu, gerade so, als ob der Verfasser von seinen Gefühlen überwältigt würde angesichts der Wahrheit dessen, was er soeben gesagt hat: „Mein Herz vergeht in mir vor lauter Sehnsucht."

Vom „Rächer" zum „Erlöser"

Dieses Wort „Anwalt", aus dem dann mit der Zeit der „Erlöser" wurde, begegnet uns zum ersten Mal im Buch Numeri (4.Mose) in Kap. 35,18f. Hier bedeutet es allerdings „Rächer", und wie viele theologische Termini hat auch dieses Wort eine normale säkulare Bedeutung. „Wenn er ihn mit einem hölzernen Gegenstand ... so geschlagen hat, dass er stirbt, ist er ein Mörder ... Der *Bluträcher* darf den Mörder töten; sobald er ihn trifft, darf er ihn töten."

Das hier verwendete Wort ist *goël*, der Bluträcher. Das ist der nächste Verwandte des Opfers. Wurde ein Mitglied einer Familie getötet, war es für den nächsten Verwandten des Opfers eine moralische Verpflichtung, das vergossene Blut mit Blut zu rächen. Der Zweck des Ganzen ist es in erster Linie, den Verlust des Vermögens der Familie zu verhindern. Es handelte sich zuerst also um ein sehr weltliches Konzept mit keinerlei spirituellen Implikationen.

Später wurde die Rolle des Rächers spiritualisiert. Wir finden ihn bei Jesaja (41,14), Jeremia (50,34) und in den Psalmen (19,15), und schließlich wird der Begriff auf Gott angewandt. Die Israeliten kamen dahin, Gott als den zu sehen, der sie beschützt. Sie betrachteten sich selbst als große unterdrückte Familie. Die Feinde brachten ihre Landsleute um, und sie waren eine derart kleine und ohnmächtige Gruppe, dass sie nichts zu ihrem Schutz unternehmen konnten, und so sagten sie: „Gott wird unser Rächer sein". Gott ist unser *goël*, unser Erlöser. (Vgl. dazu Römer 12,19, wo gesagt wird, dass die Rache Gottes uns vor dem Bedürfnis bewahrt, selbst Rache zu nehmen.)

Das stimmt auch noch mit unserer heutigen Glaubensüberzeugung überein: Der Herr als der Einzige, der wirklich berechtigt und in der Lage ist, das Volk zu rächen. Zumindest in unseren besseren Momenten überlassen wir Rache und Gerechtigkeit der Hand Gottes.

Durch das ganze Buch hat Hiob nach einem Ausschau gehalten, der ihn verteidigt, der sich seiner Sache annimmt. Noch ein paar Verse weiter oben hat er es gewagt, Gott als seinen Feind zu bezeichnen. Nun gelingt ihm der Durchbruch. In einem gewaltigen Satz landet er wieder beim Glauben und sagt nichts geringeres als: „Ich glaube immer noch. Ich rufe Gott an gegen ihn selbst. Obwohl ich glaube, dass Gott mein Feind ist, glaube ich auch, dass er mich erlösen wird."

Beide Seiten Gottes entsprechen seiner Wahrheit; er sieht keinen Widerspruch. Er gründet seinen Glauben und sein Vertrauen auf diesen Erlösergott, der seine Partei ergreifen wird, der an seiner Seite steht und den er mit seinen Augen sehen wird. Für einen Christen ist es leicht zu erkennen, wie Jesus diese Rolle ausfüllt.

Manche Forscher nehmen an, dass es sich bei diesen Versen um den ursprünglichen Schluss des Buches handelt. Wir wissen nicht genug darüber, wie im Lauf der Jahre weiteres Material den alten Manuskripten hinzugefügt wurde. Die weiteren Kapitel sind ziemlich durcheinander, und die Forschung ist sich nicht einig, wie die hingekritzelten Manuskripte zusammengehören. Vermutlich umfasst die Entstehung des Buches viele verschiedene Phasen, während der unterschiedliche Verfasser ihre Beiträge hinzufügten.

Wenn wir von einem solchen Szenario ausgehen, könnten wir diesen Abschnitt als den ursprünglichen Höhepunkt des Buches betrachten, auch wenn der heutige kanonisierte Text noch eine ganze Menge weiterer Kapitel umfasst.

Wir müssen also noch weitere Reden der Freunde Hiobs über uns ergehen zu lassen. Zwar könnte man erwarten, dass ein derart bewundernswerter Akt des Glaubens jeden bezwingt, aber bei Zophar klappt es nicht. Er wirft Hiob vor, zu stolz zu sein: „Selbst wenn er in den Himmel wachsen sollte und mit dem Kopf bis an die Wolken reichte, er muss hinunter wie sein eigner Mist, für immer fort! Und alle, die ihn kannten, sie werden fragen: Wo ist er geblieben?" (20,6f.)

Großer Glaube wirkt auf die, die keinen Zugang zu ihm haben, höchstwahrscheinlich wie Arroganz oder Selbsttäuschung.

Stolz und noch schlimmeres

Zophar beschreibt den Stolzen, und natürlich sollen wir dabei mithören, dass Hiob dieser Beschreibung genau entspricht. Den größten Teil des übrigen Kapitels braucht er, um die Vernichtung des Bösen zu beschreiben. In den Versen 14–18 beschuldigt er Hiob, seine Güter unrecht erworben und andere übervorteilt zu haben. Mit anderen Worten: Er bekommt, was er verdient. Die Leistungsgesellschaft ist ja unsere natürliche Art, Ordnung in die Welt zu bringen. Auf dem Gebiet der Religion wird daraus die verbreitete Lehre von der Vergeltung, die Gott auf *unsere* Logik und unsere von Lohn und Strafe bestimmte Weltsicht eingrenzt. Zophar kommt über ein gewisses „Wie du mir, so ich dir" nicht hinaus.

Das einzige, was Typen wie Zophar verstehen, ist das System von guten und schlechten Noten, von Plus- und Minuspunkten, das in der Schule vorherrscht. In der Erziehung mag dieses System ja funktionieren. Unser Autor beharrt aber darauf, dass Gott einen anderen Plan hat.

Viele gute Christen leben, leider Gottes, immer noch

nach dem Plus/Minus-System, dem System von guten und schlechten Noten, das sie in der Schule kennen gelernt haben. Wir projizieren unsere menschlichen Systeme auf die großartigen Werke Gottes. Die meisten Menschen leben immer noch nach dem rationalistischen Modell, wonach wir bekommen, was wir verdienen. Das ergibt Sinn. Aber es bleibt dabei kein Raum mehr für die Gnade; es hat nichts zu tun mit der Liebe Gottes, die nichts mit Plus- und Minuspunkten zu tun hat.

Den meisten Menschen fällt es schwer, sich daran zu gewöhnen: Uns wurde immer nur beigebracht, dass wir nur das bekommen, wofür wir gearbeitet haben. Dieses Ethos ist in unsere Psyche eingebrannt. Das ist das, was Papa uns beigebracht hat. Von daher braucht Gottes Wort lange Zeit, bis es diese emotionalen Barrieren abbaut und uns in die Lage versetzt, die Gemeinschaft mit einem total wohlwollenden Gott zu erfahren und uns daran zu freuen.

Viele leben als Workaholics um Gottes willen, und sie hoffen, dass sie damit ihre Seele retten und seines Reiches würdig werden. Gott dagegen mischt sich immer wieder ein und versucht uns klarzumachen, dass nicht „Würdig Sein", sondern einzig und allein *Beziehung* das Thema ist.

Das zu Grunde liegende Problem ist, dass wir unter solchen Umständen niemals in der Lage sein werden, Gott zu lieben.

Wir können Gott nicht lieben, weil wir so einen Gott gar nicht haben wollen. Wir sind nicht darauf angelegt, jemanden zu lieben, der Plus- und Minuspunkte verteilt. So lange uns unsere Eltern auf dieser Ebene hielten, konnten wir sie nicht lieben. Wir haben sie hingenommen, wir entwickelten eine Art kindlicher Anhänglichkeit zu ihnen, aber wirkliche Liebe kann erst entstehen, wenn wir das Plus/Minus-System hinter uns gelassen haben. Wieso solltest du Gott von ganzem Herzen und von ganzer Seele und mit aller Kraft lieben – so lautet ja schließlich das erste und wesentliche Gebot (vgl. Markus 12, 28–34) –, wenn und solange du nicht weißt, dass Gott dich zuvor schon gerade ebenso liebt?

Das Plus/Minus-System haut nicht hin

In dem rigiden Plus/Minus-System wissen wir, dass wir nicht um unserer selbst willen geliebt werden, sondern für das, was wir *tun*. Und sobald wir es nicht schaffen, das Erwartete zu tun, werden wir nicht mehr geliebt. Doch in diesem Fall handelt es sich per definitionem nicht um Liebe. Eine solche Beziehung zu Gott bringt uns nirgendwo hin. Mit sechzig werden wir im geistlichen Leben nicht weiter gekommen sein als wir mit zwanzig waren.

Ich sehe das häufig bei den Einkehrtagen, die ich für Priester und Ordensleute gebe. Sie haben ihr ganzes Leben damit zugebracht, Gott zu dienen, aber sie lieben Gott nicht. Und so kann es auch nicht überraschen, dass sie kein nennenswertes Gebetsleben vorzuweisen haben. In gewisser Weise kann man ihnen dafür gar keine Schuld geben, denn niemand hat sie jemals zur Einheit mit Gott verlockt; sie sehnen sich nicht einmal nach einer solchen Einheit. Denn im Innersten haben sie überhaupt kein Vertrauen zu Gott.

Sie sind überzeugt, dass Gott mit ihnen sein Spiel spielt. Wenn wir den Eindruck gewinnen, dass Gott sein Spiel mit uns spielt, spielen wir automatisch selbst ein anderes Spiel, genannt Religion. „Wie lange, o Herr“, ist unsere Haltung, „wie lange müssen wir das noch ertragen?“ Dieses Muster scheint sich niemals zu ändern, bis wir der höchsten Liebe begegnen und ihrer so sicher werden wie Hiob es ist.

Aber die gute Nachricht ist, dass wir immer noch Mystiker hervorbringen. Immer wieder verlieben sich Menschen in Gott, vor allem, wenn sie erkannt haben, dass Gott sie liebte, als sie so gar nicht liebenswert waren, dass Gott ihnen vertraute, als sie sich selbst kein Vertrauen schenkten, und dass Gott ihnen vergab, als ihnen niemand anders vergeben wollte.

Inzwischen hat Zophar seine selbstgerechte Tirade zum Abschluss gebracht: „So sieht das Schicksal böser Menschen aus; Gott (El) selbst hat ihnen dieses Los bestimmt" (20,29). Amen. Neuer Absatz. Er endet mit dem Wort für Gott, das die Juden nicht aussprechen, um der Diskussion ein Ende zu machen. Schluss jetzt. Halt dich an das, was ich gesagt habe, und du kommst in den Himmel. Lass die dummen Fragen. Damit lässt sich viel leichter umgehen als mit Entwicklung und Gnade.

Aber im nächsten, dem 21. Kapitel, ist Hiob schon wieder auf dem Plan. „Wenn ihr doch einmal richtig hören wolltet! Denn damit könntet ihr mich wirklich trösten!" Das ist alles, worum er bittet, seit dem 6. Kapitel: „Hört mir doch zu!"

„Ertragt mich doch, gestattet mir zu reden; dann mögt ihr weiter spotten, wenn ihr wollt! Beklag ich mich denn über einen Menschen? Warum verliere ich wohl die Geduld? Seht mich doch an, dann werdet ihr erschaudern und legt die Hand vor Schrecken auf den Mund. Wenn ich dran denke, was geschehen ist" – was ich im Begriff bin zu sagen – „dann fang ich an, am ganzen Leib zu zittern" (21,1–6). Er ist erstaunt, dass das, was er sagen möchte, wirklich wahr sein könnte.

Hiobs Argument lautet, auf den Punkt gebracht: Es gibt kein einheitliches Schema.

Es gibt gute Menschen, die sich eines glücklichen Lebens erfreuen, und es gibt gute Menschen, die ein schreckliches Leben haben – so wie er. Aber es gibt auch böse Menschen, die glücklich sind und denen es sehr gut geht. In unseren weniger edlen Momenten sagen wir uns selbst über einen Menschen, der reich, aber in unseren Augen niederträchtig und gemein ist: „Der ist nicht wirklich glücklich". Wir haben so eine missgünstige Ader, die uns diesen Gedanken eingibt. Was zu der Frage führt: Führen wir unser Leben so, wie wir es tun, um seiner selbst willen, oder weil uns sowieso keine andere Wahl bleibt, oder weil wir glauben, dass die unwürdigen Reichen nicht wirklich glücklich sind? (Als junge Novizen trösteten wir uns selbst mit solchen sauren Trauben.)

Das höchste Ideal wäre: Selbst wenn mit dem Tod alles aus sein sollte, kann ich trotzdem sagen, dass mein Leben, so wie es ist, sich lohnt, und ich würde genau so und nicht anders leben, einfach weil es für mich gut und wahr ist. Die Einstellung, dass es Atheisten und Übeltätern schlecht geht – auch wenn das nach unseren normalen weltlichen Maßstäben gar nicht der Fall ist –, ist kleinlich und voll Ressentiment.

Hiob sagt, es gibt kein Schema. Es stimmt nicht, dass die Leute, die in die Kirche gehen, immer glücklich und die Leute, die nicht in die Kirche gehen, unglücklich sind. „Warum lässt Gott die Bösen weiterleben? Sie werden alt und bleiben trotzdem stark. Gesichert wachsen ihre Kinder auf, und auch die Schar der Enkel ist bei ihnen" (21,7f.). Er beschreibt den frommen Heiden, den anständigen Atheisten. Paradoxerweise gleicht diese Beschreibung sehr der, die die anderen von dem Glaubenden geben. Hiob dreht bei seinen Aussagen über die Ungläubigen die Argumente seiner Freunde herum, denn sie haben genau dieselben Sätze benutzt, um die Frommen zu beschreiben – die, von denen wir sagen würden, dass sie jeden Sonntag in die Kirche gehen.

„Ihr Stier bespringt die Kühe nicht vergebens, die Kühe kalben leicht und ohne Fehlwurf. Frei wie die Lämmer laufen ihre Kinder, und ihre Jugend tanzt und springt vor Freude. Sie singen laut zu Tambourin und Leier, sind voller Fröhlichkeit beim Klang der Flöte. Im Glück verbringen sie ihr ganzes Leben und sterben einen sanften, schönen Tod. ‚Lass uns in Ruhe', sagen sie zu Gott, ‚von deinem Willen wollen wir nichts wissen! Bist du so mächtig, dass man dir gehorcht? Was nützt es eigentlich, zu dir zu beten?' Sie glauben, ihres Glückes Schmied zu sein. Doch ihre Art zu denken liegt mir fern" (21, 10–16).

Vergesst die alte Logik, wenn es um die wahre Religion geht

Und nun sagt Hiob, dass er, im Kontrast dazu, sein Vertrauen auf Gott gesetzt hat, und es hat ihm überhaupt nichts gebracht. Offenbar antworten seine Gegner etwa so: Okay, vielleicht fährt mancher in die Grube, ohne offenkundig gelitten zu haben, aber dann können wir sicher sein, dass seine Kinder die Suppe auslöffeln und für seine Untaten bezahlen müssen.

In den folgenden Versen (21,19f.) greift Hiob auch diese Haltung an. Er kennt einige Kinder völlig verdorbener Eltern, und auch denen geht es gut. Er beharrt darauf: Es gibt keine Logik.

Hiob geht sogar noch weiter: Es sieht so aus, als ob Gott die Atheisten unterstützt und begünstigt und die Glaubenden bestraft. „Der eine bleibt gesund bis an sein Ende; dann stirbt er, frei von Sorgen und im Frieden, der Körper wohl genährt, die Glieder stark. Der andre stirbt verbittert und enttäuscht, weil er vom Glück nichts abbekommen hat. Nun liegen sie zusammen in der Erde, ein Heer von Würmern deckt sie beide zu" (21,23–26).

Hiob bleibt seiner Erfahrung treu und nennt, was er sieht, beim Namen, das Gute wie das Böse. Die drei Heinis lügen, um Gottes Ehre zu retten, doch er glaubt nicht, dass sie Gott damit einen Gefallen tun. Gott muss in der Wahrheit gefunden werden, und er, Hiob, wird so lange dran bleiben, bis er den wahren Gott gefunden hat – und das führt ihn zu zwei unleugbaren Erfahrungen: ein wohlwollender Gott und eine unlogische, zusammenhanglose und ungerechte Welt.

Strukturelle Sünde

Im 22. Kapitel beginnt die dritte Runde der Reden.

Wieder können die falschen Tröster Hiobs nur ein einziges Motiv, Gott zu dienen, anführen: die Furcht vor Strafe und die Hoffnung auf Lohn. Es gibt nicht viel Neues, die Argumente sind alt und abgedroschen. Doch ihre Position ist dieselbe, wie sie die meisten Menschen heute, ein paar Tausend Jahre später einnehmen. Immer wieder kauen sie ihre Punkte durch, denn sie entsprechen den konventionellen Weisheiten, der immer gleich bleibenden Religion. Der Autor weiß, dass sie tief in die menschliche Natur eingebettet ist. Gil Bailie nennt sie „das alte Opfersystem" und weist nach, dass die biblische Offenbarung ständig danach sucht, dieses System zu überwinden und das Schwarze-Peter-Spiel überflüssig zu machen.

Eliphas listet Hiobs Sünden auf, seine „mannigfaltigen Bosheiten". Wenn das ein Hinweis darauf ist, was zur damaligen Zeit als Sünde betrachtet wurde, dann sehen wir, dass die Betonung ganz klar auf den sozialen Sünden liegt, nicht auf den individuellen Sünden, mit denen sich die meisten Menschen heute herumschlagen. Es lohnt sich, diesen Abschnitt etwas genauer anzusehen, weil wir immer noch glauben, dass Sünde etwas Persönliches ist, eine Frage der Einstellung. „Wenn dir ein Landsmann irgendetwas schuldet, verlangst du sein Gewand dafür als Pfand, obwohl er keine andre Kleidung hat." Er beschuldigt Hiob, die Armen zu unterdrücken und auszubeuten. „Der Durstige bekommt von dir kein Wasser, dem Hungernden verweigerst du dein Brot. Weil du die Macht hast, nimmst du alles Land; du meinst, dein Rang gibt dir das Recht dazu“ (22,6–8). Die meisten Christen tun sich schwer zu begreifen, was soziale Sünde bedeutet, denn wir sind nicht darin geschult, unsere Komplizenschaft mit dem institutionellen Bösen zu erkennen, unser Verwickeltsein in das, was der Papst „strukturelle Sünde“ nennt. Es ist viel einfacher, „schmutzige Gedanken“ zu zählen und zu beichten.

Solange wir uns mit Wirkungen und Symptomen beschäftigen, solange wir Heftpflaster verteilen, werden wir als religiös betrachtet. Die Hungrigen speisen, das ist eine schöne religiöse Tat. Wenn wir den Armen Geld geben, wenn wir Menschen heilen, wenn wir ihnen Trost anbieten, dann werden wir gern als fromme Christen betrachtet, die in der Nächstenliebe aufgehen.

Aber sobald wir anfangen, uns den Ursachen zuzuwenden, bezeichnet man uns als politisch.

Es hat aber keinen Sinn, bis in alle Ewigkeit an den Symptomen herumzukurieren. Irgendwann müssen wir fragen, was die Ursachen der Unterdrückung sind. Oder weshalb ein so großer Teil der Menschheit hungert. Möglicherweise müssten wir dann beginnen, uns über die Rolle der multinationalen Konzerne zu unterhalten. Oder über den militärisch-industriellen Komplex. Dann schrillen die Alarmglocken: Ihr macht Politik, das wollen die Leute nicht hören, das ist nicht religiös! Dann müssen wir uns entscheiden, ob wir wirklich untersuchen wollen, *weshalb* Menschen arm sind und wie wir auf lange Sicht den Armen wirklich helfen können.

Wenn wir uns dafür entscheiden, die Sache wirklich ernsthaft anzugehen, müssen wir die soziale Sünde ansprechen. Das Problem wird dadurch erschwert, dass wir alle – oft unbewusst – tief in die soziale Sünde verstrickt sind. Niemand ist rein. Wenn wir die Sache wirklich angehen wollen, müssen wir vielleicht unsere Generation dazu auffordern, die Arbeitsstellen zu hinterfragen, die viele von uns haben.

Die Generation unserer Eltern hat über solche Fragen nie nachgedacht. Wenn sie einen Job kriegen konnten, haben sie ihn genommen.

Viele Menschen haben in den vergangenen Jahren ihre Arbeit verloren, weil sie beispielsweise die Entscheidung getroffen hatten, den militärisch-industriellen Komplex nicht mehr zu unterstützen. An diesem Punkt gewinnt der Glaube Realität, an diesem Punkt treten Rückstoßkräfte auf. Es reicht nicht, dass wir persönlich integere Leute sind, wenn unsere Arbeit unmoralisch ist. Wir wären der Sünden schuldig, die Eliphas hier beschreibt.

„Weil du die Macht hast, nimmst du alles Land; du meinst, dein Rang gibt dir das Recht dazu. Die Witwen schickst du fort mit leeren Händen, und Waisenkinder übervorteilst du. Darum bist du von Schlingen eingeschlossen, ganz plötzlich macht die Angst dich starr und stumm. Du siehst nichts mehr vor lauter Dunkelheit, die Wasserflut geht über dich hinweg" (22,8–11).

Wir haben keinen Hinweis darauf, dass Hiob sich dieser Sünden schuldig gemacht hat. Aber es ist interessant zu erfahren, was damals als Sünde betrachtet wurde. Es geht nicht nur um innere Einstellungen, sondern um die Systeme, an denen wir Anteil haben.

Exzessives Reden über Gott

Nachdem der Ankläger Hiob dieser schweren sozialen Sünden bezichtigt hat, meint er ihn erinnern zu müssen: „Du weißt, dass Gott so fern ist wie der Himmel" (22,12a). Eine wunderbare Beschreibung Gottes schließt sich an.

Aber etwas stimmt hier nicht. Wie kann man mit Menschen streiten, wenn sie Gott anrufen und ihn für ihre Seite anheuern? Damit ist jedes Gespräch beendet. Und genau das tun diese Kerle immer wieder. Nun brechen sie aus in einen Lob- und Preisgesang über die Größe Gottes. Wie soll man dagegen etwas sagen?

Das ist eine verbreitete Masche, auch heute noch. Du hast gerade zwei Sätze gesagt, und schon kommen sie mit einem Bibelzitat daher: „Gott hat gesagt…"

Im Grunde sagen sie: Deine Version der Wahrheit ist für uns völlig irrelevant, denn wir haben diese große Trumpfkarte namens Gott. Dahinter steht unausgesprochen die Annahme, dass sie Gott besitzen, dass sie ihn in der Tasche haben – und deshalb ist ihre Interpretation dieses Textes oder jener Wahrheit absolut korrekt, und jedes weitere Wort ist überflüssig.

Diese Haltung begegnet nicht selten. Wer so redet, sagt damit: „Ich brauche dich nicht, du bist mir egal, ich habe die Antwort schon, ich habe die Erlösung schon, dazu habe ich dich nicht nötig. Weil ich Gott habe."

So verhält sich Eliphas hier. „Du weißt, dass Gott so fern ist wie der Himmel. Betrachte doch den höchsten Stern dort oben! Deswegen sagst du: ‚Was kann Gott schon wissen? Kann er uns richten trotz der dunklen Wolken?' Du denkst, sie hindern ihn daran, zu sehen, wenn er am Himmelsrand spazieren geht" (22,12–14).

Und immer so weiter. Wer wollte ihm nicht zustimmen? Seine Kernaussage ist: Ich deute die Fakten anders als Hiob. Ich deute sie nach Gottes Sinn. Implizit sagt er damit, dass Hiob nicht nach Gottes Sinn ist. Dieses hinterhältige Argument lässt Hiob (und uns) im Regen stehen; wir fühlen uns dumm, können nicht antworten, sind abgeschoben auf die Position der Gottlosen. Wenn Christen miteinander, voreilig oder arrogant, auf diese Weise umgehen, nehmen Liebe und Wahrheit Schaden.

In den Versen 21–30 fordert Eliphas Hiob schließlich auf, sich zu bekehren. „Hör endlich auf, in Gott den Feind zu sehen, und söhne dich doch wieder mit ihm aus! Nur so wirst du dein Glück zurückgewinnen. Wenn er dich unterweist, dann nimm es an, behalte jedes Wort in deinem Herzen" – damit meint er natürlich: jedes Wort aus *seinem* Mund. Er setzt sich an Gottes Stelle.

„Kehr um zu ihm, dann richtet er dich auf. Schaff alles Unrecht fort aus deinem Haus! Nimm auch dein ganzes Gold und wirf es weg; lass es im Flussbett bei den Steinen liegen. Gott, der Allmächtige, ist selbst dein Gold, anstatt der Silberhaufen hast du ihn"(22,21–25).

Anders gesagt: Gib deine Güter weg, um andere Güter zu erhalten – er ist immer noch in der materialistischen Weltsicht gefangen. Er sagt: Vertraue auf Gott, dann wirst du noch mehr kriegen. Das ist alles. Er ist nicht weise.

Hiob antwortet in Kapitel 23. Hier sehen wir seine persönliche Suche, seine Sehnsucht nach Gott: „Auch jetzt kommt Widerspruch von meinen Lippen, wenn ich mein Stöhnen unterdrücken will" (23,2). Aber dieser Ton ändert sich schon in dem wunderschönen Vers 3: „Wenn ich nur wüsste, wo sich Gott befindet, und wie ich dann dorthin gelangen kann!"

Er braucht keinen Erfolg. Mehr noch als Erlösung von seinem Leiden sehnt Hiob sich nach Gott. „Wenn ich nur wüsste, wo sich Gott befindet, und wie ich dann dorthin gelangen kann!" Mehr als nach einer Antwort auf seine Fragen sucht er nach einem Ort, an dem er bleiben kann.

Reine Sehnsucht

Haben wir nicht auch schon irgendwann einmal so gebetet? Wenn wir nur wüssten, wo Gott ist und wie wir dorthin kommen! „Ich würde ihm schon meine Lage schildern, ihm meine Gründe und Beweise nennen. Ich bin gespannt, was er dann sagen würde, wie er mir darauf seine Antwort gäbe" (23,4f.).

Hiob lässt nicht locker: Ich möchte es endlich erfahren,

Gott, was ist denn nun dein Problem? Ich werde alles genau anhören, was du zu sagen hast, ich bin ein guter Zuhörer, Gott.

„Ob er mich seine Allmacht fühlen ließe? Nein, hören würde er auf meine Worte. Ich würde meinen Rechtsstreit mit ihm führen als einer, dem nichts vorzuwerfen ist. Das müsste auch mein Richter anerkennen" (23,6f.).

Seine wunderbare, einfache Überzeugung ist die, dass Gott nach wie vor sein Freund ist, und seine einzige Sehnsucht ist es, mit ihm zusammen zu sein.

In den Versen 8ff. sehen wir dann die Kehrseite von Psalm 139: „Ich kann nach Osten gehn, dort ist er *nicht*; und auch im Westen ist er *nicht* zu finden": Im Gegensatz dazu sagt der 139. Psalm: „Wohin ich auch gehe, er *ist* da."

In Vers 15 geht es weiter: „Das ist es, was mich so erschrecken lässt. So oft ich an ihn *denke*, zittere ich." Wir sollten dieses Wort *„denken"* ernst nehmen: Je mehr wir im Kopf bleiben, desto schlimmere Szenarien von Mord und Totschlag erschaffen wir, unentwirrbare Haufen widersprüchlicher Ideen. Das Zwölf-Schritte-Programm spricht von „Stinkin' Thinkin'" – kaputtes Denken (wörtlich: „Stinkendes Denken").

Aber irgendwie, sagt Hiob, schaffe ich es nicht, bis zu ihm vorzudringen. „Gott hat mir alle Zuversicht genommen; weil er so mächtig ist, macht er mir Angst. Er ist's, der mich erdrückt, und nicht das Dunkel, auch wenn ich jetzt vor Dunkel nichts mehr sehe" (23,16f.). Ich kann Gott nicht mehr „denken", mein Denken ist überhaupt am Ende. Hiob wird über Ideen und Konzepte hinaus geführt in die reine Sehnsucht. Das Leiden hat ihn *einfacher gemacht* – das tut das Leiden immer. Er ist zurückgeworfen auf die reine Sehnsucht.

Wonach wir uns intensiv genug sehnen, das werden wir wahrscheinlich bekommen. Das allerwichtigste ist die Sehnsucht, tiefste Sehnsucht. Was wir ersehnen, werden wir werden. Was wir jetzt sind, ist das Ergebnis unserer früheren Sehnsüchte. Wir müssen Gott bitten, uns mit der rechten Sehnsucht zu füllen.

Unsere tiefen und andauernden Sehnsüchte werden am Ende unser Leben erklären, und das wird auch Hiob nun bald erfahren.

7. Kapitel

VERFLIXT NOCH MAL, ICH BIN EIN MENSCH

Jede Hoffnung auf eine hellere Zukunft, die die Ausgestoßenen und Unterdrückten vielleicht noch hegen, wird in Kapitel 24 brutal enttäuscht. In einer überraschenden Wendung erklärt Hiob, dass Gott den Unterdrückten nicht zu Hilfe kommt. Diese Meinung steht im Widerspruch zu fast der gesamten übrigen biblischen Überlieferung, die durchgängig eine Vorliebe für die „ganz unten" und Mitgefühl für die Opfer zeigt.

Manche sagen, diese „Option für die Armen" sei tatsächlich einzigartig und ganz spezifisch für das jüdisch-christliche Schrifttum. Sicher ist sie der Ursprung für seinen revolutionären Ansatz und hat im Westen die Neigung entstehen lassen, jegliche Macht fast automatisch zu kritisieren.

Wieso sollten wir, wo doch die (religiösen und staatlichen) Mächte bei der Hinrichtung Jesu und im Umgang mit den Propheten derartig falsch lagen, jemals wieder voraussetzen, dass, wer die Macht hat, auch das Recht hat? Wenn das Opfer am Ende als „Herr" ausgerufen werden kann, sollten wir überall da sehr viel mehr Misstrauen zeigen, wo Menschen zu Opfern gemacht werden. Womöglich sind sie ja tatsächlich „unerkannte Engel" (vgl. Hebräer 13,2). Diese Art biblischer Offenbarung stellt nach wie vor unsere Gesellschaft und Geschichte auf den Kopf. „Warum setzt Gott (*Schaddai*) nicht einfach Tage fest, dass seine Treuen sehn, wie er Gericht hält?" fragt Hiob (24,1). Er spricht vom Tag Jahwes, dem Tag, an dem Gott kommt und alle Dinge zurecht bringt, dem Tag, an dem die Gerechtigkeit wieder aufgerichtet wird (Amos 5,18; Zephania 1,14–18, Jesaja 13,9).

Hiob möchte gerne wissen, warum wir nicht mehr solche Tage Jahwes sehen. Statt dessen „verrücken die Mächtigen Feldergrenzen, den kleinen Leuten stehlen sie die Herden und treiben sie auf ihre eigene Weide. Das Rind der Witwe nehmen sie als Pfand, dem Waisen rauben sie den letzten Esel“ (24,2f.).

Die Schrift hält immer daran fest, dass Gott sich für Witwen und Waisen einsetzt. Aber, behauptet Hiob, es gibt eine Menge Gelegenheiten, bei denen Gott sich *nicht* um Witwen und Waisen kümmert. Dieser Mann fürchtet sich nicht, die Dinge beim Namen zu nennen, so wie er sie wahrnimmt. „Die Armen werden aus dem Weg gestoßen, sie fliehn vor Furcht und müssen sich verstecken.“ Das klingt so aktuell wie die Schlagzeilen von heute, doch es wurde zu jeder Zeit so gesagt.

„Wie wilde Esel in der dürren Steppe gehen sie bei Morgengrauen an die Arbeit. Für ihre Kinder suchen sie nach Nahrung, die in der Steppe nur sehr kärglich wächst. Sie sammeln Reste auf dem Feld des Reichen, in seinem Weinberg suchen sie nach Beeren“ (24,4–6). Hiob war sich damals schon bewusst, dass die Reichen oftmals nur auf Kosten der Armen reich sind.

„Die Armen müssen ohne Kleidung gehn; sie hungern, weil sie nichts zu essen haben, selbst wenn sie für die Reichen Garben tragen. Im Garten pressen sie Oliven aus, sie keltern Wein und müssen durstig bleiben. Die armen Stadtbewohner klagen laut, das Röcheln der Verletzten schreit zum Himmel.“

Und dann spielt Hiob seinen Trumpf aus: „Doch Gott beachtet all den Wahnsinn nicht!“ (24,10–12). Überall in der Bibel behauptet Gott, dass er sich um sie kümmert. „Das ist deine Aufgabe, Gott“, erinnert Hiob ihn. „Du tust nicht, was du versprochen hast. Du kümmerst dich nicht um die zu kurz Gekommenen." Aus diesen klaren Vorstellungen über die Rolle, die Gott zu spielen hat, können wir deutlich erkennen, dass das Buch Hiob der Hebräischen Spiritualität entstammt. Viele Religionen kennen dieses Mitgefühl für die Opfer nicht.

Wer sind die „zu kurz Gekommenen"? Hiob ist einerseits der Archetyp des Armen, des zu kurz Gekommenen. Doch zu Beginn des Buches haben wir gesehen, dass er nach anderen Maßstäben durchaus reich ist. Diese Beobachtung ermöglicht uns eine entscheidende Klarstellung im Hinblick auf Macht und Armut. Weil die Kirche diese biblische Offenbarung nicht klar genug gefasst und ausgedrückt hat, haben sich die beherrschenden Ideologien des 20. Jahrhunderts, der Kommunismus und der Kapitalismus, entwickelt. So entscheidend ist das Thema. Geben wir der Bibel die Chance, etwas von dem Schaden wieder gut zu machen.

Die vielen Gesichter der Armut

Die Welt neigt dazu, Armut und Reichtum nur nach ökonomischen Gesichtspunkten zu definieren. Das ist die einfachste Betrachtungsweise, und sie ist natürlich auch nicht ganz aus der Luft gegriffen. Doch wir müssen die Definition erweitern.

Arm ist jemand, der oder die sich vorübergehend oder dauernd in einer Situation der Schwäche, der Abhängigkeit oder der Demütigung befindet. Es handelt sich um einen Zustand, der dadurch charakterisiert ist, dass die Mittel fehlen. Wer arm ist, hat keine Mittel, um seine angestrebten Ziele zu erreichen.

Es gibt viele solche fehlenden Mittel. Manchen fehlt Geld. Bei anderen fehlt es an Beziehungen oder Einfluss oder Macht oder Wissen oder Technik oder ehrenhafter

Abstammung oder physischer Stärke oder intellektuellen Fähigkeiten oder persönlicher Freiheit oder Menschenwürde. Fehlt irgendeine dieser genannten Größen, kann der betreffende Mensch „arm“ genannt werden – eine Art von Abhängigkeit oder Entbehrung, eine Art von Minderwertigkeitsgefühl oder das Gefühl, nicht zur Welt oder zu den Menschen um uns herum zu passen. Die Bibel verheißt, dass Gott sich diesen Menschen zuwendet. Sie müssen sich auf ihn verlassen, denn normalerweise haben sie niemand anders. Dieses Thema zieht sich durch die ganze Bibel und fehlt an keiner Stelle, beginnend mit der Erwählung der versklavten Hebräer aus der Mitte der mächtigen Ägypter.

Bis zu einem gewissen Grad mögen arme Menschen an ihrer Armut selbst Schuld sein. Eines der Probleme unseres scharfsinnigen Zeitalters ist jedoch, überhaupt eine solche Frage zu stellen: Wer ist schuld? Das sollte nicht die wichtigste Frage sein.

Dorothy Day sagte einmal sehr weise: „Das Evangelium nimmt den Christen eines aus der Hand: das Recht, zwischen würdigen und unwürdigen Armen zu unterscheiden“. Wenn wir derart zu Gericht sitzen, stellen wir uns meilenweit über die Sache. Und genau diese Haltung verbietet das Evangelium den Christen – das Urteil darüber, wer würdig und wer unwürdig ist. Unsere Kriterien dafür sind immer gesellschaftlich bedingt und allzu oft von unseren eigenen Interessen geleitet.

Mag sein, dass ein Mensch eine Teilschuld hat; Armut ist jedoch in erster Linie ein psychischer Zustand, dem sich jemand unterwirft, nachdem er wiederholt Schläge einstecken musste. Armut ist ein Zustand der Unterdrückung. Wenn wir ständig von negativen Stimmen – von innen oder von außen – bombardiert werden, geben wir schließlich auf. Wir können ihnen nicht standhalten. Bald sind wir derart in der unterlegenen Position, dass wir die Gelegenheiten, die sich uns trotz allem noch bieten, gar nicht mehr wahrnehmen, geschweige denn nutzen können. Die negativen Stimmen gesellschaftlicher Scham werden bald zu sich selbst erfüllenden Prophezeiungen.

Wer niemals in dieser Lage war, niemals zu Boden getrampelt und in eine Situation der Armut gedrängt wurde, kann sehr gefühllos sein, weil er sich gar nicht vorstellen kann, was im Inneren der anderen abläuft. Aus seiner abgesicherten Position heraus – üblicherweise innerhalb der Mittel- oder Oberschicht – kann er leicht die Armen als faul oder unmotiviert abtun. So jemand hat keine Ahnung von der psychologischen Dimension der Armut. Die Armen haben kaum eine Chance, ihre Lage zu ändern, wenn sie keine Hilfe von außen bekommen, keine „gute Nachricht"!

Die beschriebene Lage wird oft als „Opferverhalten" bezeichnet. Es ist selbstzerstörerisch und zerstört andere, und es kennzeichnet alle unterdrückten Menschen. Wer nicht in einer Situation der Unterdrückung ist, kann dieses Verhalten nicht nachvollziehen. Es passt nicht in seine Kriterien, und so beurteilt und interpretiert er praktisch alles falsch, was die benachteiligten Menschen tun.

Opferverhalten ist vorhersehbar. Es ist tödlich. Und auf die eine oder andere Weise haftet es einem großen, wenn nicht dem größten Teil der Menschheit an. Wir mögen dabei jeweils an eine soziale Gruppe denken, der wir selbst nicht angehören. Aber jede Gruppe findet sich selbst gegenüber irgendeiner anderen Gruppe in diesem Status der Unterdrückung vor. Zum Beispiel Frauen gegenüber Männern. Sie haben ein ganzes Spektrum von Verhaltensweisen und Gefühlen, die ein Mann nicht verstehen kann, solange er nicht „erleuchtet" ist.

Eines der Ziele des heiligen Franziskus war es, eine Welt abzuschaffen, in der einige Wenige alle Macht haben und die anderen gar keine. In seiner ersten Regel schreibt er: „Allen Brüdern ohne Ausnahme ist es verboten, Macht oder Autorität über andere auszuüben, insbesondere übereinander“ (Regel des heiligen Franziskus, Kapitel 5).

Er schaffte in unserer Gemeinschaft alle Titel ab, die Herrschaft oder Überlegenheit signalisieren, und setzte sich ein für ein Leben vollkommen außerhalb des üblichen Systems von wirtschaftlicher Macht und von Streben nach Überlegenheit. Wir Franziskaner durften nicht einmal auf dem Pferd reiten, weil das ein Symbol von Überlegenheit und militärischer Stärke darstellte.

Er wählte so ein auf den Kopf gestelltes Leben und versuchte in gewisser Weise, eine Welt zu schaffen, die auf Zusammenarbeit statt auf Wettbewerb setzt und deren Fundament gegenseitige Unterordnung statt Dominanz übereinander ist. Weder ihm noch irgendjemand anderem ist diese vollkommene Nachfolge Jesu gelungen. Das Schlimme ist allerdings, dass es kaum jemand versucht hat – nicht einmal die Kirche.

Die Kommunisten haben es versucht. Doch letztlich haben sie nichts anderes getan, als der Oberschicht die Macht zu nehmen und sie dem Staat zu geben. Das Problem bleibt dasselbe. Im Kapitalismus haben wir alle Macht den Reichen gegeben und nennen das dann Demokratie.

Ich weiß nicht, ob es auf dieser Welt eine Antwort gibt, ein Geheimnis, wie man diesen Zustand des ewigen Strebens nach Macht überwinden kann. Einer Antwort am nächsten kommt das Evangelium: eine Weltsicht, die auf Einfachheit, Gewaltlosigkeit und der Weigerung beruht, irgendetwas oder irgendjemand anders anzubeten als Gott.

Das gibt uns eine Position jenseits aller Kontroll- und Machtsysteme.

Es scheint, als ob alle gesellschaftlichen Strukturen auf natürliche Weise gleichsam abgeschrägt werden, im Interesse von Macht, Prestige und Besitz. Das scheint der schlimmste Zustand zu sein, den eine menschliche Gesellschaft einnehmen kann, doch gleichzeitig ist es offenbar der „normale", überall anzutreffende Zustand menschlicher Gesellschaft. Ohne die Gnade scheint jede Gesellschaft („die Welt") dem anderen kosmischen Grundgesetz zu folgen, der Schwerkraft.

„Die Unfähigkeit, von Licht zu leben"

Diesen Aspekt unserer Menschennatur kann man am besten mit einem Experiment illustrieren. Ein Hecht wird in ein Aquarium gesetzt. Einige Tage lang füttert man ihn mit kleinen Elritzen. Dann wird eine Trennwand aus Glas in die Mitte des Aquariums gesetzt, so dass der Hecht auf einer Seite eingesperrt ist.

Dann gibt der Forscher einige Elritzen in den anderen Teil des Aquariums. Sofort will sich der Hecht auf die Elritzen stürzen, doch er stößt an der Trennwand an. Er dreht eine Runde und stößt sich wieder. Ein drittes Mal versucht er es, doch nun ist die Kraft, mit der er gegen das Glas stößt, schon geringer. Nach einigen weiteren Versuchen hält er gewissermaßen nur noch die Nase an die Glaswand. Er hat das Gefühl, dass er diese Elritzen nicht kriegen kann. Nach kurzer Zeit dreht er nur noch seine Runden und ignoriert die Elritzen auf der anderen Seite.

Nun nimmt der Forscher die Glasscheibe wieder heraus. Die Elritzen schwimmen dem Hecht direkt um die Kiemen, aber er versucht nicht einmal, sie zu fressen.

Das Experiment endet damit, dass der Hecht verhungert.

Er ist überzeugt, dass er diese Elritzen nicht kriegt. Es hat also keinen Sinn, seine Zeit zu vertun oder sich noch einmal die Nase anzuschlagen. Das ist das beste Beispiel für kulturelle oder gesellschaftliche Blindheit, von dem ich je gehört habe. Als ich zum ersten Mal davon hörte, war mir richtig zum Heulen, aber es wurde mir klar, dass es bei dem Experiment eigentlich um Menschen geht, nicht um Fische. Das ist im Grunde die normale Geschichte: Die Leute verhungern spirituell, obwohl sie mitten in der Fülle leben. Sie wissen nicht, wie man isst.

Allein das Evangelium kann sie geistlich befreien, so dass sie lernen, wie man isst und was man essen kann. Simone Weil drückt es sehr schön aus: „Alles ist im Grunde derselbe Fehler, denn es gibt in Wirklichkeit nur einen Fehler: unsere Unfähigkeit, von Licht zu leben."

Noch trauriger ist es, wenn Christen für sich bleiben und über ihre Schwestern und Brüder urteilen, weil sie noch nie am eigenen Leib erfahren haben, was Unterdrückung heißt. Sie haben immer die oberen Ränge besetzt und nie die Erfahrung gemacht, wie es ist, ganz unten zu sein. Der Autor des Hebräerbriefs warnt uns ganz zu Recht: „Darum wollen wir zu ihm vor das Lager hinausgehen und seine Schande mit ihm teilen" (Hebräer 13,13).

Mit der Zeit bilden unterdrückte Menschen eine eigene Subkultur. Diese Subkultur hat zu verschiedenen Zeiten unterschiedliche Gestalt angenommen. Sie wird von vorhersagbaren Faktoren bestimmt: Angst, Wut, Schuldgefühle, Vorurteile, Aberglaube, Zwangsverhalten, Hemmungen, Phantasien, Fatalismus, Konformismus, Hoffnungslosigkeit, sexuelle Zügellosigkeit, Passivität und vieles mehr.

Das sind die verschiedenen Formen der Kapitulation des Geistes.

Er kapituliert, um zu überleben, um der Welt noch irgendeinen Sinn abzugewinnen, wenn ihm alle Macht genommen ist. Der Außenstehende, der nicht unterdrückt ist, kann das nicht verstehen. Die Unterdrückten werden zu der Wand, auf die wir unsere eigenen Lebensbedingungen projizieren. Jede soziale Gruppe projiziert ihre Ängste und ihren Selbsthass auf eine rassisch, religiös oder wirtschaftlich andere Gruppe. Das, womit wir bei uns selbst nicht zurecht kommen, finden wir ganz bestimmt als Charakteristikum der Anderen, und in den Anderen hassen wir es. Die Israeliten hatten dafür das perfekte Symbol, den Sündenbock: „Der Bock trägt all die Sünden weg und bringt sie in eine unbewohnte Gegend" (Leviticus / 3. Mose 16,22).

In Montana redet man so über die Nachbarn aus South Dakota (und in Bayern über die Österreicher, in Niedersachsen über die Ostfriesen...). Es ist noch nicht so lange her, dass Katholiken so über die Protestanten sprachen und die Protestanten über die Katholiken. Jeder hat irgendjemand, auf den er die Schuld schieben kann. Solange wir unserer selbst unbewusst und nicht in echter Transzendenz gegründet sind, sind wir im Innersten verunsichert und immer auf der Suche nach irgendjemand, dem wir die Schuld an unserem Unglück in die Schuhe schieben können. Solange die Menschheit ohne Gott oder in Abhängigkeit von falschen Göttern lebt, scheint sie in ihrem innersten Wesen von Groll und Gewaltbereitschaft bestimmt zu sein.

Damit sagen wir natürlich viel mehr über uns selbst als über die anderen. Wir sagen, dass wir nicht wissen, wer wir sind. Wenn wir erst unsere eigene Seele kennen gelernt haben, wenn wir unsere Identität in Gott gefunden haben, haben wir es nicht mehr nötig, andere zum Sündenbock abzustempeln. Wir sind groß genug, klein genug und sicher genug, die dunkle Seite der Dinge in uns selbst zu tragen. In der Geschichte von Hiob können wir einen Menschen bei seinem Wachstum zu Größe, Kleinheit und äußerster Sicherheit beobachten.

Ein Ausweg aus der gegenwärtigen Lage besteht darin, dass wir auf die Armen, wie wir sie auch beschreiben, herab sehen. Wir marginalisieren sie, schieben sie an den Rand, halten uns von ihnen fern. Die Armen – dazu zählen heute geistig oder körperlich Behinderte, Minderheiten, Asylanten, Süchtige, Homosexuelle, Strafgefangene, kurz alle, die den Erwartungen der Mehrheit im System des wirtschaftlichen oder sozialen Erfolgs nicht entsprechen – stehen für das, wovor wir am meisten Angst haben und was wir in uns selbst am stärksten ablehnen.

Wir haben solche Angst vor Erfolglosigkeit oder davor, die Heimat zu verlieren, wir haben solche Angst vor dem gegengeschlechtlichen Teil in uns, dass wir alle abstempeln, die diese Anteile repräsentieren. In ihnen hassen wir, was wir in uns selbst nicht zulassen können. Wir halten uns von Behinderten fern, weil jede und jeder von uns sich fürchtet, die eigenen Behinderungen anzuschauen. Wir halten uns fern von geistig zurückgebliebenen Menschen, denn sie stellen eine Bedrohung unserer angeblich so rationalen Welt dar. Wir umgeben uns, zu unserem eigenen Unglück, mit Klonen unserer selbst.

Wir halten uns abseits von Schwäche und Gebrochenheit und fügen uns damit einen Verlust zu – möglicherweise verlieren wir dabei *uns selbst.* Hiob wird zum archetypischen Bild für diese Wahrheit innerhalb der Hebräischen Bibel. Möglicherweise hat es niemand präziser formuliert als Paulus gegen Ende seines Lebens: „Ich habe unbeschreibliche Dinge geschaut. Aber damit ich mir nichts darauf einbilde, hat Gott mir ein schweres Leiden gegeben: Der Engel des Satans darf mich schlagen, damit ich nicht überheblich werde. Dreimal habe ich zum Herrn gebetet, dass er mich davon befreit. Aber er hat mir gesagt: ‚Du brauchst nicht mehr als meine Gnade. Je schwächer du bist, desto stärker erweist sich an dir meine Macht.‘ Jetzt trage ich meine Schwäche gern, ja ich bin stolz darauf, damit die Kraft Christi sich an mir erweisen kann. Weil er mir zu Hilfe kommt, freue ich mich über mein Leiden, über Misshandlungen, Notlagen, Verfolgungen und Schwierigkeiten. Denn gerade wenn ich schwach bin, bin ich stark“ (2. Korinther 12,7–10).

Das klingt wie ein Zeugnis bei einem Meeting einer Selbsthilfegruppe. Wenn die Kirche ihre eigene Botschaft vergisst, lehrt der Geist sie in neuer Form: Der erste Schritt des Zwölf-Schritte-Programms ist, zuzugeben, dass man ohnmächtig ist. Es dauert sehr lang, diesen ersten Schritt zu tun.

Die unterschiedlichen Funktionen der Religion

Die Soziologie lehrt uns, dass Religion heutzutage mindestens drei verschiedene Funktionen erfüllt, je nach unserer Position im wirtschaftlichen System.

Menschen aus der Oberschicht scheinen Religion im Zusammenhang mit Heilung und spirituellem Trost zu sehen. Sie spüren tief in ihrer Seele, dass irgendetwas nicht stimmt, dass irgendetwas in ihrer Welt immer noch fehlt. Und so kommen sie zu Gott auf der Suche nach spirituellem Trost, und sie machen aus dem Evangelium beinahe zur Gänze eine Lehre des inneren, privaten Trostes. Sie haben alle äußeren Annehmlichkeiten, aber sie sehen, dass diese nicht ausreichen.

Die Frage der Mittelschicht nach Religion ist unter soziologischem Gesichtspunkt so gut wie gleichbedeutend mit der Frage nach sozialen Beziehungen, nach Formen der Gemeinschaft. Diese Menschen sind normalerweise so mit ihrem Aufstieg beschäftigt, mit Geldverdienen und Wettbewerb, dass sie verlernt haben, mit anderen Menschen in Gemeinschaft zu leben. Sie wissen nicht, wie man sich mit anderen zusammentut und wie Bindungen wachsen. Und so kommen sie zur Kirche auf der Suche nach Beziehungen und Gemeinschaft.

Die kleinen Leute kommen zur Kirche aus Gründen des Überlebens. Für sie geht es um Tod und Leben. Sie haben kein Interesse an abgehobenen Theorien und Theologien. Was nicht handfest ist, das hören sie nicht an. Sie wollen wissen, ob wir für die Menschen arbeiten und ob wir Liebe üben. Sie können das Evangelium dem Prediger in einer Weise zurückpredigen, dass es weh tut. So, dass wir es lieber nicht hören wollen. Seit zehn Jahren ist meine beste theologische Schule das Gefängnis meiner Heimatstadt Albuquerque, wo ich als Gefängnisseelsorger arbeite.

Ich glaube, das ist der Grund, warum Jesus sagte, das Evangelium müsse den Armen gepredigt werden. Sie zwingen uns, uns mit den Überlebensfragen des Evangeliums auseinanderzusetzen. Die Mittel- und Oberschicht hat mit dem Evangelium allzu lange gespielt. Wir allzu gut ausgebildeten Pfarrer haben das Evangelium verzerrt und für die Zwecke unserer eigenen Organisation missbraucht.

Wir entdecken, dass wir das Evangelium den Armen in aller Welt wieder predigen müssen. Der Grund dafür ist nicht, sie für die Kirche zu retten oder sie um jeden Preis römisch-katholisch zu machen; es geht auch nicht unbedingt darum, sie aus der Armut zu retten (was einige Aktivisten für unseren wesentlichen Auftrag halten); es geht nicht um Reparaturen oder um ein Handeln aus Schuldgefühlen heraus, nicht einmal aus Sympathie für ihr schreckliches Los; ja es geht nicht einmal darum, dass wir uns als großzügig oder edel oder ach so christlich präsentieren.

Der wichtigste Grund, warum das Evangelium den Armen gepredigt werden muss und warum die Kirche wieder in Kontakt kommen muss zu den kleinen Leuten und den an den Rand Geschobenen, ist vielmehr, dass die Kirche selbst sich bekehren muss, dass die Kirche selbst wieder ein Gespür für die wesentlichen Fragen bekommt, dass die Kirche wieder Barmherzigkeit lernt, ja: dass die Kirche selbst wieder entdecken kann, wie Gott wirklich ist. Dass die Kirche Jesus wieder begegnet.

Gott stellt nicht die Fragen nach Recht und Ordnung, und er gibt auch nicht die entsprechenden Antworten, die die Gesellschaft von der Religion zu hören wünscht. Jesus spricht nie über die sogenannten traditionellen Werte von Familie und Loyalität gegenüber der Obrigkeit, die so oft von Leuten missbraucht werden, für die Ordnung und Kontrolle das wichtigste ist.

Gott bittet uns stattdessen, unsere Seele zu entdecken, die Kirche zu retten und das Evangelium vor weiteren Verzerrungen zu bewahren. Er bittet uns, mit Schwäche und Wahrheit solidarisch zu sein, und er bittet uns, uns mit diesen Sakramenten der Gebrochenheit zu umgeben, so dass wir selbst den Mut finden, unsere eigene Gebrochenheit zu entdecken. Die Gebrochenen unterscheiden sich in nichts von uns, sie stellen nur das sichtbare Sakrament dessen dar, was wir zu verstecken suchen: unseren eigenen Mangel an Intelligenz, unsere Behinderungen oder die Tatsache, dass wir kein wirkliches Zuhause haben. Das sind die tiefen Wahrheiten des Evangeliums, denen wir nicht ins Auge zu sehen wagen.

Warum konnte Jesus nicht reich und cool sein?

Die Welt hat Angst vor dem armen Jesus, ebenso wie wir uns von dem armen Hiob bedroht fühlen. Das Evangelium lehrt uns im Gegensatz dazu, Anteil nehmende und Anteil gebende Menschen zu sein. Wenn ich die Gelegenheit habe, in einem armen Land zu predigen, entdecke ich immer wieder, wie unfrei wir in unserem reichen Teil der Welt sind. Ich merke, dass wir unsere vielen Besitztümer gar nicht wirklich besitzen, vielmehr besitzen sie uns. Und so ergibt sich die Preisfrage: Wer ist wirklich frei?

Als ich auf den Philippinen war, war ich bass erstaunt über die Tatsache, dass eine Familie, die ein Schwein oder auch nur ein Hühnchen geschlachtet hat, das Fleisch mit anderen teilt. Sie können es an einem Abend nicht ganz aufessen, also gehen sie zu all ihren Nachbarn und bringen allen eine kleine Portion.

Als ich wieder nach Amerika kam, wurde mir klar, dass wir diese großartige technische Erfindung haben, den Kühlschrank, und viele haben auch eine Gefriertruhe, so dass wir es nicht nötig haben abzugeben. Ist das für uns ein Geschenk? Ich glaube schon. Ich selbst habe auch einen Kühlschrank. Aber es ist ein zwiespältiges Geschenk. Und wir haben einen Preis für dieses so genannte Geschenk bezahlt. Wir wissen nicht, mit wem wir teilen sollen, weil wir nicht zu teilen brauchen.

In Afrika und Lateinamerika habe ich bemerkt, dass die Häuser vieler armer Menschen keine Türen haben. In unseren Häusern gibt es zwei oder drei Türen und zwei oder drei Schlösser. Und dann sehe ich ein Land, das sich mit Raketen und Kanonen bewaffnet, denn je mehr man besitzt, desto mehr Angst muss man haben. Die ängstlichsten Menschen auf der Welt sind wir Amerikaner, weil wir so viel zu verlieren haben. Und nie gab es Menschen, die so viel besitzen und immer noch fürchten, nicht genug zu haben. Das ist eine Sucht, die Habsucht. Je mehr man hat, desto mehr will man, und desto mehr ist man damit beschäftigt, seinen Besitz zu schützen. Und je mehr man das Bedürfnis hat, seinen Besitz zu schützen, desto weniger kann man sich an ihm erfreuen.

Nun wird mir klar, weshalb Jesus die kleinen Leute als frei und glücklich bezeichnet hat. Trotz all des offensichtlichen

Leidens und der häufig vorkommenden Bitterkeit herrscht in den Favelas der Welt oft eine Freude, die ich in der Welt der Mittelschicht nicht sehe. Die Armen haben so wenig Möglichkeit sich zu freuen, dass sie diese wenigen Möglichkeiten ausnützen müssen.

Wir sind nicht gezwungen, uns über irgendetwas im Besonderen zu freuen, denn es gibt immer noch etwas anderes, eine andere Möglichkeit, die wir wahrnehmen können. Hiob kann uns auf mehr Gebieten zum Lehrer werden als wir ahnen. Er lernt, Freude und innere Freiheit zu finden, nachdem ihm all das andere genommen ist.

Wir Amerikaner können uns selbst als frei bezeichnen, und doch bin ich mir nicht so ganz sicher. Ich bin mir nicht einmal so sicher, ob wir Menschen des Evangeliums das wahre Wesen der Freiheit entdeckt haben. Politische Freiheit an sich garantiert noch lange nicht, dass die Menschen wirklich frei sind.

Tatsächlich nimmt Gott dem Hiob die physische Freiheit, damit er die spirituelle Freiheit entdecken kann. Man könnte das Buch Hiob als „Die Geschichte von den zwei Freiheiten" bezeichnen. Gott und Hiob befreien einander immer weiter, so dass der eine dem anderen die Liebe in immer vollkommener Freiheit zurückgeben kann. Vollkommene Liebe setzt vollkommene Freiheit voraus.

Anscheinend hat Gott seine Kirche so entworfen und geordnet, dass jede Gruppe die jeweils anderen benötigt und befreit. Wir müssen unser Leben geben, um die Unterdrückten aus der Ungerechtigkeit zu befreien. Doch umgekehrt müssen die Unterdrückten und Armen uns von unseren Illusionen und unserer Unschuld befreien.

So brauchen beide einander. Keine Gruppe kann sagen: „Wir haben den ganzen Jesus". Manche verfügen über den Luxus, Bibelkurse besuchen, akademische Titel erwerben, Bücher kaufen und an Tagungen teilnehmen zu können. Die meisten Menschen auf dieser Welt können es sich nicht leisten, ihre Bedürfnisse auf diese Weise zu befriedigen.

Was machen wir aus der uns geschenkten Gelegenheit, Gottes Wort zu studieren? Befreien wir andere? Werden wir selbst befreit von unseren Illusionen oder benutzen wir Gott einfach, um sie aufrecht zu erhalten? Ich kann mir nicht vorstellen, dass Sie immer noch dieses schwierige Buch über Hiob lesen, wenn Sie nicht wirklich bereit sind, ja sich danach sehnen, von Ihrem „Unverwundetsein“ – was die ursprüngliche Bedeutung des Wortes „Unschuld“ ist – frei zu werden. Solche Unschuld ist sehr gefährlich.

Trösten wir uns mit einem Lobpreis

Wir kehren zum 25. Kapitel zurück und treffen auf einen von Hiobs Ratgebern, Bildad von Schuach. Wir erinnern uns: Das war der, der religiöse Orthodoxie als Schild benutzt, um Glauben zu vermeiden. Bildad beginnt einen großen Hymnus auf die Allmacht Gottes. Das hat etwas wunderschönes – und etwas weltflüchtiges.

Bildad ist so ein Typ, der, nachdem in der Gemeinde eine sehr harte Prophetie ausgesprochen wurde, flötet: „Singen wir doch jetzt den Psalm 35!“ Alle stehen auf und heben die Hände, die Tambourine geraten in Bewegung, und das Wort bekommt keine Chance, wirklich tief einzudringen.

Man kann die Menschen, die Angst vor Schmerzen haben, leicht erkennen. Andauernd machen sie solche Sachen. Die Freude wieder aufkommen lassen. Weil sie nicht mit Schmerz umgehen können. Sie wollen Auferstehungstheologie, nicht das ganze österliche Mysterium.

Das „Geheimnis des Glaubens“, das während der Eucharistiefeier angesprochen wird, umfasst den gesamten paradoxen Prozess. Auferstehungstheologie ohne Kreuzestheologie ist häretisch, nur die halbe Wahrheit, bloß das halbe Evangelium. Genauso wie eine übertriebene Betonung der Kreuzigung ohne Glauben an die Auferstehung gefährlich und destruktiv ist: Jesus ist *jetzt* auferstanden und *jetzt* leidet er.

Nichtsdestotrotz, Bildad singt also seinen Lobpreis. Er spürt das Bedürfnis, „den Herrn zu erheben". Aber vor allem verspürt er das Bedürfnis nach einer Pause.

„Wer kann die Scharen seiner Diener zählen? Geht Gottes Licht nicht über jedem auf? Wie will ein Mensch vor Gott bestehen können? Kein Sterblicher kann rein und schuldlos sein! Sogar das Licht des Mondes ist nicht hell, und auch die Sterne sind nicht rein für ihn; geschweige denn der Mensch, die Eintagsfliege! Was gilt bei Gott schon dieser kleine Wurm!" (25,3–6). Wieder einmal wird Gott auf Kosten des Menschen gepriesen.

In Kapitel 26 jedoch finden wir die wahrscheinlich genaueste und poetischste Beschreibung des Kosmos in der ganzen Bibel. Der Abschnitt erinnert daran, wie Carl Sagan in seinen Fernsehsendungen das Universum beschrieb. „Gott spannt das Zelt des Himmels aus im Leeren, und überm Nichts hängt er die Erde auf" (26,7). Das ist der einzige Hinweis in der ganzen Bibel auf die Möglichkeit eines unbegrenzten Raums. In allen anderen Beschreibungen gehen die Autoren davon aus, dass die Erde auf Säulen steht, dass es irgendwo ein Fundament für die Erdkugel gibt – beziehungsweise sie gehen davon aus, dass die Erde eine flache Scheibe ist.

Trotzdem unterbricht Hiob die wunderschöne Kosmologie Bildads. Er schießt zurück. Alles schön und gut, sagt er, ich weiß um Gottes Macht und Schönheit, aber das hilft im Augenblick nicht viel. „Du bist doch wirklich eine große Hilfe für einen kranken, schwachen Mann wie mich! Du kannst so gut beraten, weißt so viel und gibst es gern an arme Narren weiter! Wo hast du diese weisen Worte her? Sag, welcher Geist hat sie dir eingeblasen?" (26,2–4).

Die Aussage, die Hiob hier macht, lässt sich so umschreiben: „Ich glaube, du sprichst mit dir selbst und nicht mit mir. Du versuchst, mit deiner eigenen Angst im Blick auf die Armen und Unterdrückten fertig zu werden. Du rennst davor weg. Du hältst dir selbst einen Vortrag über Gottes Größe. Aber, mein Freund, von Gottes Größe und der Schönheit der Welt bin ich vollkommen überzeugt, und du könntest das auch wissen, wenn du mir bloß einen Augenblick zuhören würdest!"

Aber was Hiob tatsächlich ausspricht, ist noch direkter. „Beim Leben Gottes, des Allmächtigen, der mir mein Recht noch immer vorenthält und mir das Leben bitter macht! Ich schwöre: Solange ich noch Atem in mir habe und Gottes Hauch in meiner Nase ist, kommt niemals Unrecht über meine Lippen und keine Lüge über meine Zunge! Ich denke nicht daran, euch Recht zu geben; bei meiner Unschuld bleib ich, bis ich sterbe" (27,2–5).

Du bist ein Mensch, aber das ist in Ordnung

Was an diesem Kapitel aber so eindrucksvoll ist, ist die couragierte Verteidigung des Menschseins. Hiob verteidigt nicht so sehr seine Vollkommenheit als seine Menschlichkeit. Er sagt: „Verflixt noch mal, ich bin ein Mensch, ich bin wer!" Wörtlich: „Dass ich im Recht bin, geb ich niemals auf; denn mein Gewissen weiß von keiner Schuld" (27,6).

Die erste Erlaubnis, die wir einem kleinen Kind geben müssen, wenn es auf die Welt kommt ist die – unausgesprochene oder ausgesprochene – *Erlaubnis zu existieren.* Viele Menschen haben diese Erlaubnis niemals bekommen. Keiner hat ihnen in die Augen geschaut und, mit welchen Ausdrucksformen auch immer, gesagt: „Ich bin ganz aus dem

Häuschen vor Freude, dass du da bist. Dein bloßes Hiersein ist gut!"

Das ganze Buch Hiob kann in diesem Zusammenhang gelesen werden: ein Mensch, der sein Recht als Mensch einfordert. „Kann mir nicht irgendjemand sagen, dass es in Ordnung ist, dass ich auf der Welt bin", das ist die Botschaft zwischen den Zeilen. Menschen, die glücklich sein können, die Freiheit kennen und Selbstgewissheit, haben irgendwann, irgendwie von ihrem Vater, ihrer Mutter oder sonst jemand gesagt bekommen: „Ich freue mich so, dass du da bist!" Hiob fragt nach dem Geschenk unbedingter Liebe, wenn er die sogenannte ausgleichende Gerechtigkeit verwirft. Er verlangt nach einem Gott, der respektiert und liebt, was er geschaffen hat – nur weil es da ist.

Ich persönlich bin aus keinem anderen Grund dazu gekommen, das Evangelium zu predigen. Nur deshalb kann ich sowohl freundliche als auch harte Worte sagen und mich bei beidem wohl fühlen, weil ich eine Mutter und einen Vater hatte, die mir in die Augen sahen und mir sagten, dass ich wichtig bin. Über Jahre haben sie sich einfach wahnsinnig über mich gefreut (meine Schwester kam fünf Jahre nach mir). Deswegen kann ich mich über mich selbst wahnsinnig freuen. Das mag egozentrisch klingen, aber genau das möchte Gott für uns alle. Ich vertraue meiner Intuition und meinen Gedanken. Die wenigsten Menschen können das. Immer haben sie Angst: Was, wenn sie sich getäuscht haben? Was, wenn ihre Gedanken nicht korrekt sind? Also sagen sie oft lieber gar nichts. Mir passiert das nie, ich plappere munter drauflos.

Hiob hofft, ja fordert, dass Gott ihm wieder in die Augen sieht, wie er es bei seiner Erschaffung getan hat: „Vergiss es nicht, du formtest mich wie Ton ... Das Leben gabst du mir und deine Liebe, dein Schutz bewahrte meinen Lebensgeist" (10,9 und 12).

Und was er am meisten fürchtet, ist der „böse Blick", der

ihn anklagt und als bedeutungslos abstempelt: „Wann blickst du endlich weg, lässt mich in Ruhe, so lang nur, dass ich einmal schlucken kann? ... Was tat ich dir damit, du Menschen*wächter*? Kannst du denn nicht ... meine Sünde einfach übersehen?" (7,19–21).

Hiob ist ein Jedermann, der auf den Blick, der nicht lügt, wartet und nach diesem Blick sucht. Gott ist anscheinend der einzige, der einen solchen Blick hat. Wenn wir in unserer auf Widerspiegelung angelegten Seele wissen, dass jemand über unser Dasein glücklich ist, und besonders wenn wir wissen, dass Gott über unser Dasein glücklich ist – dann wird daraus eine sich selbst erfüllende Prophezeiung. Man nennt das auch ewiges Leben. Es ist das Geschenk, zu sehen und gesehen zu werden. Ich glaube mittlerweile, dass Gott uns nicht so sehr von unseren „Sünden" erlöst hat, sondern vielmehr von diesem Gefühl abgrundtiefer Erniedrigung und Kleinheit, das alle Menschen im Angesicht Gottes zu empfinden scheinen.

Ein Lobpreis auf die Weisheit

Im 28. Kapitel kommen wir zu dem, was Gustavo Gutiérrez als „den poetischen Dreh- und Angelpunkt" des ganzen Buches bezeichnet hat. Dieser Abschnitt dient auch als freundlich-elegantes Urteil über die Unweisheit, die Hiobs Freunde in den vorausgegangenen fünfundzwanzig Kapiteln verströmt haben.

Die Weisheit wird betrachtet als die *Immanenz* Gottes „hier unten" in der materiellen Welt (28,6f.), die den Dingen schon eingeschrieben ist. In dieser materiellen Welt gibt es eine „innere Transzendenz", symbolisiert mit Bildern von Edelmetallen, Silberminen und Edelsteinen, die im Fels versteckt ruhen. Doch erhalten diese Bilder sofort ein Gegengewicht, ja sie erfahren scheinbar Widerspruch, indem ihnen andere Bilder der göttlichen *Transzendenz* gegenüber gestellt werden. „Die tiefste Tiefe sagt: ‚Hier ist sie nicht!' – 'Hier hat sie keine Wohnung', sagt das Meer" (Vers 14). „Kein Lebewesen hat sie je gesehen; kein Vogel hat sie je im Flug erspäht" (Vers 21). „Nur Gott, sonst keiner, kennt den Weg zu ihr. Er ganz allein weiß, wo die Weisheit wohnt" (Vers 23).

Hier können wir etwas beobachten, was aller wahren Orthodoxie zu eigen ist, nämlich die ideale Balance zwischen innen einwohnendem Naturgesetz und von außen kommendem Geheimnis. Gott hat die Wahrheit den Dingen eingeschrieben, wie sie sind, und trotzdem erkennen wir die volle Wahrheit nie ohne den Beistand Gottes. Gott scheint sowohl vollkommen verborgen als auch vollkommen offenbar in allen Dingen. Auf diese Weise ist immer Glaube (Vertrauen in einen anderen) notwendig, um zu sehen, was wir dann als „natürlich" erkennen. Was für ein Paradox!

Die Pointe liegt im letzten Vers, in dem vehement betont wird, dass die Praxis wichtiger ist als jede Theorie oder Theologie. Anscheinend kommen Transzendenz und Immanenz nicht im Kopf zusammen, sondern im Verhalten, nicht in klaren Prinzipien, sondern in heilen Beziehungen. „Den Herrn stets ernst zu nehmen, das ist Weisheit. Und alles Unrecht meiden, das ist Einsicht" (Vers 28). Wie es aussieht, können wir Gott niemals richtig *erkennen*, wir können nur *Beziehung* aufnehmen zu ihm. Ein Mystiker würde es so ausdrücken: Wir erkennen Gott, indem wir ihn lieben, indem wir ihm vertrauen und indem wir unsere Hoffnung auf ihn setzen. Es handelt sich um eine nicht Besitz ergreifende, nicht objektivierende Weise des Erkennens. Es geht immer um das „Ich-Du", niemals um das „Ich-Es", um Martin Bubers wunderbar einsichtsvolle Worte zu verwenden. Nur indem wir Gott lieben, erkennen wir Gott; so hat Gott das offenbar gewollt. In diesem Sinn kann man Gott gar nicht „denken".

Hiob ist die lebendige Ikone solcher „Praxis". Die drei Ratgeber haben die richtige Theorie, aber keine Erfahrung; sie haben Gedanken über Gott, aber keine Liebe zu Gott. Sie glauben an ihre Theologie; Hiob glaubt an den Gott, den sie mit ihrer Theologie zu beschreiben versuchen. Das ist ein großer Unterschied.

8. Kapitel

WIE GOTT DAS BÖSE BETRACHTET

Hiobs Odyssee ist nahezu beendet. Ob das Ende seines Weges Erfüllung oder Enttäuschung bedeutet, hängt davon ab, wie wir es betrachten.

Im 29. Kapitel beschreibt Hiob seine Vergangenheit; im Rückblick nimmt sie sich wunderschön aus. Damals war er erfolgreich, immer obenauf, von allen bewundert. Erinnerung ist bittersüß; das lernen wir alle, wenn wir älter werden. Nun aber, in Kapitel 30, ist er in einer anderen Welt gefangen. „Jetzt aber muss ich mich verspotten lassen von solchen, die viel jünger sind als ich. Schon ihre Väter haben nichts getaugt!" (30,1). Trotz allem schwingt dabei noch ein gewisser Stolz mit, und seine Selbstgerechtigkeit wächst.

Er beklagt sich lang und breit über die öffentliche Verachtung, der er ausgesetzt ist: „Sie haben mir den Fluchtweg abgeschnitten; zu meinem Sturz trägt jeder fleißig bei, sie brauchen dazu keine fremde Hilfe. Sie dringen durch die Breschen meiner Mauer und drängen durch die Trümmer auf mich zu. Der Schrecken greift nach mir mit kalter Hand; ein Windstoß wirbelt meine Würde fort, mein Wohlstand löst sich auf wie eine Wolke. Ich spüre, wie mein Leben aus mir fließt. Seit Tagen schon umklammert mich die Qual" (30,13–16).

Hiob als sein eigener Anwalt

Das 31. Kapitel wird manchmal als Hiobs Rechtfertigung seines Lebens bezeichnet. Es scheint in Israel Brauch gewesen zu sein, dass jemand, der vor Gericht gestellt wurde, seinen Fall selbst vertreten musste. Genau das ist hier der Fall. Hiob plädiert auf „nicht schuldig“. Er tritt als sein eigener Rechtsanwalt auf, und er leistet seine Eide in einer gewissen standardisierten Form.

Er geht alle gängigen Sünden durch und stellt jedes Mal fest, dass er sie nicht begangen hat. Das ganze Kapitel 31 besteht aus dieser Aufzählung von Sünden.

Als erstes erklärt er sich unschuldig in Bezug auf sexuelle Verfehlungen: „Mit meinen Augen schloss ich den Vertrag, niemals ein Mädchen lüstern anzusehen“ (Vers 1). Darin unterscheidet er sich von den meisten Katholiken, die sich ihre sexuellen Sünden bei der Beichte meistens bis zum Schluss aufheben.

Als nächstes streitet er ab, betrügerisch gehandelt zu haben. „Ich schwöre, dass ich nie zur Lüge griff und nie versuchte, andre zu betrügen. Wenn Gott mich auf gerechter Waage wiegt, dann muss er meine Unschuld anerkennen“ (Vers 5f.).

Und nun folgt, in Vers 7–10., die Standard-Schwurformel: „Wenn ich dies getan habe, soll das geschehen.“ Also: „Wenn ich vom rechten Weg gewichen bin, wenn ich mein Herz den Augen folgen ließ, wenn meine Hände schmutzig sind von Schuld, dann soll ein andrer essen, was ich säte, oder die Ernte soll vernichtet werden. Wenn ich für meines Nachbarn Frau entbrannte und auf sie lauerte an seiner Tür (ein Euphemismus für Ehebruch), soll meine Frau für einen andren kochen und andre Männer sollen mit ihr schlafen!“

Das sind sehr dramatische Bilder. Er sagt: „Hört zu, ich habe nichts Falsches getan. Und wenn ich etwas Falsches getan habe, dann sollen mir all diese schrecklichen Dinge widerfahren.“

Als nächstes betont er, dass er nie unfreundlich war. „Wenn einer meiner Knechte sich beklagte, wenn eine Magd sich über mich beschwerte, hab ich zu keiner Zeit ihr

Recht missachtet. Wie könnte ich sonst Gott vor Augen treten und mich verteidigen, wenn er mich prüfte? Derselbe Gott, der mich geschaffen hat, hat doch auch die geschaffen, die mir dienen" (Verse 13–15).

Es ist interessant, wie weit Hiob mit der Aussage von Vers 15 seiner Zeit voraus ist. In der Tat ist die ethische Einstellung des gesamten 31. Kapitels seiner Zeit um Jahrhunderte voraus und stellt damit eine profunde theologische Aussage dar. Unter anderem weist der Autor auf die Gleichheit von Sklaven und frei Geborenen hin.

Dann sagt Hiob, dass er sich keine Ungerechtigkeit hat zu Schulden kommen lassen. „Wenn sich mein Acker über mich beklagt und alle seine Furchen weinen müssen, weil ich nur erntete und ihn nicht pflegte und seinem Herrn im Himmel nicht gehorchte, dann soll er Dornen tragen statt des Weizens und statt der Gerste Unkraut wachsen lassen! Den Armen schlug ich keine Bitte ab und keine Witwe ging verzweifelt fort. Mein Mittagsmahl war nie für mich allein, kein Waisenkind blieb ohne seinen Anteil" (31, 38f.16f.). Keine dieser unwürdigen Taten hat er begangen.

Zuversichtlich stellt er die Behauptung auf: „Wenn einer nichts mehr anzuziehen hatte, zu arm war, eine Decke zu bezahlen, dann half ich ihm und gab ihm warme Kleidung, gewebt aus Wolle meiner eignen Schafe; er aber dankte mir mit Segenswünschen" (Vers 19f.).

Er verteidigt sich gegen jeden Vorwurf, seine Macht missbraucht zu haben: „Wenn ich die Elternlosen unterdrückte ... dann soll mein Arm am Ellenbogen brechen ... Die Furcht vor Gottes Strafe schreckt mich ab, und seine Hoheit kann ich nicht ertragen" (Verse 21f.).

Er verteidigt sich gegen den Vorwurf der Habgier: „Ich hab mich niemals auf mein Gold verlassen, es nie als meine Sicherheit betrachtet. Mein Wohlstand hat mich niemals stolz gemacht, auch meine Arbeit nicht, die stets gelang" (Verse 24f.).

Er verteidigt sich gegen den Vorwurf des Götzendienstes, und zwar mit einer ziemlich interessanten Aussage: „Wenn ich die Sonne sah in ihrem Glanz, den Mond auf seiner Bahn in voller Pracht, dann war ich nie versucht, sie zu verehren und ihnen eine Kusshand zuzuwerfen." – Er streitet ab, sich auf Astrologie eingelassen oder sein Vertrauen auf Sonne und Mond gesetzt zu haben, statt auf Jahwe, den Gott Israels. – „Der Richter müsste solche Sünde strafen, weil ich den höchsten Gott verleugnet hätte" (Verse 26–28).

Er war auch nie rachsüchtig, wie er betont: „Ich hab nie schadenfroh dabei gestanden, wenn meine Feinde Not und Unglück traf" (Vers 29). Und auch das Gastrecht hat er nicht verletzt: „Wer je mein Gast war, wird es mir bezeugen, dass jeder gut und reich bewirtet wurde. Kein Fremder musste draußen übernachten, denn meine Tür stand immer allen offen" (Verse 31f.). Und schließlich streitet er ab, jemals wie ein Heuchler gehandelt zu haben: „Ich habe nie versucht, wie viele andre, mein Unrecht vor den Leuten zu verbergen" (Vers 33).

Dann, in Vers 35, bindet er den Sack zu: „Gäb es doch einen, der mich hören wollte! Was ich gesagt hab, kann ich unterschreiben. Gott, der Allmächtige, soll Antwort geben! Er zeige mir die Klageschrift des Gegners! (Immer noch, wenn ihn der Zorn packt, bezeichnet er Gott als seinen Gegner.) Ich will sie stolz auf meinen Schultern tragen." Er nimmt an, was immer Gott beschließt, wenn Gott nur endlich irgend etwas sagen wollte. Wie auch immer das Urteil lautet, er schwört, er wolle es „als Kranz um meine Schläfen winden. Ich würde Gott mein Leben offenlegen und ohne Furcht ihm nahen wie ein Fürst" (35–37)[6]. Und damit ist der Fall abgeschlossen. Er hat den göttlichen Rich-

6 Diese Verse werden in allen Bibelübersetzungen an den Schluss des Kapitels gestellt, weil sie offenkundig den Abschluss der Verteidigungsrede Hiobs bilden.

ter angerufen. Hiob ist entweder ein Rebell, ein Narr oder ein unendlich vertrauensvoller Sohn. Wahrscheinlich alles drei.

Auftritt Elihu (heroischer Idealismus)

Die folgenden Kapitel sind mit an Sicherheit grenzender Wahrscheinlichkeit später hinzugefügt. Irgendjemand kam daher, wahrscheinlich kurz nachdem das Original geschrieben war. Vielleicht war es ein Angehöriger derselben Weisheitsschule, in der das Buch Hiob entstand, und er hatte den Plan, das Buch noch zu verbessern. Der oder die Schreiber war(en) nicht zufrieden mit Hiobs drei Freunden; sie mussten einen vierten hinzufügen. Sehr wahrscheinlich spiegelt Elihu, der vierte Sprecher, die Persönlichkeit und das Denken eines späteren Autors wider.

Dieser späte Auftritt wirkt sehr selbstsicher, beinahe arrogant. Heute würden wir ihn vielleicht den ersten der „zornigen jungen Männer" nennen. Ich sehe in ihm ein Symbol für jugendlichen Idealismus und übertriebenen Eifer, die beide oft Hand in Hand mit religiösem Glauben gehen. Elihu gleicht dem Typ, der am Ende eines Lobpreisgottesdienstes, nachdem fünfzig Lieder gesungen und siebenundvierzig Prophetien gegeben und dreizehn andere Ansprachen gehalten wurden und die Leute nur noch nach Hause wollen, aufstehen und noch einmal reden muss. Ego im Dienst Gottes.

Elihu nimmt sich selbst viel zu wichtig. Er geht davon aus, dass der ganze Fall mit seiner wichtigen Mitteilung steht und fällt. Wir werden die Kapitel 32 bis 37 trotzdem nur kurz streifen, weil Elihu kaum irgendetwas sagt, was nicht vorher schon gesagt wurde. Man könnte sagen, die kostenlose Dreingabe dieses Abschnitts offenbart nichts als das Problem des Autors.

Der überflüssige Abschnitt beginnt folgendermaßen: „Die drei Männer gaben es auf, mit Hiob zu reden, weil er sich selbst für unschuldig hielt. Aber ein anderer, der dabei stand, Elihu, der Sohn Barachels, ein Busiter aus der Sippe Ram, konnte nun nicht länger an sich halten. Er war zornig auf Hiob, weil der sich im Recht sah und Gott die Schuld zuschob. Er war aber auch zornig auf die Freunde Hiobs, weil sie es nicht fertig brachten, Hiob seine Schuld nachzuweisen" (31,1–3).

Also tritt Elihu vor, der große Verteidiger Gottes. Er braucht von Kapitel 32,6 bis 33,7, um sich in Position zu bringen. Er tut nichts weiter, als uns in Alarmbereitschaft zu versetzen, indem er ankündigt, dass er nun etwas wirklich Wichtiges sagen wird. Das klingt wirklich nach großem Ego, wie in den Sätzen: „Macht euch bereit, macht euch bereit, ich sage jetzt etwas wirklich umwerfend Wichtiges!" Dann, nach dieser Anmaßung, wirft er Hiob Anmaßung vor. Der heroische Idealismus ist von der Leine gelassen. Die erste Zeile verrät alles: „Ich bin noch jung". Wir haben also in seinen Anmerkungen nichts anderes zu erwarten als die Bedürfnisse nach Erfolg, Macht und Prestige, die unausweichlich bei jungen Männern zu finden sind. In der Männerbewegung nennen wir das „infantile Grandiosität".

Was Elihu allerdings neu in die Diskussion einbringt, ist eine Aufzählung der verschiedenen Weisen, wie Gott spricht. Die nächsten Verse enthalten tatsächlich einen recht erfreulichen Kommentar über das Träumen.

„Zur Nachtzeit, wenn die Menschen ruhig schlafen, dann redet Gott durch Träume und Visionen. Er öffnet ihre Ohren, dass sie hören; mit Nachdruck warnt er sie vor ihrem Tun, damit er sie von ihrer Bosheit abbringt und ihnen jeden Grund nimmt, stolz zu sein" (33,15–17).

C.G.Jung hat gesagt, dass die Träume oft die Schattenseite der Persönlichkeit offenbaren. Der Schatten tritt heraus und die Albträume jagen ihn. Weshalb? „So rettet Gott ihr Leben vor dem Grab und hindert sie, in seinen Speer zu laufen" (33,18).

Zweitens, zählt Elihu auf, ist das Leiden eine Weise Gottes, zu uns zu sprechen. „Gott mahnt den Menschen auch durchs Krankenlager" (33,19). Sicher wahr, aber in seinem jungen Mund eher ein Klischee.

Engel und andere Botschafter

Mit Kapitel 33,23 beginnt ein sehr aufschlussreicher Abschnitt. „Vielleicht kommt dann ein Engel ihm zu Hilfe, ein einziger der tausend Gottesboten, der uns verkündet, was er von uns will." Das Wort „verkündet" heißt wörtlich eigentlich „übersetzt". Manche, vor allem die Kirchenväter, haben darin ein Versprechen des „Schutzengels" gesehen. Das ist ein Glauben, den auch Jesus voraussetzt: „Hütet euch davor, die einfachen Menschen in der Gemeinde überheblich zu behandeln. Denn das kann ich euch sagen: Ihre Engel haben immer Zugang zu meinem Vater im Himmel" (Matthäus 18,10).

Die Geschichte ist voll von Menschen, die erzählen, dass sie einen Boten oder einen Engel getroffen haben, der zu ihnen gesprochen oder sie geleitet hat, es muss also offenbar eine wunderbare Wahrheit hier im Spiel sein. Diese Stimme in uns, im tiefsten Grund unserer Seele, sagt: „Lass ihn noch nicht ins Grab hinunter fahren! (Der Engel ist immer eine positive, nie eine negative Stimme.) Ich hab das Lösegeld für ihn bekommen. Dann wird sein Körper wieder frisch und stark, genauso wie zu seiner Jugendzeit." Vielleicht sind „die besseren Engel unserer Natur", von denen Abraham Lincoln sprach, genau dies: Sie halten uns bei unserem Wesen, bei unserem besseren Selbst.

Unsere Tradition besagt, dass, wer den spirituellen Weg

gehen will, zuerst hinaus gehen muss in die Wildnis, in die Wüste, um dort auf die wilden Tiere und die Engel zu treffen. Nach dem Markusevangelium (1,12f.) tat Jesus genau das. Wer bereit ist, den wilden Tieren gegenüberzutreten, wie Hiob das 33 Kapitel lang getan hat, wird nicht nur die wilden Tiere antreffen, sondern auch die Engel.

Das ist gewiss wahr. Die Menschen, die es gewagt haben, sich ihrem Schatten und der Finsternis in ihnen selbst zu stellen, dem Schrecklichen, das in jedem von uns steckt, sind dieselben, die zutiefst ihr eigenes Gutsein in sich entdecken, die Gegenwart des Göttlichen in ihnen. Umgekehrt entdecken viele Menschen die Gegenwart des Göttlichen in sich deshalb nicht, weil sie es nicht wagen, sich den inneren und äußeren Dämonen zu stellen, wie Hiob es getan hat. Ich frage mich immer wieder, ob es irgendeinen anderen Weg gibt.

Elihu der Lehrer

Es ist offensichtlich, dass Elihu nicht so sehr daran gelegen ist, mit Hiob zu sprechen, als vielmehr ihn zu belehren. Wenn jemand darauf besteht, uns zu belehren, statt einfach mit uns ins Gespräch zu kommen, wird das, was er zu sagen hat, in uns keine besonders tiefen Wurzeln schlagen. Das ist die Schwäche meiner eigenen Rolle als ewiger Prediger. Das Beste, was uns Lehrerpersönlichkeiten passieren kann, ist, dass wir die Neugier der Leute erwecken, dass wir sie zum Nachdenken bringen, frischen Wind in ihre angestaubten Systeme bringen und ihren Verstand, ihr Herz, ihre Seele aufrütteln. Am ehesten wird jedoch jemand unser Herz ändern, wenn er oder sie sich für uns öffnet, mit uns ein Stück mitgeht, uns liebt. Um so jemandes willen würden wir vielleicht unser Leben ändern. Für jemand wie Elihu werden wir uns nicht ändern. Papst Paul VI. sagte: „Die Welt wird einem Lehrer nur dann glauben, wenn er in erster Linie ein Zeuge ist."

Wir wissen, dass Elihu, der sich so sehr *über* Hiob stellt, ihm nicht helfen wird. „Ich bin im Besitz der Wahrheit, und du nicht, Hiob. Du bist dumm und beschränkt. Nun hör mir mal zu." Selten hören wir auf jemand, der so daher kommt. So sind wir Menschen einfach. Wir nehmen ihre Worte nicht an, wenn sie nicht als Gleiche zu Gleichen kommen und ein Stück mit uns gehen und zugeben, dass sie die gleichen Probleme haben und an denselben Dingen leiden wir.

Im 36. Kapitel versucht Elihu wieder, Gott zu verteidigen. „Ich hab noch einiges für Gott zu sagen" (36,1). Und dann erklärt er Hiob, welchen Sinn dessen Leiden angeblich hat. Im Grunde sagt er: „Du bis miserabel dran". Das ist nun das Letzte, was Hiob zu hören braucht. Wer mit Schuld und Schande beladen wird, wird gelähmt. Das ist eine beliebte Weise, wie Eltern ihre Kinder willfährig machen, aber sie geht nicht tief, weil die Seele nicht angerührt wird.

Elihu ist also ganz offensichtlich das komische retardierende Moment vor dem großen Höhepunkt.

Endlich: Gott meldet sich zu Wort

Im 22. Vers des 36. Kapitels beginnt Elihu einen großartigen, wunderschönen Hymnus auf Gottes Weisheit und Allmacht, der bis zum Ende von Kapitel 37 geht. Doch Gott selbst unterbricht ihn, gelangweilt von all dieser überflüssigen Schmeichelei. Bisher haben wir Gott noch überhaupt nicht sprechen hören.

Gott sagt im Grunde: „Ach, halt doch den Mund!" Und „dann sprach der Herr selbst aus einem Wirbelsturm heraus und gab Hiob Antwort" (38,1). Das ist nun unzweifelhaft der meist zitierte Teil des Hiobbuchs. Wenn wir nicht darauf vorbereitet sind, werden wir uns anfänglich vielleicht darüber ärgern. Die ganze Zeit haben wir auf die große Antwort gewartet. Das Problem des Bösen, auf den Punkt gebracht. Wie wird Gott mit dieser Situation fertig werden?

Eine Überraschung erwartet uns. In den beiden gesamten Kapiteln 38 und 39 gibt es nicht die Andeutung einer Antwort. Und doch lauten die ersten Worte: „Der Herr … gab Hiob Antwort". Dabei kommen nichts als Fragen. Gott antwortet auf keine einzige der Klagen Hiobs. Das kann sich auch nur Gott selbst leisten. Alles, was Gott tut, ist, dass er eine radikal neue Sichtweise eröffnet, die alle Antworten überflüssig macht. Gott lädt Hiob ein zu einer herzlichen persönlichen Begegnung mit ihm.

Und es scheint zu klappen. Es ist, als ob Hiob vor Freude hüpft und sagt: „Es ist gut, Gott, ich brauche keine Antworten mehr. Ich liebe dich, Gott, und ich weiß, dass du mich liebst. Endlich hast du zu mir gesprochen. Mehr wollte ich nicht. Sprich nur mit mir – egal, was du sagst."

Menschen, die in einer Ehe oder Lebenspartnerschaft leben, werden erkennen, wie menschlich das ist. Nach einem dreitägigen eisigen Schweigen ist es einfach gut, wieder ins Gespräch zu kommen und die Kommunikation wieder aufzunehmen. Das fühlen wir in diesen Kapiteln: Hiob freut sich so darüber, dass Gott mit ihm spricht, dass er keine Antworten mehr braucht.

Darin liegt eine kritische Erkenntnis. Wenn uns die Kirche den Eindruck vermittelte, dass irgendwo fertige Antworten bereit lägen, hat sie uns mehr Schaden als zugefügt als Nutzen. Wenn Gott selbst bei diesem dramatischen Auftritt sich weigert, Antworten zu geben und uns stattdessen in die Gemeinschaft ruft, dann ist das aus irgendeinem nichtrationalen, rechtshirnigen Grund die Antwort. Mehr wollen wir nicht und mehr brauchen wir nicht.

Wir wollen wissen, dass es jemand gibt, der sich über unser bloßes Dasein freut, dass da jemand sagt: „Ich glaube an dich. Zu zweit schaffen wir's!" Mit einer solchen Vergewisserung können wir weitermachen.

Von Gott wird ausgesagt, dass er im Herzen des Wirbelsturms lebt – ein erstaunliches Bild: „Aus dem Wirbelsturm kommt die Wahrheit". Ein Tornado sozusagen. Man kann diesen Gott nicht festnageln, man kann ihn nicht erklären. Dieser Gott ist dynamisch, in Bewegung, wogegen unsere Definitionen immer statisch sind, Gott in eine Schublade zu stecken versuchen und sagen: Gott ist so und so. Für Hiob jedoch ist Gott ein Wirbelwind. „Dann sprach der Herr selbst aus einem Wirbelsturm heraus und gab Hiob Antwort." Seine Antwort wirft hundert neue Fragen auf.

Die erste Frage ist: „Wer bist du, dass du meinen Plan anzweifelst, von Dingen redest, die du nicht verstehst?" (38,2). Wir sind vielleicht versucht, zu Gott zu sagen: „Das ist aber nicht besonders nett Hiob gegenüber! Das hat er nicht verdient!"

Implizit sagt Gott: „Ich werde dir sagen, wer ich bin, und ich werde dir zeigen, dass ich auf deiner Seite stehe. Und ich werde die die Kraft geben, das auch zu glauben. Nimm deinen Mut zusammen, Hiob. Jetzt bin ich dran mit Fragen stellen, und du wirst mir antworten" (Vers 3).

„Siebenunddreißig Kapitel lang hast du die Fragen gestellt", fährt Gott fort, „jetzt werde ich die meinen stellen. Aber dazu nehme ich mir nur zwei Kapitel."

All die Fragen Gottes

Als erstes beschreibt Jahwe die Erde. Damit wird die Anordnung in der Schöpfungsgeschichte umgedreht, die mit dem Licht beginnt und dann über das Meer zur Erde übergeht. Hier haben wir zuerst die Erde, dann das Meer und schließlich das Licht. Jahwe beschreibt die Erde als ein Gebäude – einmal mehr in wunderbarer Poesie.

„Wo warst du, als ich der Erde machte? Wenn du es weißt, dann sage es mir doch! Wer hat bestimmt, wie groß sie werden sollte? Wer hat das mit der Messschnur festgelegt? Du weißt doch alles! Oder etwa nicht? Auf welchen Sockeln stehen ihre Pfeiler? Wer hat den Grundstein ihres Baus gelegt? Ja, damals sangen alle Morgensterne, die Gottessöhne jubelten vor Freude" (38,4–7).

Wo warst du, Hiob? Das ist eine Frage, die jeden, ob hoch oder niedrig, einschüchtern kann.

Dann das Meer. Das unendliche und furchterregende Meer wird als Baby beschrieben – eine Bildwelt, wie sie nur ein Dichter benutzen kann. „Wer hat das Meer mit Toren abgesperrt, als es hervorbrach aus dem Schoß der Erde? Ich war's, ich hüllte es in dichte Wolken, als Windel gab ich ihm den dunklen Nebel. Ich gab ihm seine vorbestimmte Grenze, schloss es mit Tor und Riegel sicher ein. Ich sagte ihm: ‚Bis hierher und nicht weiter! Hier hört der Hochmut deiner Wellen auf!'" (38,8–11).

So wurde das Meer wie ein kleines Kind von Gott geschaffen. „Auf dich wirkt es so machtvoll", sagt er, „aber für mich ist es bloß ein Kind."

Und dann beschreibt der das Licht. „Hast du je den Tag heraufbefohlen, der Morgenröte ihren Platz bestimmt und ihr gesagt, der Erde Saum zu fassen und alle Bösen von ihr abzuschütteln? In ihrem Licht erheben sich die Berge, wie Kleiderfalten treten sie hervor. Den Bösen aber bringt das Licht kein Glück, es setzt dem Missbrauch ihrer Macht ein Ende" (38,12–15).

In den Versen 16 bis 23 spricht Gott von den Quellen und Ursprüngen. „Warst du schon unten bei den Meeresquellen? … Hast du am Tor der Totenwelt gestanden, dort, wo die ewige Finsternis beginnt? Weißt du, wie weit die Erde sich erstreckt? Wenn du das alles kennst, dann sag es mir! Kennst du den Weg zum Ursprungsort des Lichtes? Von welcher Stelle kommt die Dunkelheit? Führst du sie bis ans

Ende ihres Weges und bringst sie dann zu ihrem Ort zurück? … Hast du die Vorratskammern schon gesehen, wo ich den Schnee und Hagel aufbewahre? Ich halte sie bereit für Unheilstage; mit ihnen greif ich ein in Kampf und Krieg."

Als nächstes verlangt Gott von Hiob zu wissen, ob der, wenn er die Verantwortung für die Welt hätte, sie steuern und regeln könnte. Verstünde er, die Gerätschaften am Laufen zu halten? Wäre er der Hausmeister der Welt, wüsste er, welche Knöpfe er zu drücken hätte? Ich kann und weiß das alles, sagt Gott.

„Wer grub am Himmel Rinnen für den Regen? Wer bahnte dem Gewitter seinen Weg? … Denk an den Regen: Hat er einen Vater? Und sieh den Tau: Hat ihn jemand gezeugt? Wo kommt das Eis her? Wer ist seine Mutter? Und welcher Schoß gebar den Reif und Frost, der Bach und Fluss in harten Stein verwandelt, das Meer bewegungslos erstarren lässt? Kannst du das Siebengestirn zusammenbinden? Löst du den Gürtel des Orion auf? Lässt du die Tierkreisbilder aufmarschieren, dass jedes sichtbar wird zu seiner Zeit? … Kennst du die Ordnung, der der Himmel folgt?" (38,25–33)

Und Jahwe legt noch ein Stück zu, indem er sich als zugleich erschreckend und betörend, als faszinierend und furchterregend zeigt. „Rufst du den Wolken dort Befehle zu, damit sie Regen auf dich strömen lassen? Schickst du die Blitze auf die Erde nieder? Wenn du sie rufst, stehn sie dir zu Befehl? Wer sagt dem Ibis, dass der Nilstrom steigt? Wer sagt dem Hahn, daß Regenwetter kommt?" (38,34–37)

Gott brüstet sich mit den Tieren

Nun erleben wir mit, wie Gott eine Reihe von Tieren und Vögeln beschreibt. Er legt besonderen Wert auf seine liebevolle Fürsorge für jedes Einzelne von ihnen, da er sie ja alle geschaffen hat. Gott sagt im Grunde, dass Hiob sich niemals solche Tiere hätte ausdenken oder entwerfen oder für sie sorgen können. Viele von uns können dieses Gefühl wohl nachvollziehen, wenn sie sich die vielen eigenartigen Tiere, die es gibt, vor Augen stellen. „Weshalb hat Gott wohl etwas geschaffen, das aussieht wie ein Truthahn?“, fragen wir. Oder eine Giraffe? Weshalb hat er so viele wunderlich aussehende Tiere geschaffen? Gott muss einfach Humor haben.

Derjenige, der diese Kapitel geschrieben hat, hat anscheinend auf ähnlich menschliche Weise reagiert. Der Autor greift eine Reihe verschiedener Tiere heraus, und über jedes einzelne scheint Gott zu sagen: „Ich habe das nur aus Spaß gemacht. Ich liebe diese Schönheit. Ich liebe dieses Licht. Ich liebe Löwen und Ziegen. Ich weiß, wie viele Monate sie ihre Jungen austragen. Ich weiß genau, wann es Zeit für die Geburt ist. Sie gebären in der Hocke. Sie lassen ihre Tracht mitten in der Wüste auf den Boden fallen. Meine Augen beobachten sie alle.“ Es ist ein Fest des nicht Notwendigen, und Gott schwelgt in der wunderbaren Grundlosigkeit all dieser Existenzen.

Das Bild eines verschwenderischen und gütigen Gottes wird hier entworfen. Und in gewisser Weise wird das, was Jesus im Neuen Testament sagen wird, vorweggenommen, dass es nämlich Gott nicht entgeht, wenn ein Sperling vom Himmel fällt. „Wer gab dem wilden Esel seine Freiheit? ... Die Steppe machte ich zu seiner Heimat. ... Meinst du vielleicht, der Wildstier wird dir dienen? ... Die Straußenhenne schlägt zwar mit den Flügeln, doch kann sie damit fliegen wie der Storch?“ (39,5–13). Die Beschreibungen sind genau und wunderschön, geschaffen von einem Tierfreund, der das Werk eines tierfreundlichen Gottes beschreibt.

„Gabst du dem Pferd die viel gerühmte Stärke? ... Lässt du es Sprünge machen wie ein Heuschreck? ... Was Angst und Furcht heißt, ist ihm unbekannt ... Im Köcher seines Reiters klirren Pfeile, im Licht der Sonne funkeln Speer und Lanze. Mit dröhnendem Galopp fliegt es dahin. Beim Schall der Hörner steht es nicht mehr still, mit Wiehern gibt es Antwort aufs Signal. Schon aus der Ferne wittert es die Schlacht, hört die Befehle und das Kriegsgeschrei" (39,19–25).

Der Abschnitt fügt dem, was Hiobs Freunde bereits über Gottes wunderbare Macht gesagt haben, nichts Neues hinzu. Sie alle haben gesagt, dass Gott die Verantwortung hat und dass er seine Schöpfung liebt. Der Unterschied ist der, dass in diesem Kapitel *Gott selbst* diese Aussagen macht. Deswegen sollen wir es glauben. Der sprachliche Horizont erweitert sich von einer eher juristisch anmutenden Ansammlung von „muss" und „sollte" zu der Weite der freigebigen Liebe Gottes. Sowohl für Gott wie für Hiob eröffnet sich ein neuer Raum, und ebenso für die Beziehung zwischen den beiden. Das Gespräch erhält einen völlig neuen Rahmen, denn die Liebe ist so viel weiter und tiefer als jede Theologie der Vergeltung.

Gott sagt uns, dass er sich über Leben in jedweder Form freut. Er schwelgt in Lebensformen. Wie oft wir es auch zerstören, wie viele Menschen wir auch umbringen, Gott schafft und schafft neues Leben. Was unsere Theologie sonst auch behauptet oder leugnet, eins können wir nicht leugnen: dass Gott ein Liebhaber des Lebens ist (vgl. Weisheit 11,24–27). So werden auch seine Leute, wenn sie wirklich *seine* Leute sind, das Leben in seinen Myriaden von Formen immer lieben und beschützen.

Einer der Furcht erregenden, schrecklichen Aspekte der Welt von heute ist, dass wir so gut gelernt haben, uns mit dem Tod anzufreunden, dass wir so leichthin Menschen töten und Dinge zerstören, und dass wir diesen Planeten mit all dem Leben auf ihm so auf die leichte Schulter nehmen. Tief in unserem Inneren wissen wir, dass diese zerstörerische Haltung die Antithese zu dem Gott ist, der im Buch Hiob beschrieben wird.

Aus irgendeinem unerfindlichen Grund zeigt Gott sich selbst in allen Formen geschaffener Schönheit. Der Gipfel dieser Schönheit ist unsere menschliche Natur. Deshalb müssen wir um jeden Preis den Schatz bewahren, den das menschliche Leben darstellt, und dürfen nicht zulassen, dass das Gesetz irgendeines Staates diesen Schatz entwertet. Aber diese Verse geben auch dem Leben der Tiere eine hohe Priorität. Wir Christen der westlichen Welt täten wohl daran, über die Implikationen dieser Tatsache nachzudenken. Wird irgendein Glied der „großen Kette des Seins" nicht respektiert, wird die ganze Kette geschwächt, und das Heilige geht verloren.

Im Kapitel 40 wendet sich Gott an Hiob: „Mit mir, dem Mächtigen, willst du dich streiten? Willst du mich tadeln, oder gibst du auf?" (40,2). Und wir können uns gut vorstellen, wie Hiobs Verstand ins Rotieren gerät: „O nein, nein, ich bin bloß froh, dass du mich ernst nimmst. Ich weiß, das sind alles keine Antworten, aber *du* sprichst, und es ist mir egal, *was* du sprichst, solange wir nur miteinander reden. Du gibst mir *dich* und mehr will ich nicht."

Annahme

„Ich bin zu wenig, Herr! Was soll ich sagen? Ich lege meine Hand auf meinen Mund", antwortet Hiob. „Ich habe mehr geredet als ich sollte, noch einmal tu ich es bestimmt nicht mehr" (40,3–5). Ich glaube nicht so sehr, dass sich Hiob durch Gott beschämt fühlt, vielmehr möchte er einfach nur Gott weiter reden hören. Und so spricht Gott weiter – immer noch, werden wir erinnert, „aus dem Sturm heraus".

„Steh auf jetzt, Hiob, zeige dich als Mann!", fährt Gott in Vers 7 fort (er benutzt diese männliche, kämpferische Metapher, als ob er zum Ausdruck bringen wollte, dass er Hiobs Kampfgeist billigt). Damit scheint er zu sagen: „Mit so jemand kann ich ringen, der hat keine Angst vor mir. Der gehört zu denen, die sich nicht scheuen, sich zu engagieren und mein Bruder, Sohn, Lebensspender, Liebhaber, ja in schweren Zeiten auch mein Feind zu sein. Wer so interessiert ist, dass er sich auf einen Streit einlässt, den kann ich wahrscheinlich auch zu einem meiner besten Freunde machen."

Die Bedeutung der Andersheit

Viele regen sich auf oder sind zumindest enttäuscht über den Gott aus dem Buch Hiob, der bloß „aus dem Wirbelsturm heraus" spricht und die berechtigten Fragen Hiobs eigentlich unbeantwortet lässt. Manche meinen, dass Gott hier nur die alte autoritäre Masche abzieht oder gar sagt: „Das geht dich überhaupt nichts an!" Es scheint keinerlei objektive Reaktion auf Hiobs berechtigte, schmerzliche Fragen zu geben. Zwar scheint Hiob in der Geschichte zufrieden gestellt zu sein, doch wir als Leserin oder Leser sind selten zufrieden. Für uns bleibt das subjektive Problem des Bösen, des ungerechten Leidens und des verborgenen Gottes ein Dilemma, manchmal ein quälendes Dilemma. Wir wollen irgendeine objektive Reaktion von Gott.

Ich möchte nun etwas sagen, das meiner Meinung nach in allen Zeiten sehr wichtig war und ist, besonders aber in unserer heutigen postmodernen Zeit, die jegliche Hoffnung auf irgendeine objektive Antwort egal auf welche Frage aufgegeben hat. Ich glaube, das Gegenteil von Subjektivität ist nicht Objektivität, sondern *Andersheit.* Das klingt vermutlich sehr abstrakt und philosophisch, aber es ist der entscheidende Punkt, um zu verstehen, was Gott mit Hiob in dieser Erzählung tut. Gott unternimmt keinen Versuch, auf jedes seiner Anliegen Punkt für Punkt einzugehen, weil das ohnehin keine Befriedigung schaffen würde.

Ich habe unter Schmerzen gelernt, dass jeder Versuch, auf die ideologischen Hintergründe einzugehen, wenn einem jemand mit Ressentiments begegnet, nur dazu führt, dass sich die Ressentiments vertiefen. Die Leute scheinen tatsächlich enttäuscht zu sein, dass man der zu Grunde liegenden Ablehnung mit logischen Argumenten begegnet, und sie werden garantiert an einer anderen Stelle einhaken, weil ihre Seele und ihr Herz unbefriedigt geblieben sind.

Jesus selbst schweigt oft im Angesicht seiner Gegner; jedenfalls antwortet er *niemals* auf ihre feindseligen Fragen. Prüfen Sie es selbst in den Evangelien nach! Er antwortet niemals direkt, sondern versucht, das Gespräch in eine andere Richtung zu lenken, die, wenn es gut geht, die Frage in einem neuen Licht erscheinen lässt. Gott scheint sehr gern den Fragen der Menschen auszuweichen. Wer guten Willens ist, wird sich darauf gern einlassen, weil ihm Wahrheit und Beziehung über alles andere geht. Wer dazu nicht bereit ist, wird die Debatte auf allerlei unmögliche Szenarien ausweiten. Wie man so schön sagt: „Da hast du keine Chance". (Ich weiß, dass das so ist, aus meiner fünfundzwanzigjährigen Erfahrung mit Reaktionen aus dem Publikum. Der erste Satz aus dem Mund eines Diskussionsteilnehmers offenbart gewöhnlich seinen Standpunkt, und es ist sehr schwer, diesen Standpunkt zu verändern, wenn das Herz des Sprechenden bereits gegen dich verhärtet ist.)

Die Offenheit gegenüber dem Anderen – in seiner Andersheit – befreit uns zur Kreativität und Originalität in unseren Reaktionen: Der Andere, der irgendwie außerhalb meines sozialen Systems steht oder das absolut Andere, das mir einen Bezugspunkt gibt, von dem aus all meine Meinungen und Einstellungen relativiert werden. Nur die Begegnung mit der *Andersheit* kann mich verändern. Wenn ich nicht offen bin für das, was jenseits meiner selbst liegt, komme ich nicht weiter. Ohne den Anderen oder das Andere sind wir eingesperrt in einem unendlichen Spiegelkabinett, das immer wieder nur meine eigene Weltsicht bestätigt und vertieft.

Man könnte sagen, das zentrale Thema der biblischen Offenbarung sei es, die Menschen zur Begegnung mit Andersheit zu rufen: mit dem Fremden, dem Sünder, der Samaritanerin, den Heiden, dem verborgenen und verdrängten Anteil in mir selbst oder mit unerkannten Engeln. Und das alles dient vielleicht der Vorbereitung, dem Training für die Begegnung mit der wahren Transzendenz, dem absolut Anderen, die uns hoffentlich einmal geschenkt wird. Wir müssen Übung darin entwickeln, uns aus unseren Ecken herauszubewegen, in denen wir es uns so gemütlich eingerichtet haben. Das ist nie eine natürliche Reaktion.

Der Gott, der Hiob aus dem Wirbelsturm heraus anspricht, ist kein Antwortgeber oder Problemlöser. Gott tut mehr. Gott befreit Hiob und alle, die an ihn glauben, aus ihrem Spiegelkabinettm, dem Gefängnis ihres Selbst, in dem sie nicht sehen und nicht verstehen. Gott gibt uns den festen Punkt, von dem aus wir „die Welt aus den Angeln heben“ können, wie Archimedes in der berühmten Anekdote über die Hebelwirkung sagt.

Viele Jahre habe ich mich mit einem Aphorismus aus der kirchlichen Tradition herumgeschlagen, und jetzt endlich glaube ich zu verstehen, was er bedeutet: „Es gibt kein echtes Wissen ohne Glauben“. Einzig die glaubende Begegnung mit einem transzendenten Bezugspunkt kann alles andere in die angemessene Perspektive rücken. Ohne den Glauben ist alles Wissen wie der Fluss des Heraklit, bloße Information, die für pragmatische, selbstbezogene Zwecke eingesetzt wird – oft auch, um anderen eins auszuwischen. Die postmodernen Denker haben Recht, wenn sie eine säkulare Welt ansprechen. Alles ist subjektiv, vorübergehend, im Fluss.

Ob die biblische Offenbarung Frucht trägt, hängt mehr als alles andere davon ab, ob wir „einen Herrn haben“. (Noch unsere Ablehnung dieses Begriffs wegen seiner sexistischen Konnotationen offenbart das Ausmaß unserer Angst, unseres Autonomiestrebens und unserer Rebellion gegen jegliche äußere Überlegenheit.) „Einen Herrn haben", mit welchen anderen Worten wir das auch ausdrücken mögen, impliziert, dass jemand anders mich lehrt und ich der oder die Lernende bin; dass jemand anders die Kontrolle hat, und nicht ich; dass jemand anders der Bezugspunkt ist und ich der oder die Verfügbare.

So sehr das für die Empfindlichkeiten der Gegenwart einen Affront darstellen mag, es ist schlicht die metaphysische Wahrheit und daher die vollste Freiheit. Wenn diese Kapitel nicht von einer solch befreienden Herrschaft zeugen, weiß ich nicht, ob sie überhaupt etwas aussagen.

Zuzulassen, dass Gott unser Herr ist, ist nicht so einfach wie dies glauben, jenes tun, sich an dies halten und jenes vermeiden. Es ist immer ein lebenslanger Prozess, eine Bewegung hin zu einer Einheit, die sich immer wie ein Verlust an eigener Wichtigkeit und Autonomie anfühlen wird. Das persönliche Ego wird sich quer stellen und rationalisieren, wo immer es kann. Meine Erfahrung ist die, dass ohne Leid, Versagen, Demütigung und Schmerz kein Mensch freiwillig seine Selbstgenügsamkeit aufgeben wird. Wir meinen, in unserer Geschichte gehe es nur um *uns*. Das stimmt nicht.

Bei dieser egoistischen Autonomie geht es nicht nur um Stolz, der sich gegenüber Gott durchsetzen möchte, sie ist schlicht eine Lüge. Das private, abgeschnittene Selbstbild hat keinen Rückhalt in irgendeiner Art von Wirklichkeit. Es ist illusionär, und jede Religion versucht, diese Illusion zu überwinden, indem sie uns wieder mit dem Weinstock verbindet (*re-ligio* heißt Wieder-Verbindung), mit dem wir in Wahrheit schon längst verbunden sind. Es geht darum, in jedem Teil unseres Lebens „die Wahrheit zu tun". „Bleibt mit mir vereint, dann werde auch ich mit euch vereint bleiben … denn ohne mich könnt ihr nichts vollbringen" (Johannes 15,4f.).

Diesen ganzen Weg Hiobs kann man am Besten betrachten als den schmerzhaften Weg der Seele: das „Zurechtstutzen“ der Rebe, ihre Reinigung von der vorgetäuschten Autonomie und der ganzen Last, die damit einher geht – Selbstbestätigung und Selbstkritik. Freiheit bedeutet das Wissen, dass es auf beides nicht ankommt. Meine Bedeutung kommt daher, wer ich in Gott bin und wer ich als Teil eines größeren Ganzen bin. Ich bin in gewisser Weise ein Repräsentant Gottes, und Gott trägt mich, mit meinen guten und meinen schlechten Anteilen. Es scheint nur zwei Wege zu geben, auf denen wir das wirklich am eigenen Leib erfahren können: *Gebet und Leiden.* Ich denke, das ist vielleicht die zentrale Botschaft der ganzen Bibel, ganz sicher aber die Botschaft des Buchs Hiob.

Nilpferde – und die Geschichte der Dinosaurier

Mitten unter diesen großartigen Reden finden wir aus irgendeinem unerfindlichen Grund eine Beschreibung des Nilpferdes („Behemoth“). Und eine ein ganzes Kapitel umfassende Beschreibung eines Krokodils („Leviathan“) (40,15–41,26). Weshalb? Und weshalb hier?

Ich bringe hier meine Vermutung. Das Nilpferd und das Krokodil sind in erster Linie unkontrollierbare, von Natur aus sinnlose Tiere. Sie sind zwecklos – und hässlich. Warum sollte Gott etwas wie diese beiden Tiere erschaffen? Sie stehen als Bilder der Kraft, einer chaotischen, zufälligen und scheinbar überflüssigen Kraft. Sie sind die Blankokarten – vielleicht aber auch die Joker – im scheinbar reibungslosen Zusammenspiel des Universums.

Anscheinend präsentiert der Autor das Nilpferd und das Krokodil als Bilder der wilden und freien Seite Gottes, die wir nicht kontrollieren und auch nicht verstehen können. Wie wir angesichts des Nilpferdes und des Krokodils ins

Staunen und in Verwirrung geraten, so wird uns Gott immer wieder überraschend und geheimnisvoll erscheinen. Und wir wären schlecht beraten, wenn wir diese Überraschung und dieses Geheimnis beseitigen wollten. Es ist kein Zufall, dass die Figur des Gauners und des Clowns praktisch in der gesamten Weltliteratur auftaucht und so den Weg für diese göttliche Laune bahnt.

Es scheint ein eigenartiger Kunstgriff zu sein, diese Tiere hier einzusetzen, aber dabei fällt mir ein, wie oft ich viele Jahre lang meine Dinosaurier-Geschichte erzählt habe (na gut, ich erzähl' sie noch einmal!). Die Pointe hat nichts Theologisches oder irgendwie Tiefgründiges, aber durch sie werden die Dinge einfach in eine radikal neue Perspektive gerückt.

Vor einigen Jahren war ich mit einem anderen Mitglied unserer Gemeinschaft in New York, und wir gingen ins Amerikanische Naturkundemuseum und schauten uns die Dinosaurier an. Wir standen da voller Erstaunen und Ehrfurcht, und ich wandte mich an Michael und fragte ihn, vor wie langer Zeit diese Dinosaurier die Erde bevölkert hatten. Und er sagte: „Naja, so um die 200 Millionen Jahre."

Wir standen weiter voller Erstaunen und Ehrfurcht. Vor zweihundert Millionen Jahren! Ich fragte ihn: „Und wie lange haben sie auf der Erde gelebt?" Er sagte: „Ich glaube, sie haben 150 Millionen Jahre auf der Erde gelebt." (Beides ist falsch, wie ich irgendwann später herausgefunden habe.)

Wieder standen wir voller Erstaunen und Ehrfurcht. Hundertfünfzig Millionen Jahre sind diese Kerle auf der Erde herumgekreucht. Und in irgendeiner komischen Laune wandte ich mich wieder an Michael und fragte ihn: „Und was haben sie die hundertfünfzig Millionen Jahre lang gemacht?" Und er antwortete: „Sie haben Gras gefressen."

Die Leute lachen an dieser Stelle immer. Ich weiß nicht weshalb. Dann sagte ich zu Michael: „Hundertfünfzig Millionen Jahre lang waren sie auf der Erde und haben nichts getan als Gras zu fressen? Was hat Gott die ganze Zeit über gemacht?“ Und er antwortete: „Naja, ich glaube, er hat ihnen beim Grasfressen zugeschaut.“

Irgend jemand hat einmal gesagt, das sei die tiefsinnigste theologische Geschichte, die ich je erzählt habe. Wenn ich also über die Dinos reden kann, dann kann Hiob auch über Nilpferde und Krokodile reden. Es scheint einfach so zu sein, dass es einen unlogischen oder chaotischen Teil in dieser Welt gibt, der verhindert, dass wir die volle Kontrolle behalten – egal wie schlau oder wie heilig wir sind. Gott ist nicht nur ein Uhrmacher oder der Schöpfer einer perfekten Ordnung. Gott ist auch Hintersinn, Ausnahme, der Strich durch unsere Rechnung, voller Überraschungen. Gott ist ein persönlicher Gott und nicht einfach eine vorhersehbare Kraft.

Kleine Fische in der Galaxis

In einer Folge seiner Serie über Astronomie beschreibt der Wissenschaftsautor Carl Sagan die Milchstraße. Er zeigt ein gigantisches Foto von der Milchstraße, und dann sagt er: „Nun stellen Sie sich wahrscheinlich vor, dass wir genau in der Mitte leben. Nein, wir sind hier draußen am Rand. Und was wir die Sonne nennen, ist nur eine kleine Sonne unter Milliarden von Sonnen in dieser Galaxis, und daneben gibt es Milliarden weiterer Galaxien.“ Allein dieser Gedanke sollte etwas bei uns verändern, sollte uns helfen, uns in die rechte Perspektive zu rücken.

Und hier stehe ich und rede über Gott? Ich gebe vor, mit diesem winzigen Kopf irgendetwas zu verstehen? Es ist unfasslich. Wir sind ein kleiner Planet in einer Galaxis unter Milliarden anderer Galaxien, und wir wagen es, anzunehmen, wir verstünden, worum es geht. Und wir geraten uns in die Haare über unsere Theologien. Ich werde erlöst, wenn ich dies tue. Ich werde erlöst, wenn ich das tue. Wenn du bei der Taufe nicht völlig untergetaucht wirst, wirst du nicht erlöst. Wenn du Gott nicht beim richtigen Namen nennst, mag er dich nicht. Es ist kaum zu glauben, dass Menschen derart in ihrer eigenen kleinen Welt und ihren eigenen persönlichen Wichtigkeiten gefangen sein können. Gott erlaubt dem Hiob nicht, diesen Fehler zu machen.

Hiobs persönliches Problem wird in einer Hinsicht völlig ignoriert. Es wird nichts gesagt über Schuld, nichts über Unschuld, nichts über den Sinn des Leidens. Aber darum sollte es in diesem Buch doch eigentlich gehen, oder etwa nicht? Der Sinn des Leidens. Gott gibt keine Antwort. Gott *ist* Hiobs Reinheit.

Hiob muss daher seine eigene Reinheit nicht länger unter Beweis stellen. Er braucht sie nicht zu erwerben. Er braucht sie nicht zu besitzen. Das ist seine Freiheit. Nicht gewinnen müssen. Nicht beweisen müssen, dass man im Recht ist. Nichts in Ordnung bringen müssen.

Hiob bietet ein Bild der wahren Erleuchtung. Er besitzt Gott nicht, wie man ein Produkt besitzt oder etwas erwirbt. Gott besitzt ihn. Er wird auf den Weinstock aufgepfropft, an dem er schon längst angewachsen ist. Die wesentliche religiöse Frage, nämlich die ontologische, ist beantwortet.

Im Kapitel 42 finden wir die Antwort, die Hiob schließlich Jahwe gibt. Das ist der zweite Höhepunkt des Buches. „Ich weiß jetzt, dass dir nichts unmöglich ist; denn alles, was du planst, führst du auch aus. Du fragst, warum ich deinen Plan anzweifle und rede ohne Wissen und Verstand. In meinem Unverstand hab ich geredet von Dingen, die mein Denken übersteigen. Du hast mich aufgefordert, zuzuhören und dann auf deine Fragen zu erwidern. Ich kannte dich ja nur vom Hörensagen; jetzt aber hat mein Auge dich geschaut. Ich schäme mich für alles, was ich sagte; in Staub und Asche nehm ich es zurück“ (42,2–6). Keine seiner Fragen ist beantwortet, aber er hat *gesehen.* Die Frage nach dem *Sein,* wer er *ist,* ist beantwortet, und das beantwortet alle anderen Fragen.

Endlich geht es Hiob gut

Endlich ist Hiobs Sehnsucht erfüllt – mit seinen eigenen Augen zu sehen und nicht bloß „vom Hörensagen" zu wissen. Sehen und gesehen werden. Mehr ersehnen wir alle nicht. Augen, die uns durchdringen und verstehen. Jemand, der uns nackt sieht, wie Gott Adam sah, und uns nicht hässlich findet. Uns nackt sieht und nicht als dumm bezeichnet. Wir wünschen uns, bis zum Grund unserer Seele durchschaut zu werden. „Wer hat dir gesagt, dass du nackt bist?", fragt Gott Adam im Garten (Genesis / 1. Mose 3,11).

Hiob ist wahrgenommen und anerkannt worden, deswegen braucht er keine Antworten mehr: „Ich schäme mich für alles, was ich sagte; in Staub und Asche nehm ich es zurück". Er wälzt sich nicht im Dreck, er verfällt nicht in Selbsthass. Er erlebt einen neuen, Leben spendenden, weiten Raum. Manche Übersetzer sind der Überzeugung, dass es heißen muss: „Ich schäme mich für meine Sack-und-Asche-Mentalität und nehme sie zurück." Mit anderen Worten: Ich brauche mich nicht schuldig zu fühlen und mich nicht zu verteidigen.

Seine Entfremdung ist aufgehoben. Er kann im Endeffekt sagen: „Es spielt keine Rolle. Du schaust mich an und ich schaue dich an." Die Einheit ist wieder hergestellt. Es ist, als ob der den Satz des Paulus umschreibend vorweg nähme: „Einst sah ich ein trübes Bild in einem dunklen Spiegel, aber nun sehen wir einander von Angesicht zu Angesicht" (vgl. 1. Korinther 13,12). Und das ist der ganze Unterschied.

An diesem Punkt wird deutlich, dass der Held dieses Buches Hiob ist, nicht Gott. Und Gott *lässt zu*, dass Hiob der Held ist. In einem gewissen Sinn ist Gottes Rede nach all den Reden Hiobs zwar schöne Poesie, aber sie fällt gegenüber dem Vorherigen ab. Gott rückt die Dinge zwar in eine neue Perspektive, aber er ist nicht der Held des Dramas. Sondern Hiob. Das ist der Grund, warum dieses Buch den Anspruch erheben darf, das großartigste Stück religiöser Dramatik zu sein, das je geschrieben wurde. Denn es tut genau das, was Gott in der Geschichte tut.

Gott liebt uns so vollkommen, dass er uns die Heldenrolle überlässt. Gott lässt uns, wie Israel („Stark gegen Gott") mit dem Engel Jahwes ringen, er lässt uns mit sich selbst kämpfen *und gewinnen* (vgl. Genesis / 1. Mose 32,28). Uns wird also die Ehre zuteil, wenn wir Gott die Ehre geben. Wenn wir versuchen, loszulassen und Gott unser Leben zu geben, gibt er es uns zurück.

Ist das eine Überraschung? Genau das tut die Liebe. Das ist das Einzige, was man tun kann, wenn man verliebt ist: das eigene Leben dem Gegenüber geben und Vergnügen in ihm oder ihr finden. Das ist die Einheit, zu der Gott uns ruft. Die Liebende, die Freude am Geliebten findet und die Geliebte, die Freude findet am Liebhaber.

Der Epilog am Ende geht vermutlich auf die ursprüngliche Erzählung zurück. Endlich widerfährt dem Hiob „Gerechtigkeit". Gott ist sein Zeuge, sein Richter und sein Verteidiger. „Nachdem der Herr das alles zu Hiob gesagt hatte, wandte er sich an Eliphas von Teman und sagte: ‚Ich bin zornig auf dich und deine beiden Freunde, denn ihr habt nicht die Wahrheit über mich gesagt wie mein Diener Hiob'"(42,7). Gott ärgert sich über etwas, was die meisten als korrekte, orthodoxe Theologie bezeichnen würden. Erstaunlich und ziemlich unverantwortlich von Gott.

Die drei Tölpel, die vorgaben, seine Freunde zu sein, bekommen einen theologischen Tritt in den Hintern. All ihre schönen Argumente über Gott waren falsch – gemessen an Gottes eigenem Wort. Sie haben nichts verstanden von der Einheit, wie sie Hiob mit Gott hat. Sie haben von einem Punkt außerhalb dieser Einheit gesprochen. Und deshalb war das, was sie sagten, zwar theologisch korrekt, aber persönlich und subjektiv falsch.

„Darum holt euch jetzt sieben junge Stiere und sieben Widder, geht damit zu Hiob und bringt sie als Brandopfer dar für eure Schuld. Hiob soll für euch beten" (42,8). So wird Hiob nun vor Gott gerechtfertigt und wird zum Fürsprecher für seine Brüder. „Auf ihn werde ich hören" – wir können richtig den Seufzer der Erleichterung hören, den Hiob tut, dass Gott ihm zuhört – „und euch nicht bestrafen, wie ihr es mit eurem Reden verdient hättet."

„Eliphas, Bildad und Zophar taten, was der Herr ihnen gesagt hatte, und der Herr nahm Hiobs Gebet für sie an. Nachdem Hiob für seine drei Freunde gebetet hatte, ließ der Herr ihn wieder gesund werden und gab ihm zweimal so viel, wie er vorher besessen hatte" (42,9f.). Seine Erlösung ist nicht vollkommen, bevor er für die gebetet hat, die ihm solche Schmerzen bereitet hatten.

Schon so früh in der Heilsgeschichte war es notwendig, dass Hiob seinen Freunden vergab, um die Gemeinschaft, die er mit Gott erlebte, auch auf die drei auszudehnen, die es ihm so schwer gemacht hatten. Die höchste Stufe der Spiritualität ist nie etwas anderes als die *imitatio dei*, die Nachahmung Gottes.

Mehr noch, Jahwe gibt Hiob das Doppelte dessen, was er vorher hatte. Das ist, als ob er sagen wollte: „Wenn du vorher geglaubt hast, dass ich dich liebe, dann liebe ich dich jetzt doppelt." (Oder hat sich Hiobs Aufnahmefähigkeit verdoppelt?) „Alle seine Brüder und Schwestern und die früheren Freunde besuchten ihn und feierten mit ihm an seinem Tisch“ (42,11). Das Bild des Tisches signalisiert die Gemeinschaft, der er verloren geglaubt hatte.

„Der Herr segnete Hiob während der nun folgenden Zeit seines Lebens noch mehr als vorher. Hiob besaß schließlich 14000 Schafe und Ziegen, 6000 Kamele, 2000 Rinder und 1000 Esel. Er bekam noch sieben Söhne und drei Töchter. Die älteste Tochter nannte er Täubchen, die zweite Zimtblüte und die jüngste Schminktöpfchen“ (42,12–14). Fragen Sie mich nicht wieso.

„Im ganzen Land gab es keine schöneren Frauen als die Töchter Hiobs. Ihr Vater bedachte sie in seinem Testament genau wie ihre Brüder und vermachte jeder einen Anteil seines Landbesitzes“. Hiob war also der erste Feminist, denn diese Praxis war damals nicht üblich.

„Hiob lebte nach seiner Erprobung noch 140 Jahre, so dass er noch Enkel und Urenkel sah. Er starb in sehr hohem Alter, nach einem reichen, erfüllten Leben“ (42,16f.).

Coda

Eine Möglichkeit, all dies ins zwanzigste Jahrhundert zu bringen, ist ein Peanuts-Cartoon aus den siebziger Jahren. Charlie Brown steht auf der Abwurfstelle. Er sagt: „Junge, in letzter Zeit ist alles schief gelaufen.“ Linus kommt zu ihm und sagt: „Kritisiere nicht die Welt, Charlie Brown. Wo warst du, als Er die Erde machte? Wer hat den Grundstein ihres Baus gelegt? Ja, damals sangen alle Morgensterne! Wer hat das Meer mit Toren abgesperrt, als es hervorbrach aus dem Schoß der Erde? Charlie Brown, hast du die Vorratskammern schon gesehen, wo Er den Schnee und Hagel aufbewahrt? Rufst du den Wolken dort Befehle zu, damit sie Regen auf dich strömen lassen (dabei reckt er den Baseball-

Handschuh gen Himmel)? Meinst du vielleicht, der Wildstier wird dir dienen? Gabst du dem Pferd die vielgerühmte Stärke? Bist du vielleicht der einsichtsvolle Lehrer, bei dem der Falke seine Flugkunst lernte, wenn er nach Süden zu die Flügel breitet?"

Und Charlie Brown steht bloß da auf der Abwurfstelle und fragt sich: „Womit habe ich das verdient?"

„Kritisiere nicht die Welt, Charlie Brown", wiederholt Linus beim Weggehen. Und Charlie Brown ruft ihm hinterher: „Wie wäre es, wenn du einfach den Schiedsrichter anschreien würdest?"

9. Kapitel

HERAUS AUS DEM SCHATTEN VON GOTTES LICHT

Das Problem des Bösen ist eines der größten Dilemmas, mit denen die Menschen sich herumschlagen müssen. Es ist viel leichter, theologische Diskussionen darüber zu führen, als im wirklichen Leben damit klarzukommen. Aber früher oder später stoßen wir alle auf den kleinen Jungen, der an Leukämie stirbt, oder auf den arbeitslosen Vater von fünf Kindern, dessen Frau schwer krank ist. Und die Frage drängt sich uns auf: „Wo ist Gott?“

Wir treffen die fromme Alte, die vielleicht an mehreren Krankheiten auf einmal leidet, allein und verlassen, deren Familie nicht mehr existiert oder sich nicht mehr kümmert. Wenn wir mit solchem Leiden konfrontiert sind, können wir oft nicht einmal mehr beten. Wenn wir ehrlich sind wie Hiob, dann stellen wir die Frage: „Wo ist Gott?“

Und dann gibt es das kollektive Böse. Mächtige Staaten rüsten sich, um konkurrierende Staaten zu zerstören – im Namen der Sicherheit. Wir beobachten massenhafte Korruption und internationale Habsucht. Es gibt in der Welt ein kollektives Böses, das größer ist als wir alle. Und wir haben keine Ahnung, wie wir damit zurecht kommen sollen. Wir sehen den größten Teil der Welt ohne Gerechtigkeit, ohne genügend zu essen, ohne ausreichende medizinische Versorgung und ohne die elementaren Menschenrechte.

Ich kenne Menschen im Gefängnis meiner Heimatstadt, die zu Unrecht einsitzen. Versuchen Sie sich einmal vorzustellen, wie Sie sich fühlen würden, wenn Sie auch nur einen einzigen Tag zu Unrecht gefangen wären. Sie haben nur dieses eine Leben, und das wird ihnen weggenommen.

Das Problem des Bösen wird real, wenn wir es aus der theologischen Abstraktion lösen und auch von der geschichtlichen Gestalt eines Hiob, der vor ein paar tausend Jahren gelebt hat, und es mit dem richtigen Leben in Beziehung setzen.

Im Vaterunser beten wir darum, dass Gott uns niemals einer solchen Prüfung aussetzen möge, denn kein Mensch kann sicher sein, dass er sie bestehen würde. Die Gnade, sie zu bestehen, wird immer erst gegeben, wenn der Moment eintrifft, und dann müssen wir darum bitten. Ich habe die Hoffnung, dass dieses Buch uns hilft, etwas von unseren Hausaufgaben im Voraus zu machen – was der ursprünglichen Bedeutung des Wortes „Initiation" entspricht.

Drei Möglichkeiten, mit dem Bösen umzugehen

Das Buch Hiob bietet drei verschiedene Lösungen für das Problem des Bösen. Die erste geht davon aus, dass Gott nicht allmächtig ist. Die zweite besagt, dass Gott nicht gerecht sei. Die dritte behauptet, der Ursprung des Bösen liege im Menschen.

Hiobs Freunde wählen die dritte Möglichkeit. Der Kern ihrer Aussagen ist, dass die Menschen von Natur aus schlecht sind. Hiob dagegen entscheidet sich für die zweite Option, dass Gott nicht gerecht sei. Seine kühne Argumentation: Ich weiß, dass ich gut bin, also muss es an Gott liegen.

Müsste ich mich zwischen den dreien entscheiden, läge meine Wahl am ehesten bei der ersten Option. Unsere Definition Gottes als allmächtig und immer alles im Griff habend ist nicht adäquat. Wir gehen wie selbstverständlich davon aus, dass Gott allmächtig und souverän sei und dass er immer alles unter Kontrolle habe. Ich glaube aber, dass man sehen kann, wie die Macht Gott irgendwie aus den

Händen gleitet. Anscheinend ist der Herr nicht immer Herr. Indem er uns das Geschenk der Willensfreiheit übergeben hat, hat Gott zumindest einen Teil seiner Omnipotenz aufgegeben.

Solange Hiob reich und gesund ist, können wir alle drei Möglichkeiten offen lassen. Erst wenn in der Geschichte das Leiden, und vor allem das ungerechtfertigt erscheinende Leiden, auftaucht, bricht das System auseinander. Nun beginnt Hiob, sich mit der Güte Gottes, mit der Macht Gottes und mit der Frage auseinanderzusetzen, ob er selbst gut oder sündig ist. Eine solche Auseinandersetzung scheint der einzige Weg zu sein, wie in uns *absichtslose Liebe* wachsen kann. Satans erste Herausforderung Gottes bestand in der Frage: „Würde Hiob dir gehorchen, wenn es sich nicht bezahlt machte?" (1,9). Diese Liebe, die sich „nicht bezahlt macht", die *umsonst* gegeben wird, die vertieft Gott in Hiob – und in uns.

In gewisser Weise ist es notwendig, dass das System auseinander fällt. Dann erst beginnen wir unseren Ringkampf mit Gott. Wir beginnen, uns dem Problem der Unvollkommenheit und des Lebens in einer begrenzten, unheilen Welt zu stellen. Vorher verlangen wir Vollkommenheit von der Welt und erwarten sie von uns selbst. Diese fordernde Einstellung macht Liebe, besonders bedingungslose Liebe, nahezu unmöglich. Was macht uns so anmaßend zu denken, wir sollten vollkommen sein? Weshalb fällt es uns so schwer, Unvollkommenes zu lieben? Wir scheinen zu glauben, nur Vollkommenes verdiene unser Liebe.

Jesus spricht dieses Problem in dem Gleichnis an, das in Matthäus 13,24–30 überliefert ist. Es handelt sich um eins der wichtigsten Gleichnisse des Neuen Testaments, und gleichzeitig gehört es zu den am meisten vernachlässigten.

Keine Aufregung wegen des Unkrauts!

In der Schöpfungsgeschichte im Buch Genesis wird berichtet, dass die Welt, die Gott geschaffen hat, gut ist. Das entspricht allerdings nicht immer unserer Erfahrung. Das Problem liegt zum Teil darin, dass wir „gut" als geordnet und harmonisch definieren. Ich glaube eher, „gut" ist etwas, das die Fähigkeit besitzt, geordnet und harmonisch gemacht zu werden. Und die Aufgabe, die Gott den Menschen gegeben hat, besteht genau darin, diese Ordnung und Harmonie herzustellen.

Nach Matthäus 13,24f. sagt Jesus also: „Mit der neuen Welt Gottes ist es wie mit einem Mann, der guten Samen auf sein Feld gesät hatte. Eines Nachts, als alles schlief, kam sein Feind, säte Unkraut zwischen den Weizen und verschwand."

In einer sehr vereinfachenden Weise stellen wir uns unter dem Feind den Satan vor. Ja, er ist wohl gemeint, aber auch die Welt und die menschliche Natur. Eine Kombination aus all den gesellschaftlichen Lügen, den Lügen der Geschichte, der Familie und unserer eigenen Gebrochenheit – Lügen, die wir uns selbst und einander gegenseitig erzählen, in einer gewissen unbestimmten Angst ums Überleben. Wir säen selbst Unkraut unter dem Weizen, Lügen unter die Wahrheit.

Jedoch, „als nun der Weizen wuchs und Ähren ansetzte, schoss auch das Unkraut auf. Da kamen die Arbeiter zum Gutsherrn und fragten: ‚Herr, du hast doch guten Samen auf deinen Acker gesät, woher kommt das ganze Unkraut?'" (Matthäus 13,27).

Und das ist immer unsere Frage. Woher kommt das Unkraut? Wir versuchen, gut zu sein. Wir halten uns für Christen. Aber wir haben furchtbar schreckliche Gedanken. Und wir tun Dinge, die wir nicht verstehen. Wir verletzen genau die Menschen, denen wir auf keinen Fall weh tun wollen. Wir wissen, dass wir mit unserem eigenen Leben Böses in die Welt gebracht haben. Deshalb fühlen wir uns schuldig und es tut uns alles leid.

Warum tue ich genau das, „was ich verabscheue", wie Paulus in Römer 7,15 sagt? Wir alle haben irgendwann einmal mit dieser Frage gerungen. In dem Gleichnis sehen wir, dass Jesus unser Ringen und unsere Unbeständigkeit versteht. „Das muss einer getan haben, der mir schaden will", antwortet der Besitzer. Sofort sind wir bereit, die Schuld auf jemand anders zu schieben.

Die Arbeiter fragen: „Sollen wir hingehen und das Unkraut ausreißen?" Und Jesus gibt eine höchst erstaunliche Antwort – eine Antwort, die sich stark unterscheidet von allem, was wir üblicherweise von Moralisten oder bekennenden Christen zu hören bekommen. Jesus sagt: „Nein, sonst könntet ihr aus Versehen den Weizen mit ausreißen."

Das ist nicht gerade das, was einem braven katholischen Kind beigebracht wird. Ja, Jesus hat das gesagt. Wir haben uns nicht genügend mit dem beschäftigt, was Jesus gesagt hat. Sein Leben steht so meilenweit über dem unseren, dass wir im Verlauf der Geschichte vielleicht alle hundert Jahre ein Jahr älter geworden sind in unserer Fähigkeit, es ihm gleich zu tun. So gesehen, ist die Kirche in moralischer Hinsicht jetzt zwanzig Jahre alt. Wir sind gerade dabei, erwachsen zu werden. Wir fangen gerade an, erwachsene Fragen an das Evangelium zu stellen. Die meiste Zeit haben wir Kinderfragen gestellt, oder die Fragen Jugendlicher. Aber nun sind wir zwanzig. Und wir beginnen einzusehen, dass Jesus Dinge gesagt hat, die wir aus irgendeinem Grund bisher ignoriert haben. Kinder können manches nicht begreifen, vor allem diffizile Sachverhalte und Paradoxe.

Jesus sagt: *„Lasst beides bis zur Ernte wachsen.* Wenn es so weit ist, will ich zu den Erntearbeitern sagen: ‚Sammelt zuerst das Unkraut ein und bündelt es, damit es verbrannt wird.'" Anscheinend sind wir nicht bereit, den Erntearbeitern noch Arbeit übrig zu lassen.

Den größten Teil unseres Lebens haben wir mit dem Versuch zugebracht, die Unterscheidungen selbst vorzunehmen. Wir haben versucht herauszufinden, wer die Guten und wer die Bösen sind. Das ist pure Zeitverschwendung. Jesus sagt: „So erweist ihr euch als Kinder eures Vaters im Himmel. Denn er lässt die Sonne scheinen auf böse wie auf gute Menschen, und er lässt es regnen auf alle, ob sie ihn ehren oder verachten" (Matthäus 5,45).

Zu diesem Zeitpunkt in meinem Leben bin ich mir einer Sache ganz sicher: Sehr vieles, das ich zuerst für Unkraut hielt, als ich mich auf den Weg machte, hat sich als mein Weizen entpuppt. Und so vieles, das ich ganz sicher für meine größten Tugenden hielt – meinen besten Weizen –, hat sich als mein Unkraut entpuppt – als die Dämonen, die mich plagen. Und wenn ich das scheinbare Unkraut vorschnell herausgezogen hätte, wie mir meine damaligen Wegbegleiter rieten, hätte ich einige meiner größten Gaben verloren. Viele haben gegen einen Feind gekämpft, der gar nicht ihr Feind war.

Und umgekehrt. Vieles, das ich für meinen Weizen hielt, für meine wahren Gaben, hat sich als die Quelle meiner größten und am besten verdrängten Fehler herausgestellt. Nur die Zeit und das Leid haben das ein wenig auseinander sortiert. So sagt Jesus kühn: „Lasst beides bis zur Ernte wachsen." Ziemlich erstaunliche und ziemlich traditionswidrige Aussagen. Jesus sieht die Aufgabe der Religion nicht darin, Gesetz und Ordnung in der Welt durchzusetzen, sondern vielmehr als Schule der Seele, als Trainingslager für die Einheit.

Der Feind hat nur Erfolg, indem er sich verkleidet. „Die Engel der Finsternis müssen sich als Engel des Lichts verkleiden" (2. Korinther 11,14). Die meisten Menschen verfügen über keine besonders gut ausgebildete Unterscheidungskraft im Hinblick darauf, was das wahre Gute und das wahre Böse ist – so lange, bis der heilige Geist sie lehrt (1.

Korinther 12,10). Paulus betont mehrfach, dass das Gesetz nicht dasselbe ist wie der Geist (Römer 4,14, Galater 2,15–21). Das Gesetz gibt bestenfalls Informationen. Der Geist schenkt Weisheit und Stärke, um den wahren Zweck und die eigentliche Absicht des Gesetzes zu verstehen.

Der blinde Fleck

Jahrhundertelang haben wir uns mit dem offenen Ungehorsam gegenüber Jesus in der Kirche abgefunden, ohne ihn überhaupt als Sünde erkennen zu können. Ja, wir haben sogar Menschen wichtige Aufgaben übertragen, gerade weil sie einige dieser Übel vertreten haben. Ehrgeiz zum Beispiel, Habsucht, Machtsucht, Eitelkeit und Götzendienst sind weit verbreitet im Leben von kirchlichen Mitarbeitern und Gemeindegliedern – ohne dass wir es für nötig halten würden, uns dafür zu rechtfertigen oder zu schämen. Diese Sünden werden – im Gegensatz zu sexuellen Handlungen – von der kirchlichen Rechtsprechung nicht erfasst, sondern können nur in der Unterscheidung der Geister und im Gebet begriffen werden.

Wir Priester wurden immer wieder davor gewarnt, mit einer Frau ins Bett zu gehen – und das, sofern wir das Zölibat gelobt haben, auch ganz zu Recht –, aber warum hat uns nie jemand davor gewarnt, mit dem Ehrgeiz ins Bett zu gehen? Oder mit dem Geld ins Bett zu gehen? Aus irgendeinem Grund haben wir diese Dämonen nicht erkannt. Wir können die Luft, die wir atmen, nicht sehen.

Hier fehlt die Unterscheidung der Geister. Wie ein Krebsgeschwür hat dieser Mangel die Kirche durchwuchert und sie gehindert, den armen Christus zu erkennen. Und die Macht Christi. Und die Liebe Christi. Wir haben immer gegen solche Sünden gewettert, die spezifisch und fassbar sind, die man messen kann und die auf Scham basieren, anstatt gegen die viel subtileren Dämonen, die die Macht des Evangeliums im Volk Gottes ersticken und zerstören. Im Unterschied zu dem, was Jesus lehrte und als wichtig bezeichnete, scheint unsere Moral eher eine Sache der Kontrolle und der gesellschaftlichen Sanktionen zu sein.

Die moralische Schlüsselfrage lautet nicht: „Wie können wir das Böse los werden?“, sondern: „Wie können wir das Böse in den Dienst des Guten stellen?“ Wie lernen wir die Unterscheidung der Geister, so dass wir in der Lage sind zu sagen: Ja, dies ist Unkraut und das ist Weizen, aber sie müssen beide miteinander wachsen, um Leben zu schaffen? Das ist die moralische Grundfrage. Das ist die wahre Herausforderung für geistliche Leiter – wie man mit dem Gemisch aus Finsternis und Licht zurecht kommt. Wie anders könnte man die ungeheure Wirkung des Mordes an Jesus erklären?

Jesus benutzte die vorpsychologische Sprache von Finsternis und Licht. Heute sind wir so psychologisch geschult, dass wir Gefahr laufen, nicht verstanden zu werden, wenn wir uns nur der spirituellen Sprache bedienen, also etwa von Licht und Finsternis sprechen. Diese Sprache wird gerne mystifizierend benutzt und löst sich auf in die Phrasen von Grußkarten.

Die *Sprache*, die ich am hilfreichsten finde, um die spirituellen Aufgaben von heute zu beschreiben (die *Inhalte* sind bei Jesus schon völlig klar), wurde uns von C.G.Jung an die Hand gegeben. Er beschrieb die versteckte Finsternis in uns als den „Schatten“.

Der Schatten an sich ist nichts Böses. Aber in unserem Leben ereignet sich oft gerade dann etwas Böses, wenn wir uns unseres Schattens nicht bewusst sind. Die größte Gefahr ist die, an sich selbst nichts Böses wahrzunehmen. Oder vorzugeben, dass die Sünde keine Macht mehr über uns habe, weil wir regelmäßig zur Beichte gehen.

Der Schatten ist ein Anteil unserer selbst, vor dem wir uns fürchten. Deshalb machen wir uns vor, dass er nicht existiert. Der Schatten ist der unannehmbare Teil unserer selbst. Wer hat ihn so unannehmbar gemacht? Mama, Papa, der Herr Pfarrer – all die Menschen, die uns einen Teil ihres ungelebten Lebens, ihrer Kontrollbedürfnisse, ihrer Wut und ihrer Komplexe vermacht haben. Oft genug hat das alles weniger mit tatsächlich Bösem im moralischen Sinn zu tun als mit den gesellschaftlich bedingten Ängsten unserer Eltern und Pfarrer.

Der Schatten ist der Teil unserer selbst, den wir nicht zu leben, ja nicht einmal zu erkennen oder zu fühlen wagen. Die Gedanken, die wir nicht zu denken wagen. Und wir denken, dass sie, wenn wir sie nicht zur Kenntnis nehmen, von selbst verschwinden. Das ist der große Fehler. Denn das, was wir unterdrücken oder ins Unbewusste abdrängen, ist genau das, was am meisten Macht über uns hat. Mit seinem Gebot, die Feinde zu lieben, hat Jesus das sehr deutlich gemacht – und mit seiner strengen Mahnung: „Du Heuchler! Zieh erst den Balken aus deinem Auge, dann kannst du dich um den Splitter im Auge deines Bruders kümmern“ (Matthäus 7,5).

Der Schatten wirkt deshalb so heimtückisch, weil er uns aus der Tarnung heraus angreift, aus einer Position, wo wir keine kreative Kontrolle über ihn haben. Und deshalb haben wir keine Ahnung, warum wir jeden dritten Tag Depressionen haben, warum wir reizbar und furchtsam sind. Ich denke, die Angst hat genau deshalb bei uns im Westen eine solche Macht gewonnen, weil sie verleugnet wird. Und die Menschen, die am stärksten ihren Ängsten ausgeliefert sind, sind genau diejenigen, die ihre Ängste nicht zugeben und sich ihnen nicht stellen. Dasselbe gilt für Wut, Hass und alles übrige.

Eines der Symptome dafür, dass jemand einen starken, gut versteckten Schatten besitzt, ist der absolute Mangel an Humor. Wer nicht lachen, wer sich nicht freuen kann, und vor allem, wer über sich selbst nicht lachen kann, hat so seine Probleme. Das ist eine des besten Faustregeln im spirituellen Leben: Wenn wir es nicht ertragen, dass sich jemand über uns lustig macht, haben wir wahrscheinlich einen großen verdrängten Schatten. Unser Inneres wird zur heiligen Kuh. Wir sagen zu anderen: „Finger weg!", weil wir selbst Angst haben, daran zu rühren.

Ein Mensch mit einem großen verdrängten Schatten ist normalerweise streng und moralistisch. Ständig hat er den Zeigefinger erhoben. Wir alle hatten irgendwann einmal einen Lehrer oder eine Lehrerin dieser Art. Für solche Menschen ist alles unter dem Himmel mit einem moralischen Werturteil verbunden. Sie sind offenbar auch unfähig, sich zu freuen. Sie können das Leben nicht anders betrachten als unter dem Gesichtspunkt von Gut und Böse, Besser und Schlechter, Todsünde oder lässlicher Sünde, Fegefeuer oder Hölle. Sie können nichts einfach geschehen lassen oder zulassen, dass sich das Leben ereignet, ohne alles mit ihren Werturteilen zu ersticken.

Wenn wir all unsere Energie dafür aufbrauchen, diesen unannehmbaren Teil unserer selbst zu unterdrücken, haben wir für Humor und Spaß keine Energie mehr übrig. Menschen mit einem ausgeprägten Schatten sind oft furchtsam: Ziellose Angst ist eine der Formen, in denen sich der Schatten am häufigsten zeigt. Und sie sind oft wütend. Ständig sind sie auf der Suche nach einer Projektionswand für ihre Wut, während sie in Wirklichkeit doch auf sich selbst oder auf das Leben im Allgemeinen wütend sind.

Wer nicht in Kontakt mit seinem Schatten ist, neigt zu grundlosen Schuldgefühlen. Eine solche Haltung wurde als skrupulös bezeichnet. Das heißt, ich glaube, sie wird immer noch so bezeichnet, aber wir produzieren anscheinend nicht mehr so viele skrupulöse Menschen. Diese Haltung hatte den Katholizismus einst wie eine Seuche erfasst. Die Menschen hatten unbegründete Schuldgefühle, weil sie davon ausgingen, dass man vollkommen sein muss, um Gott zu gefallen. Hier liegt die Wurzel des Problems, und genau hier müssen wir das Problem angehen. Wir glauben – fälschlich –, dass Gott nur etwas Vollkommenes lieben kann. Was wäre das für ein kleiner und schwacher Gott!

Nur wenn wir vorgeben, dass der Schatten nicht existiert, übt er seinen verderblichen Einfluss auf uns selbst und auf die Welt aus. Wenn wir so tun, als seien wir nicht wütend, dann werden wir zu Opfern unserer Wut. Es gibt eine Menge Leute, die vor Wut kochen und gleichzeitig vorgeben, nicht wütend zu sein. Das kann jeder Mensch an sich selbst beobachten.

Als geistlicher Leiter und als Mensch, der selbst zur Beichte geht, werde ich laufend mit dem Schatten konfrontiert. Und ich bin sehr dankbar dafür, dass das Sakrament der Versöhnung bis heute gepflegt wird. Wenn es nicht existierte, müsste man es erfinden. Vielleicht geht deshalb das Geschäft bei den Therapeuten so gut. Wer mit seinem eigenen Schatten nicht in Kontakt ist, wird ihn auf andere Menschen oder Ereignisse projizieren, so sicher wie morgen die Sonne aufgeht. Statt ihn bei uns selbst zu erkennen, hassen wir ihn „dort draußen". Die Israeliten haben auf höchst kreative Weise dafür ein Ritual entwickelt: den Sündenbock, den sie mit ihren Sünden beluden und dann hinausschickten in die Wüste (Leviticus / 3. Mose 16, 20–22).

Heute heißt das Projektion. Die Sünde, die Gebrochenheit und die Unversöhnlichkeit, die wir in uns selbst nicht akzeptieren können, verabscheuen wir bei anderen. Und so lange wir unsere Fehler nicht bei uns selbst erkennen und uns selbst vergeben, werden wir immer einen anderen Menschen oder eine Gruppe finden, auf die wir sie projizieren können. In aller Welt dient der Sündenbockmechanismus als Rechtfertigung für die Gewalt, in vielen Fällen verleiht er der Gewalt sogar einen Heiligenschein.

Der Splitter ist in meinem Auge, Freund

Wir kommen also dahin, wo Teresa von Avila im ersten Raum der „inneren Burg" begann. Wir müssen uns selbst kennen lernen. Wir brauchen über ein spirituelles Leben oder über die Erkenntnis Gottes gar nicht zu reden, wenn wir keine Selbsterkenntnis haben. Menschen, die sich selbst nicht kennen, sind in aller Regel nicht fähig, Gott zu erkennen. Sie haben kein gefestigtes Selbst, um einem anderen Selbst zu begegnen, geschweige denn *Dem* Selbst.

Ihr Konzept von Gott besteht vielmehr aus einer Projektion ihrer eigenen unerfüllten Egozentrik, ihres unbewussten Selbst und ihrer Sehnsucht nach dem, wie Gott ihrer Meinung nach sein sollte, anstatt widerzuspiegeln, wer und wie Gott wirklich ist. Solche Menschen begegnen nie Gott, sondern immer nur ihrer Wunschvorstellung von Gott und ihrem Bedürfnis nach Gott. Stellt sich heraus, dass Gott ihren Erwartungen nicht entspricht, werden sie die Suche nach Gott bewusst oder unbewusst aufgeben.

Wenn es denn heute eine spirituelle Revolution gibt, besteht sie darin, dass wir zurückfinden zur wahren Bedeutung dessen, was Jesus gelehrt hat: dass wir zu Gott kommen durch unsere Unvollkommenheit, ja durch unsere Wunden. Ist nicht genau dies die Botschaft des Gekreuzigten? Wenn wir mit ihm leben können, wenn wir seine demütige, gebrochene Haltung annehmen, ja uns daran erfreuen können, dann sind wir frei. Dann sind wir wahrhaft arme Menschen, die nichts mehr zu beschützen haben, die keine Illusionen vor sich selbst und vor anderen aufrechterhalten müssen. Es gibt keine andere Freiheit, die das fertig bringt. Und keine andere Liebe!

Dann sind wir frei, uns in dieser Welt zu bewegen und uns an dem Guten in ihr zu erfreuen, und haben es nicht nötig, uns mit dem Schlechten aufzuhalten. Wir sind frei, anzunehmen, was vor uns liegt, und brauchen es nicht zu verändern oder zu kontrollieren. Wir dürfen nie vergessen, dass der beste Verbündete Gottes das ist, *was ist.* Nicht was sein sollte, was sein könnte, was sein müsste, sondern das, was ist. Diese Annahme dessen, was ist, führt uns in die vollkommene Liebe.

Alles ist zum Teil Licht und zum Teil Finsternis – alles und jeder, einschließlich der Papst, die Kirche, unser Bischof und wir selbst. Das Problem ist nicht dort draußen. Das Problem ist nicht deine Kirche oder die Tatsache, dass dein Mann oder deine Frau nicht vollkommen ist. Du musst, wie Jesus sagt, bei dir selbst beginnen. Wir sind dem schlimmsten Feind begegnet – *uns selbst.* Was für eine Erleichterung, wenn wir endlich den Zwang loslassen können, uns zu rechtfertigen und anderen die Schuld zu geben.

Unvollkommenheit ist gut genug

Ich kann deshalb mit einer gewissen Autorität über diese Dinge sprechen, weil ich mit meinen fünfzig Jahren immer noch damit kämpfe. Mir wurde das Streben nach Vollkommenheit anerzogen. Ich wollte immer vollkommen sein und war sicher, dass Gott mich nicht lieben würde, wenn ich nicht vollkommen wäre. Genauso sicher war ich mir, dass mich auch niemand anders lieben würde, wenn ich nicht vollkommen wäre. Ich habe mich geschunden. Ich wollte nicht so sein wie die anderen alle. Ich musste raus aus Kansas und nach Cincinnati gehen und diese Franziskanerkutte anziehen. Das würde mich vollkommen machen. Das würde Gott dazu bringen, mich zu lieben.

Ich bin froh, dass ich die Kutte habe, aber – ob Sie es glauben oder nicht – sie hat mich nicht vollkommen gemacht. Unter dem Habit steckt derselbe Körper. Ich schlage mich mit denselben Kämpfen, Ängsten und derselben Wut herum wie alle anderen auch. Deshalb kann der Habit auch gefährlich sein, vor allem wenn wir ihn die ganze Zeit tragen, denn wir dürfen nicht vergessen, dass wir Fleisch sind, dass wir alle in einem Boot sitzen und unter unseren Kleidern alle nackt und menschlich sind.

Wir sündigen nicht in erster Linie deshalb, weil wir schwach sind, sondern ganz einfach deswegen, weil wir Menschen sind. Mensch sein heißt unvollkommen sein, heißt im Prozess sein. Deshalb würde ich gereiftes Christsein definieren als die Fähigkeit, in einer unvollkommenen Welt freudig zu leben. Wir haben keine andere Welt.

Das Böse stört uns doch nur deswegen – seien wir ehrlich –, weil die Dinge in ihrer Mehrzahl gut sind. Meistens ist ja alles in Ordnung. Deswegen regen wir uns über das Böse so auf. An den meisten Tagen arbeiten diese Zellen, sehen diese Augen, hören diese Ohren, dabei tun wir nichts weiter als ein bisschen Essen in den Mund zu schieben, und schon funktioniert alles. Unsere grundlegende Haltung müsste ganz sicher die Dankbarkeit sein. Die zu Grunde liegende konstante Wirklichkeit unserer menschlichen Existenz ist das Gute.

In Momenten der Inspiration, der Einsicht und der Dankbarkeit müssen wir zugeben, dass in der Welt irgendwie und irgendwo eine erstaunliche Gnade am Werk ist, und das Wunder unserer bloßen Existenz macht uns schwindeln. Ja, ich existiere, und ich existiere schon lange genug, um mich zu beschweren. Dann kommen die Fragen: Warum habe ich überhaupt einen Mund, um zu klagen? Warum sehe ich überhaupt den Himmel, die Sterne und die Gesichter meiner Freunde? Ich bin nur deshalb in der Lage, mich *nicht* zu freuen, weil ich mich als erstes freuen kann.

Das Böse und die Sünde sind real und sie tun weh, aber sie geben nicht den Ausschlag. Um uns das beizubringen, ist Christus gekommen. Ich verleugne nicht die Realität dieser Welt, der menschlichen Schwäche und des Teufels. Sie alle bringen durch ihre falschen Versprechungen das Böse in die Welt. Sie sind real, aber sie sind weder grundlegend noch endgültig. Das führt uns zu dem, was endgültig ist.

Keine Sackgasse

Die Auferstehung ist uns gegeben als das letzte Kapitel der Geschichte. Und sie steht in der Mitte der Bibel, um uns Hoffnung zu geben. Das Kreuz führt immer zur Auferstehung. In tausend Predigten haben wir das gehört, und doch fällt es uns schwer, daran zu glauben. Auf die Auferstehung zu vertrauen ist ein größerer Akt des Glaubens, als sich auf den Schmerz des Kreuzes zu verlassen.

Es ist, als ob Gott die Kreuzigung als eine große kosmische Lektion aufgerichtet hätte, um uns zu sagen: „Ich weiß, was ihr durchmacht, wo ihr drin steckt. Lauft nicht weg. Lernt davon, so wie ich. Hängt eine Weile da, so wie ich. Es wird euer Lehrer sein". Es geht nicht darum, das Leben zu verlieren, sondern das Leben zu gewinnen. Der Weg geht mitten da hindurch.

Die menschliche Frage, wenn wir da hängen, ist an erster Stelle: „Warum ist mein Leben so?" (Wir beginnen wahrscheinlich alle an diesem Punkt.) Aber die Gnade führt uns zu einer erstaunlichen und verblüffenden Erkenntnis: „In meinem Leben geht es nicht um mich." Denken Sie den Rest Ihrer Jahre daran. In meinem Leben geht es nicht um mich – dies ist die große, erlösende Offenbarung, die nur aus dem Wirbelsturm kommt, und wir sind niemals bereit für sie.

Es hilft, daran zu denken, dass unser Leid nicht nur um unseretwillen geschieht, dass es dabei nicht nur um uns geht. Wenn es freudig ertragen wird, hilft es auch anderen. Erlösendes Leiden ist, davon bin ich überzeugt, ein radikaler Ruf in ein tieferes Leben und einen tieferen Glauben, der nicht nur das Selbst, sondern auch andere berührt und bewegt. Bei meinen Besuchen im Krankenhaus treffe ich auf Menschen, die ihr Leiden resigniert, aber auch freudig tragen. Danach spüre ich, dass sich meine Kraft vervierfacht hat. Das ist nichts Geringes – das Leben, an dem wir anderen Anteil geben können, wenn wir uns im Geist von Christi Kreuz und Auferstehung mit ihnen vereinen.

Es ist von entscheidender Bedeutung, dass wir uns dieser Tatsache spätestens um die Lebensmitte herum bewusst werden. Wir alle werden älter, und es wird der Tag kommen, da jedem Menschen Leid auferlegt wird. Das Leiden wird uns Gelegenheit geben, Leben und Stärke weiterzugeben an die Welt – an unsere Kinder, unsere Freunde und alle, mit denen wir zu tun haben.

Es wird die Zeit kommen, wenn – hoffentlich – das Leben Christi in uns so triumphiert, dass wir uns mehr um andere kümmern können als um uns selbst. Oder, besser, wenn die Trennung zwischen mir und den anderen nicht mehr so scharf ist. Denken Sie daran, dass Bekehrung in allererster Linie ein *neues Gespür für das eigene Selbst* ist. In meinem Leben geht es nicht mehr bloß um mich.

Wir sollten um die Gnade beten, unser Leid tragen zu können, wann und wie es uns auch trifft, so wie Christus sein Leid für uns getragen hat. Dann werden wir mit Christus ans Kreuz geschlagen, wie Paulus ausführt. Eine der sprechendsten Passagen des Paulus steht im Kolosserbrief (1,24): „Ich bin froh, dass ich jetzt für euch leiden darf. Denn so trage ich dazu bei, dass das Maß der Leiden, die wir mit Christus erdulden müssen, voll wird. Ich leide ja für den Leib Christi, für die Gemeinde." Über die Theologie, die in diesem einen Satz steckt, könnte man ein ganzes Buch schreiben.

Nach der Überzeugung des Paulus – und diese Überzeugung liegt allem zu Grunde, was er schreibt – besteht eine *reale* Einheit zwischen Christus und seinen Gliedern. Wir sind nicht von ihm getrennt. Wir sind seine Inkarnation, sein Körper. Also ist auch unser Leid nicht getrennt, es ist eine Fortsetzung des Leidens Christi, das immer noch andauert um des Lebens der Welt willen. Viele Christen haben sich damit noch nie auseinander gesetzt. Wir benehmen uns immer noch so, als sei Christus irgendwo „dort", und wir beten zu ihm und versuchen ihm zu gefallen und irgendwie mit ihm eins zu werden.

Das ist der Grund, warum ich Aussagen wie die folgende nicht leiden kann: „Ich habe Christus als meinen persönlichen Heiland in mein Herz aufgenommen." Implizit wird damit ja gesagt, dass wir tatsächlich getrennt sind und dass *unsere* tapfere Entscheidung das alles ändert. Die Wahrheit ist, dass wir durch die Macht des Geistes bereits in Christus *sind.* Wir sind sein Fleisch, wir sind sein Leib, wir sind seine Kinder. Dies zu erkennen und entsprechend zu leben, das ist Glaube.

Was bedeutet es, ein Kind Gottes zu sein? Die Analogie aus dem menschlichen Leben hilft. Was einst im Mutterleib war, ist nun draußen, aber unsere Mutter ist immer noch in uns; wir sind immer noch verbunden; wir haben immer noch dieselben Gene, dieselbe DNS, und das werden wir nie ändern können. Genauso ist es mit Gott und seinen Kindern. Man kann oft hören, dass wir durch die Taufe zu Kindern Gottes werden. Ja und nein. Es verhält sich eher so, dass die Taufe die Kindschaft, die bereits besteht, beim Namen nennt.

Alle Kinder dieser Welt sind Gottes Kinder. Die Sache ist die, dass es manche wissen und sich darüber freuen. Andere, denen nie Wasser über den Kopf gegossen wurde, sind ganz genauso Kinder Gottes. Manche von ihnen wissen darum und verhalten sich entsprechend, und manche von denen, die untergetaucht wurden, glauben nicht daran und benehmen sich auch nicht so.

Paulus sagt, dass die Taufe ein Eintauchen in das Leben, aber auch in den Tod bedeutet. Und so wie das Leben Christi in uns stark wird, so wird auch sein Tod stark in uns (Römer 6,2–4). Christus stirbt, Christus lebt, Christus wird wiederkommen – das ist *das* grundlegende Geheimnis des Glaubens, das ein Christ erfährt, und es findet kein Ende. Wir sind eine Fortsetzung der Menschwerdung, eine Fortsetzung der Passion und der Auferstehung – wir führen das ganze Leben Christi weiter. Die Geschichte ist eine vom Glauben gelenkte Spirale, keine von Logik gesteuerte Gerade. Die wahre Logik (*logos*) ist die Gnade, die Hiob und Jesus vermitteln.

Wenn wir Christen beginnen, die Würde zu erkennen, die wir an unserem Leib tragen, wenn wir beginnen zu wissen, wessen Körper wir sind, dann können wir beginnen, dieses moralische Leben zu verstehen. Wir werden nicht wegen irgendwelcher erhobener Zeigefinger handeln, nicht wegen irgendeines „man sollte" oder „du musst". Wir lassen einfach das Muster von Leben und Tod sich in uns ausleben. Hier öffnet sich ein neuer Bereich – der Bereich der Gnade.

Lassen wir uns von der Liebe leiten

Wir bewerten die Dinge nicht mehr in Begriffen von gut, besser, am besten, sondern lassen einfach das Leben geschehen und lassen das Sterben geschehen. Und der Grund, warum wir das Leiden in uns geschehen lassen, ist, dass wir uns von der Liebe zu ihrer logischen Folge führen lassen – nämlich dass die Liebe sich an den Geliebten, an die Geliebte verschenkt.

Sich für den anderen zu opfern ist einfach Liebe in ihren

höheren Stadien. Sich opfern, das ist ein sehr altmodisches Wort. Wir reden nicht mehr sehr häufig darüber, aber genau dahin führt die Liebe. Ich sehe nicht, wie wir irgendeinem Menschen zeigen können, dass wir ihn lieben, wenn wir nichts für ihn opfern.

Ich möchte dieses Votum für das Opfer nicht in einem morbiden Sinn verstanden wissen. Leiden an sich bringt Gott und unseren Nächsten und uns selbst nicht unbedingt Befriedigung. Bedeutungsvoll ist die Hingabe des eigenen Lebens *für* jemand anders.

Das englische Wort für Opfer, *sacrifice*, kommt von dem lateinischen *sacrum facere*, heilig machen. Wir machen etwas heilig, indem wir seine Verbindung mit dem Ganzen wieder herstellen – in unserem Fall eben genau dadurch, dass wir uns selbst für den anderen hingeben. Wenn ich vom Opfer spreche, meine ich damit nicht, dass Gott Gefallen findet am Leiden. Es geht eher um eine Konsekration des eigenen Lebens für den anderen, darum, das eigene Selbst für den Anderen darzubieten (das englische Wort für darbieten oder anbieten – *to offer* – kommt vom lateinischen *offerre*, das auch dem deutschen Wort *opfern* zu Grunde liegt; Anm.d.Ü.). Aus irgendeinem Grund hat das bei allen Menschen bezwingende Kraft. Wenn wir über den Anruf der Pflicht hinaus gehen, wenn wir unser Leben hingeben für unseren Bruder oder unsere Schwester, können diejenigen, für die wir dieses Opfer darbringen, an unsere Liebe glauben – und auch daran, dass sie selbst das Gleiche tun können. Insofern ist erlösendes Leiden immer enorm lebensspendend für die anderen, eben dadurch wirkt es „erlösend".

Ich bin überzeugt davon, dass Leiden heißt, an der Passion Gottes teilzuhaben. Das ist für mich manchmal die beste Art, es auszudrücken: an der Passion Gottes teilhaben. Das heißt, teilhaben an dem, was Gott um der Liebe und der Einheit willen auf sich nimmt. Es heißt, eine gebrochene Welt zu verbinden und den Preis für das Verbandsmaterial selbst zu bezahlen.

Ich glaube – wenn ich denn Jesus glaube –, dass Gott leidende Liebe *ist.* Wenn wir nach Gottes Ebenbild geschaffen sind, und wenn es in der Welt so viel Leiden gibt, dann muss Gott ebenfalls leiden. Wie anders könnten wir das Geheimnis des Kreuzes verstehen?

Erlöst durch einen leidenden Gott

Ein Teil der Probleme, die viele mit unserem Thema haben, ist darin begründet, dass die Meinung herrscht, Gott könne nicht leiden. Unsere alte Definition für Gott ist nicht angemessen. Wir haben uns Gott als vollständig und allmächtig und leidensunfähig vorgestellt. Ich denke jedoch, dass Gott tatsächlich leidet, und in unserem Leiden sind wir in gewisser Weise solidarisch mit Gott.

Daran mag es liegen, dass so viele Menschen, die sehr schweres Leid erlitten haben, so heilig sind. Sie sind Gott näher gerückt. Das ist das Geheimnis der Gemeinschaft, der Kommunion. Um das Leben zu schaffen und um es zu erhalten, muss Gott Leid auf sich nehmen. Ich kann das nicht näher erklären – ich bin noch nicht gestorben, ich habe Gott noch nicht von Angesicht gesehen und die Antworten noch nicht erfahren. Ich versuche nur, die Weisheit der Jahrhunderte und einige Erkenntnisse aus meiner eigenen Erfahrung zusammenzubringen. Es ist meine derzeitige Vorstellung davon, wie alles zusammenhängt, mehr nicht.

Dieser Gott, der am meisten leidet, ist auch der Gott, der das meiste Heil schafft. Der Verwundete ist der Erlöser. So wurde Jesus in verschiedenen Epochen der Kunstgeschichte immer wieder als von Kopf bis Fuß mit Wunden übersät dargestellt. Wir meinten, dass die Bildersprache maßlos übertreibt. Aber dieses Bild ist identisch mit dem, das am

Anfang des Buches stand: „Von Kopf bis Fuß war Hiob mit eiternden Geschwüren bedeckt" (Hiob 2,7). Er, der alles trägt, versteht alles. Er, der alles gelitten hat, ist von universellem Erbarmen erfüllt. Er, der gequält wurde und dennoch lebt, ist der Träger der Hoffnung. *Der Verwundete ist immer der Schenkende.* Das trifft zu für alle großen Geschichten der Verwandlung und für alle wahre Religion.

Die Menschen, die ihr Leben zum Opfer geben, die in Freiheit und Freude zum Leiden bereit sind, sind auch diejenigen, die andere retten können (welchen Sinn wir diesem Wort auch beilegen mögen; sie sind diejenigen, die mehr als alle anderen ihre Mitmenschen befreien können).

Gäbe es überhaupt Gemeinschaft, wenn es auf dieser Erde keine Not, kein Leiden gäbe? Wenn es keine Sünde gäbe? Keine Unvollkommenheit? Ich denke, es gäbe keine Gemeinschaft von der Art, wie wir sie heute haben. Jeder lebte in seiner isolierten Welt. Ich bräuchte dich nicht. Ich wäre nicht zu dir hingezogen. Ich genügte mir selbst. Ich wäre in meiner eigenen Vollkommenheit gefangen, blasiert und glücklich. Ich würde mein Leben einfach völlig aus mir selbst leben und niemals die Schönheit oder den Schmerz im Gesicht eines anderen erblicken. Das ist die Versuchung der Gnosis, die in irgendeiner Form in jedem Jahrhundert verdammt wurde. Zwei Dinge gibt es, die uns aus uns selbst herausziehen können: Schmerz im Gesicht eines anderen und die unglaubliche Schönheit von Menschen, die glücklich und in bester Verfassung sind. In anderen Worten: Kreuz und Auferstehung.

Schmerz und Schönheit, das sind die beiden Gesichter Gottes. Unglaubliche Schönheit, die sich in der Schönheit von Menschen widerspiegelt, die uns immer wieder unwiderstehlich anziehen – sei es physische oder spirituelle Schönheit. Doch andererseits ziehen uns Gebrochenheit, Lähmung und Schwachheit auf geheimnisvolle Weise ebenso aus uns selbst heraus. Bei einem Kind liegt beides ganz nah beieinander. Ein hilfloses Kind braucht nur die Arme zu heben, und schon wird fast jeder zu Hilfe eilen.

Dieser Faktor der Verletzlichkeit führt uns über uns selbst hinaus. Die meisten Menschen werden aus der Beschäftigung mit sich selbst gerissen und fühlen den Drang zu helfen, wenn ihnen echtes Leid begegnet. Ich denke, wir eilen nicht nur zu dem Kind, das sich weh getan hat, wir eilen zu Gott. Zu dem leidenden Gott. Wir wollen das Leiden in die Arme schließen. Deshalb konnte Franziskus den Aussätzigen küssen. Deshalb wollten so viele Heilige sich dem Leiden nähern – weil ihnen, wie sie immer und immer wieder gesagt haben, darin Christus begegnet. Es hat sie von ihrem kleinen und unechten Selbst „erlöst".

Viele, die mit Leidenden oder Armen arbeiten, sagen dasselbe. Sie meinten, sie kämen als die Wohltäter, und fanden heraus, dass *sie* diejenigen waren, denen geholfen wurde und die Befreiung fanden. Wir werden durch die erlöst, die wir erlösen, und sowohl die anderen als auch wir selbst werden am Ende *trotz* unserer selbst erlöst. Ein geheimnisvoller „Dritter" greift ein und bewirkt die Erlösung. Mit anderen und für andere zu leiden scheint der einzige Weg zu sein, auf dem wir erkennen, dass es in unserem Leben nicht um uns geht.

EPILOG

Gott ist Licht, doch dieses Licht scheint im Dunkel zu wohnen. Wir müssen in dieses Dunkel gehen, um das Licht zu sehen. Wir leben jedoch in einer Zeit, die große Widerstände gegen die Sprache des „Abstiegs“ entwickelt hat. Wir gehören einer Zeit und einer Zivilisation an, die einen noch nie dagewesenen „Aufstieg“ hergestellt hat. Vernunft, Medizin, Technik und Geschwindigkeit haben es uns ermöglicht, den normalen „Weg nach unten“ zu umgehen. Nun sind wir ungeübt und haben Angst.

Es gibt kein Werk der religiösen Literatur, das den Weg des Abstiegs kühner und effektiver darstellt als das Buch Hiob. Selbst der Name „Hiob“ ist nach Meinung einiger Linguisten ein Akronym des Satzes „Wer ist der Vater?“. Der Name und die Geschichte sind ein Aufschrei gegen eine Dunkelheit, die sich weigert, sich preiszugeben – und ein Weg, der sich zu Anfang alles andere als sicher anfühlt.

Sicherlich ist kein Buch weniger Antwort als das Buch Hiob. Kein Buch ist weniger therapeutisch oder „hilfreich“ in dem Sinne, wie wir diese Begriffe normalerweise gebrauchen. Es repariert nichts, erklärt nichts und enttäuscht alle, die sich mit Erklärungen auch nur versuchen. Es ist gewiss erstaunlich, dass irgendjemand es gewagt hat, ein solches Buch zu schreiben oder zu veröffentlichen. Oder dass wir uns die Mühe machen, es zu lesen. Es trägt alle Anzeichen von göttlicher Offenbarung, doch es offenbart praktisch nichts von dem, was wir uns vielleicht erhofft hatten. Und doch richtet es die Seele aus und belebt sie, wie es wenige Bücher tun. Da stellt sich die Frage, wieso.

Wenn die Krise der Postmoderne eine Krise des Individuums ist – und ich glaube, dass es sich so verhält –, dann kann das Buch Hiob das Individuum korrekt und wahrhaft neu auslegen. Die Wahrheit heilt uns, mehr als bloße Aufrichtigkeit, harte Arbeit oder religiöse Praxis. Hiob – wie auch Jesus – sagt letztlich, dass die Wahrheit eine Person ist, eine Begegnung – weit entfernt von einem Konzept, das man begründen und über das man streiten kann. Wir werden wieder auf die Wahrheit ausgerichtet, wenn die reale Person auf den realen Gott trifft – und um nichts anderes geht es bei Spiritualität, Theologie und Bekehrung.

Wir werden dabei erkennen, dass es weder schnell noch einfach geht, das wahre Selbst zuzulassen oder den wahren Gott zuzulassen. Die Aufgabe unseres Lebens ist die schrittweise Enthüllung des wahren Selbst wie des wahren Gottes, eine Enthüllung, die ebenso wild und ebenso heilig ist wie der gefahrvolle Abstieg Hiobs. Immerhin nahm der Abstieg einundvierzig Kapitel in Anspruch, der Aufstieg noch nicht einmal eines. Die Auferstehung kann für sich selbst sorgen. Sie kommt von selbst, wenn wir erst einmal die falsche Persönlichkeit abgelegt haben. Aber wie sieht dieses „Ablegen" aus! Jeder Schritt in Richtung Einheit wird uns vorkommen wie der Verlust unserer Wichtigkeit und Kontrolle.

Der wiederhergestellte Hiob und der auferstandene Christus sind Bilder des wesentlichen, wahren Selbst, nicht mehr privat, getrennt oder autonom, sondern verborgen in Gott. Das wahre Selbst irrt nicht in einem vergänglichen Spiegelsaal herum, sondern ist gegründet in dem vollkommenen Spiegel, der selbst nicht gespiegelt ist: „Jetzt möchte ich ihn sehn mit meinen Augen" (19,27). Wir brauchen nichts weiter als die Gewissheit, dass Gott unseren Blick erwidert – und nicht weg schaut.

Damit wir jedoch angesichts dieses Wunders des Sehens und gesehen Werdens die Nebenhandlung nicht aus dem Auge verlieren, dürfen wir die radikale Religionskritik nicht übersehen, die das Buch Hiob ebenfalls entwickelt. All unsere üblichen religiösen Antworten rufen nach seinem Urteil den Zorn Gottes hervor, der uns zuruft: „Denn ihr habt nicht die Wahrheit über mich gesagt!" (42,7).

Man stelle sich vor: Gott sagt das über alle religiöse Ideologie, Rechtgläubigkeit, über unsere herkömmlichen Weisheiten und allen heroischen Idealismus! Und doch sind diese Maskeraden und Ersatzhandlungen für wahren Glauben, die die vier guten Freunde Hiobs charakterisieren, so naheliegend! Sie werden so gefährlich gerade deshalb, weil sie „Freunde" sind – so vertraut, so alltäglich, so sehr mit dem wahren Wesen der Dinge verknüpft.

Und als ob das noch nicht genug wäre, wird dieser vorletzte Ausdruck des Glaubens in der Hebräischen Bibel bereitwillig einem Heiden zugeschrieben. Es ist sicherlich ein Zeichen sowohl für die göttliche Inspiriertheit als auch für radikale Selbstkritik, dass das jüdische Volk es überhaupt gewagt hat, dieses Buch in den Kanon seiner heiligen Schriften aufzunehmen. Damit versichert es uns, dass – entgegen aller Versuchungen des institutionellen Götzendienstes – der Glaube zu allen Zeiten „draußen vor den Mauern" gefunden werden kann, ebenso wie der Hügel Golgatha. Dort draußen findet der Glaube am ehesten bereiten Boden – am Boden, im Zerbrochenen, am Rand.

Wenn wir im menschlichen Leiden keinen Sinn finden können, wenn unsere Wunden keine heiligen Wunden werden, dann ist das Projekt Menschheit gewiss dazu verurteilt, ein sinnloser Krieg aller gegen alle zu werden. Die Zukunft wäre dann voll von Sündenböcken und Opfern. Die Frage, die das Buch Hiob behandelt, ist alles andere als nebensächlich. Es ist tatsächlich so etwas wie die Frage, mit der der Glaube und die Geschichte der Menschheit steht und fällt.

Ohne die Antwort aus dem Wirbelsturm wird das Leben der meisten Menschen im kommenden Jahrtausend tatsächlich „hässlich, tierisch und kurz" sein. Wir hätten keinen Ort, an dem unsere Wunden zu heiligen Wunden werden könnten, sie werden einfach Wunden bleiben – blutig und schmerzend. Ohne Hiob und ohne Jesus bleibt am Ende nur noch die Frage: „*Wer* ist schuld an meinem Unglück?“ Es ist die vorhersehbare, ewige Frage Satans, des „Anklägers“.

Wenn wir die Stimme aus dem Wirbelsturm nicht hören, wenn wir keine tröstenden Augen im Auge des Sturm erblicken, dann bleibt der Menschheit nichts übrig, als „auf dem Misthaufen zu sitzen und ihre Geschwüre zu kratzen“.

Doch wir – auch wenn wir nur wenige sind – haben eine Geschichte gehört, die immer wahr ist. Und diese Geschichte heiligt unsere Wunden.

Richard Rohr bei Claudius

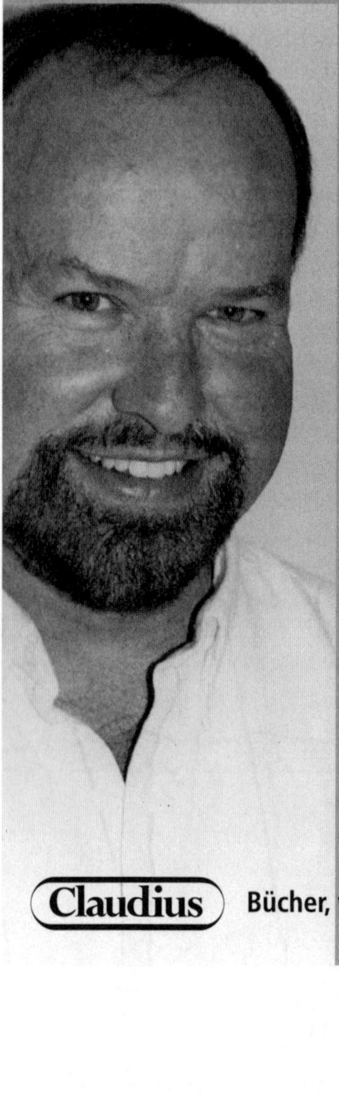

Der wilde Mann
Geistliche Reden zur Männerbefreiung
20. Aufl., 152 S., mit sw-Abb., Pb.
DM/sFr 22,–, öS 161,–
ISBN 3-532-62042-1

Der nackte Gott
Plädoyers für ein Christentum aus Fleisch und Blut
8. Aufl., 176 S., mit sw-Abb., Pb.
DM/sFr 22,–, öS 161,–
ISBN 3-532-62061-8

Masken des Maskulinen
Neue Reden zur Männerbefreiung
Hrsg. von A. Ebert und W. Nugel,
3. Aufl., 176 S., mit sw-Abb., Pb.
DM/sFr 22,–, öS 161,–
ISBN 3-532-62158-4

Von der Freiheit loszulassen – Letting go
6. Aufl., 160 S., mit sw-Abb., Pb.
DM/sFr 22,–, öS 161,–
ISBN 3-532-62108-8

Claudius **Bücher, vielseitig wie das Leben**